LUC BÜRGIN

Götter spuren

LUC BÜRGIN

Götterspuren

Vorwort von
Erich von Däniken

Mit 27 Fotos

Herbig

Bildnachweis

Archiv Autor: 1, 19, 22, 23, 26, 27. Fiebag, Johannes: 20, 21. Menningmann, Detlev: 13. McRoberts, Hannah: 5, 6. Ludwiger, Illobrand von: 18. Preuschoft, Holger: 15, 16, 17. SOBEPS, Brüssel: 7, 8, 9, 10. Sollner, Christian: 24, 25. Universitätsbibliothek Basel: 2, 3, 4, 11, 12, 14.

Fremdsprachige Ausgaben:
Bulgarien, Polen, Tschechien, Ungarn

Besuchen Sie uns im Internet unter
www.herbig-verlag.de

1. Auflage 1993
2. Auflage 1993
3. Auflage 2004 – Sonderproduktion

Umschlaggestaltung: Parzhuber & Partner – Agentur für Marketing GmbH, München
Satz: Schaber Satz- und Datentechnik, Wels
Gesetzt aus: 11 / 13 pt. September
Druck und Binden: Ueberreuter Buchproduktion, Korneuburg
Printed in Austria
ISBN 3-7766-2384-5

Inhalt

Vorbemerkung und Dank

> »Anomalien betreffen meist das gegenwärtige naturwissenschaftliche Paradigma – nicht die Natur selbst.«
>
> ILLOBRAND VON LUDWIGER, Astrophysiker

Götterspuren. Hartnäckig widerstehen sie jedem Versuch, sie wegzuwischen. Durch jede Handbewegung aufgewirbelt, schießen sie wie funkelnde Staubkörner durch die Luft und brennen munter kleine, häßliche Löcher in das weiße Tuch, an dem wir seit Jahrhunderten so fleißig weben. Götterspuren, das sind jene unangenehmen und schnell vergessenen Hinweise auf Erscheinungen, die sich nicht in unser rationalistisches Denken einordnen lassen und unserem naturwissenschaftlichen Weltbild seit Jahrzehnten frischfröhlich Widerstand leisten.
Lassen Sie sich in eine abenteuerliche Welt entführen. Eine Welt voller ungeklärter Kuriositäten und Verrücktheiten. Unser Trip durch Raum und Zeit erhebt dabei keinen Anspruch auf Wissenschaftlichkeit. Vielmehr wollen wir alternative Wege aufzeigen, sich den ungelösten Geheimnissen aus Vergangenheit und Gegenwart anzunähern. Denn nur auf diese Weise ist es überhaupt erst möglich, die streng vorgegebenen akademischen Denkpfade für einmal zu verlassen und sich dem unerforschten Dickicht von einer anderen, von einer aufregenden Seite zu widmen. Alte Fragen warten auf neue Antworten.
Bei meinen interdisziplinären Streifzügen wurde ich von

vielen Freunden begleitet. Für ihre direkte oder indirekte Unterstützung, ihre Hilfe bei der Beschaffung bestimmter Dokumentationen oder ihre Arbeiten, die ich in diesem Buch zitiert habe und die wesentlich zu dessen Realisierung beigetragen haben, möchte ich mich bei unten aufgeführten Personen und Organisationen herzlich bedanken: Ancient Astronaut Society, Hans-Theodor Auerbach, Ralph von Allmen, Beat Biffiger, Ulrich Dopatka, Willi Dünnenberger, Thomas Eickhoff, Patrick Ferryn, Dr. Johannes und Peter Fiebag, Flying Saucer Review, Horst Garbe, Michael Hesemann, Roland Keller, Peter Krassa, Walter Jörg Langbein, Ulrich Magin, Bruno Mancusi, Ernst Meckelburg, Thomas Mehner, Detlev Menningmann, Mutual UFO Network (MUFON), Mutual UFO Network – Central European Section (MUFON-CES), David Norman, Hans-Werner Peiniger, Holger Preuschoft, Torsten Reckmann, Hans-Jörg Ruh, Hans-Werner Sachmann, Adolf und Inge Schneider, Société Belge d'Etude des Phénomènes Spatiaux (SOBEPS), Christian Sollner und Illobrand von Ludwiger.
Besonderer Dank gebührt Erich von Däniken und Hermann Hemminger für ihre Unterstützung und ihre wertvollen Anregungen bei der Entstehung dieser Arbeit, sowie all den Augenzeugen, die mir ihre Erlebnisberichte zur Verfügung stellten. Im Interesse der Leser habe ich sie an manchen Stellen leicht gekürzt oder überarbeitet. Nicht vergessen sollten wir schlußendlich auch die verstorbene Lou Zinsstag, ohne deren Pionierarbeit dieses Buch wohl nie geschrieben worden wäre.

Luc Bürgin

Prolog

Gaukler sind Menschen, die anderen etwas vormachen. Es hat sie immer gegeben, und es wird sie immer geben. Sicher hatten es die Gaukler der Vergangenheit leichter, Menschen hinters Licht zu führen, ihre Unwissenheit und Gutgläubigkeit auszunutzen. Heute, im Zeitalter der modernen Wissenschaft – jede Wissenschaft ist zu ihrer Zeit modern –, durchschauen wir die Tricks der Gaukler. Wir sind eine aufgeklärte und nüchtern denkende Generation. Oder etwa nicht?

In unserer Gegenwart leben Gaukler, die wissen nicht einmal, daß sie Gaukler sind. Sie stehen vor keinem Abendpublikum, sie zaubern weder Kaninchen aus dem Hut, noch zersägen sie Jungfrauen, schlucken weder Feuer noch lebendige Schlangen. Sie sind ehrenwert, korrekt und anständig und haben alle einen gemeinsamen Nenner: Sie gelten als durch und durch seriös. Niemand würde hinter ihnen Gaukler vermuten, und doch gaukeln sie sich selbst und dem Rest der Welt etwas vor: eine falsche Selbstsicherheit.

Sie benehmen sich so, als seien sie umfassend informiert, als seien alle Rätsel gelöst und als habe die Wissenschaft jeden Hokuspokus fest im Griff. Sie berufen sich auf die Intelligenz des Menschen, auf die Erkenntnisse der Naturwissenschaft und natürlich auch darauf, daß jedem Problem eine »natürliche Erklärung« zugrunde liege. Rätsel darf es keine geben – ungelöste schon gar nicht! Alles ist meßbar, wägbar, analysierbar. Basta!

Und sollte da etwas Unerklärliches im Raume schweben, so haben die modernen Gaukler sogleich eine Erklärung parat. UFOs – zum Beispiel – sind oft unerklärlich. Zumindest für den, der sie erlebt. Nicht aber für die Gaukler. Sie wissen mit schlafwandlerischer Sicherheit, was UFOs sind. Nämlich Fata Morganas oder die während 365 Tagen im Jahr ununterbrochen auf die Erde abstürzenden Teile von Raketen oder Raumstationen. Ein nicht enden wollendes Bombardement von irdischem Müll aus dem All. Und ist partout kein Weltraummüll herzuzaubern, so entpuppen sich die vermeintlichen UFOs als »Leichtflugzeuge«, als »Kinderdrachen«, als »Heißluftballone«, als »Spiegelungen«, als »Halluzinationen«, als »Phantastereien«, als »Mückenschwärme«, als »hochfliegende Wetterballone« oder als »hell leuchtende Planeten«, die in der Sichtungsnacht gerade mit irrwitzigen Geschwindigkeiten um die Erde kurvten. Und sollten gar 100 oder 10 000 Menschen dasselbe UFO-Ereignis beobachtet haben – dann waren sie Opfer einer »Massensuggestion«. Gaukler müßte man sein, das Leben wäre einfacher!
Helfen atmosphärische Bedingungen und irdische Gegenstände nicht mehr weiter, um die vertrackten UFOs von der Bildfläche verschwinden zu lassen, so verwandelt sich der Gaukler zum Vor-Gaukler. Jetzt hilft mit Sicherheit die Psychologie. Die hilft zwar überall und nirgendwo, je nachdem, ob man daran glaubt, doch Vor-Gaukler glauben an ihren »gesunden Menschenverstand«. In ihren Augen spinnen die UFO-Phantasten nur deshalb, weil »sie sich wichtig machen« wollen, weil »sie einen aufregenden Science-Ficton-Film gesehen haben«, weil »sie gerade in finanziellen Schwierigkeiten stecken« oder aus »sozial mühseligen Verhältnissen« [1] stammen. Reicht das nicht, so zündet mit Sicherheit die nächste psychologische Ausrede. Die

UFO-Träumer suchen eine »Ersatzreligion«, es sind »Psychopathen«, oder Opfer anderer »psychologischer Mechanismen«.
Geistig gesunde Menschen dürfen kein UFO-Erlebnis haben. Jetzt müssen wir das nur noch dem Millionenheer von UFO-geschockten Weltenbürgern beibringen und den UFOs selbst klarmachen, daß es sie nicht gibt. Und nebenbei die objektiven Tatsachen zerreden. Angefangen von den Radar-Aufzeichnungen über die Video-Filme, die Photos, die niedergewalzten Wiesen und Felder (alles »natürlich« erklärbar!), über die Hautverbrennungen von Opfern bis hin zu den massenhaft gefälschten Dokumenten mit den echten Unterschriften von Regierungschefs und höchsten Militärs. Die Frage, wer sich hier etwas vorgaukelt, liegt auf der Hand.
Damit die verblüfften UFO-Opfer ihren »Unsinn« nicht allzu breitwalzen können, gründeten die Herren mit den weisen Gehirnen ein Komitee. Komitees sind immer gut. Sie sind anonym – das Komitee hat beschlossen –, und persönlich ist niemand angreifbar. So wurde in den USA das »Committee for Scientific Investigation of Claims of the Paranormal«, abgekürzt CSICOP, gegründet. Ableger davon gibt es in einigen, diversen Ländern, auch in Deutschland.
»Die ›wissenschaftliche Forschungsmethode‹ des CSICOP besteht im großen und ganzen aus Hetzkampagnen gegen Forscher, deren Ideen beim CSICOP keinen Anklang finden.«[2] Redaktionsstuben und TV-Anstalten werden mit »wissenschaftlichen« Briefen bombardiert, in Schulen werden »wissenschaftliche« Vorträge gehalten, und selbstverständlich werden »wissenschaftliche« Bücher geboren und verbreitet, damit die verunsicherte Menschheit endlich wieder im Gleichschritt marschiert. Die weisen Köpfe des

CSICOP wissen alles. Natürlich auch, daß es keine UFOs geben darf.
Auf dem UFO-Sektor gibt es viele dumme Bücher. Es gibt sie tatsächlich, die »Psychopathen« und »Gläubigen«, die »Geschäftemacher« und »Hanswurste«. (Es gibt sie auch unter den Mitgliedern des CSICOP.) Doch gleich daneben gibt es auch intelligente UFO-Bücher. »Götterspuren« zählt dazu. Ich bin froh, daß Menschen wie Luc Bürgin antreten, um der »neuen Inquisition«[2] Paroli zu bieten.

Erich von Däniken

Quellen:

[1] Magin, Ulrich: »Von UFOs entführt«, München 1991
[2] Wilson, Robert Anton: »Die neue Inquisition«, Frankfurt am Main 1992

I Ein Weltbild im Kreuzfeuer

»Die Geschichte der Menschheit zeigt, daß es kaum eine mörderischere, despotischere Idee gibt als den Wahn einer ›wirklichen‹ Wirklichkeit (womit natürlich die eigene Sicht gemeint ist), mit all den schrecklichen Folgen, die sich aus dieser wahnhaften Grundannahme dann streng logisch ableiten lassen. Die Fähigkeit, mit relativen Wahrheiten zu leben, mit Fragen, auf die es keine Antworten gibt, mit dem Wissen, nichts zu wissen, und mit den paradoxen Ungewißheiten der Existenz, dürfte dagegen das Wesen menschlicher Reife und der daraus folgenden Toleranz für andere sein.«

Paul Watzlawick, Kommunikationsforscher

1 Charles Fort und die andere Wirklichkeit

»Er war fast völlig nackt. Ein Umstand, der bei ›Apporten‹ von äußerster Wichtigkeit ist. Er hatte keine Ärmel, in denen er etwas hätte verstecken können, und seine ganze Kleidung bestand aus einem Lendentuch. Die Beine und der ganze Oberkörper vom Gürtel bis zum Kopf waren nackt. Die verwendeten Hilfsmittel bestanden lediglich aus einem von uns gelieferten Tischchen, aus einer kleinen zweiteiligen Schachtel, die er uns in die Hände gab und die wir auf das sorgfältigste untersuchten, wenngleich das eine schnell erledigte Aufgabe war, und aus einer gewöhnlichen Flasche mit einer klaren Flüssigkeit, die ganz wie Wasser aussah.«

So beginnt Annie Besant, Präsidentin der Theosophischen Gesellschaft, ihren Bericht über die seltsame Begegnung mit einem indischen Yogi, der 1906 in der Zeitschrift »Sciences Psychiques« publiziert wurde. Sie fährt weiter fort:

»Wir nahmen rings um ihn Platz. Einen Augenblick lang sah er die Gäste, einen nach dem anderen, mit einem durchdringenden Blick an, und als die Reihe an mich kam, betrachtete er mich mit größtem Interesse, um hierauf zu mir zu bemerken: ›Bitte unterbrechen Sie mich nicht; setzen Sie vor allem meiner Arbeit keinen Widerstand entgegen.‹ Ich versprach, mich absolut passiv zu verhalten.«

Der Yogi sprach ruhig und überlegt: »Nennen Sie mir die Gegenstände, die ich herbeischaffen soll. Mein ›Elementargeist‹ wird sie in diese Schachtel bringen.«

Zuerst herrschte Stille. Dann kam einem der Teilnehmer eine Idee: »100 Meilen von hier ist ein Städtchen, wo Süßigkeiten hergestellt werden. Süßigkeiten, die es in ganz Indien nur dort gibt. Verschaffen Sie uns solche Süßigkeiten!«

Was nun geschah, beschreibt Annie Besant in eindrücklichen Worten: »Der Vormittag war vorgerückt, und dieser Mann saß in vollem Tageslicht da. Nach kurzer Zeit öffnete er die Schachtel und leerte mit beiden Händen die verlangten Süßigkeiten auf den Tisch, wobei bald ein Haufen entstand, der größer war als die Schachtel selbst. Man fragte ihn, woher er diese Schleckereien habe, und er antwortete, sein ›Elementargeist‹ habe sie ihm gebracht. Es handelte sich tatsächlich um die verlangten Süßigkeiten. Man verteilte sie dann an die Dorfjugend, die sie sich wohl schmecken ließ. Diese Vorkommnisse, die für einen westlichen Geist so schwer verständlich sind, sind für einen Inder wohl sehr leicht zu erklären ...«

Der gut genährte, kleine Mann mit dem kurzen Hals und dem gewaltigen Schnurrbart hätte an diesem Bericht wohl seine helle Freude gehabt. Charles Hoy Fort (1874–1932) sammelte Zeit seines Lebens Berichte über das Unerklärliche. Nächtelang durchblätterte er im fahlen Schein der Kerzen abgegriffene Zeitschriftenjahrgänge, stöberte in verstaubten Bibliotheken herum und notierte sich gewissenhaft Fall für Fall auf kleine Papierkärtchen. Über 40 000 derartige Notizen häuften sich so an, und immer mehr überkam Fort das Gefühl, als steige aus seinen Zettelkästen ein »wahres Geschrei des Schweigens« auf. Die Zettel berichteten über allerlei Gegenstände, die vom Himmel fielen, sie berichteten über »leuchtende Räder«, die ins Meer eintauchten, und über geheimnisvolle Wesen, die ebenso plötzlich wieder entschwanden, wie sie aufgetaucht waren. Sie erzählten von Menschen, die diesen Kreaturen begegnet waren, von Fußspuren unbekannter Fabeltiere oder von geheimnisvollen Inschriften auf Meteoritengestein. Kurzum, ein Sammelsurium von Fakten und Berichten, die sich jeder konventionellen Erklärung entzogen.
Fort begann seine Notizen zu ordnen und veröffentlichte seine »Enzyklopädie der verschmähten Tatsachen und verbannten Realitäten« schließlich in Buchform. Der Amerikaner plädierte darin laut für eine neue Freiheit. Die Freiheit, an den wissenschaftlichen Dogmen zu rütteln. Andere haben seine Arbeit bis heute weitergeführt. Haben all die unerklärlichen Erscheinungen mit großem Fleiß zusammengetragen, ausgewertet und in dicken Bänden publiziert. Und wehren sich dagegen, daß ihre Zusammenstel-

lungen in den alles verschlingenden Schubladen der Zeit verschwinden.

In einem 1977 in der wissenschaftlichen Fachzeitschrift für Erzählforschung »Fabula« erschienenen Artikel weist der Amerikaner Donald Ward darauf hin, daß übersinnliche Schilderungen und Erfahrungen zwar häufig einer psychologischen, emotionalen oder halluzinativen Erklärung zugeführt werden können, räumt aber ein, daß sich hinter gewissen Erscheinungen durchaus auch eine objektive Realität verbergen mag, die nicht automatisch auf mißinterpretierten Auslösern beruhen muß.
Gehen wir noch einen Schritt weiter und stellen wir uns einmal vor, all die phantastischen Göttererzählungen, Sagen und Mythen aus vergangener Zeit beruhten auf realen Tatsachen. Es müßte auf unserem Planeten in logischer Konsequenz nur so gewimmelt haben von seltsamen Gestalten, fremden Kreaturen und unerklärlichen Himmelserscheinungen. Ein grauenhafter Gedanke! Wie beruhigend muß da die Feststellung unserer gescheiten Köpfe sein, daß all diese Berichte ja nur von unseren Altvorderen stammen, deren Geist sich doch wohl noch lange nicht jenes vollkommenen Entwicklungsstadiums erfreut hatte, auf das wir heute so stolz verweisen.
Allerdings werden wir bald einmal feststellen müssen, daß dieselben phantastischen und unglaublichen Erscheinungen auch heute noch beobachtet und gemeldet werden und nach wie vor um den Erdball geistern, wo sie weiterhin frisch-fröhlich arme Bürger verängstigen. Und wenn wir dann – wie Ward – zumindest die Möglichkeit in Betracht ziehen, daß ein Teil dieser Erscheinungen objektiv gesehen vielleicht doch realer ist, als man gemeinhin annimmt, wird das Ganze wieder unheimlich. Oder aufregend.

Da donnern beispielsweise seit Jahrhunderten riesige Eisbrocken vom Himmel, und niemand fand bisher eine vernünftige Erklärung dafür. Einige Beispiele aus den letzten Jahren:

- Anfang Juni 1980 fällt ein »unbekanntes eisiges Objekt« vom Himmel und schlägt mit einer Geschwindigkeit von rund 240 Kilometern pro Stunde in einem Vorgarten im dänischen Aarhus ein. Der gelbliche Eisklumpen, so wollen Wissenschaftler festgestellt haben, stamme aus einem in großer Höhe fliegenden Luftfahrzeug, genauer gesagt aus der Toilette desselben. Dies hätten chemische Analysen ergeben, die vom Technischen Institut in Aarhus vorgenommen worden waren. (»Westfälische Rundschau«, 9. Juni 1980)
- Giftgrün war er, jener fußballgroße Eisklumpen, der am 4. Juli 1986 in Kempten vom Himmel saust und mitten in einer Gartenparty in tausend Brocken zerspringt. (»Allgäuer Zeitung«, 9. Juli 1986)
- Am Dienstag um 10.10 Uhr hört ein Lehrer, der zusammen mit seiner Tochter ein Einfamilienhaus in Bad Abbach bewohnt, einen lauten Schlag. Aufmerksam geworden, geht er hinaus, sieht in seinem Garten Stücke von Dachziegeln und entdeckt später ein etwa fußballgroßes Loch im Dach. Die darunterliegende Gipsdecke ist durchschlagen, und im Büro sowie im Erdgeschoß findet sich laut Polizeiauskunft eine große Zahl taubengroßer Eisstücke. Der Münchner Wetterdienst meint dazu, eine meteorologische Ursache sei wohl mit allergrößter Wahrscheinlichkeit auszuschließen. Allerdings sei das Phänomen nicht unbekannt: Von Zeit zu Zeit würden sich Eisstücke, häufig gefrorenes Abwasser, von den Ablaufstutzen einzelner Flugzeuge lösen. (»Straubinger Tagblatt«, 6. Januar 1988)
- Ein fußballgroßer Eisblock donnert Ende August 1990

auf ein Wohnhaus im nordrhein-westfälischen Vettweis. Nach Angaben von Kriminalpolizei und Feuerwehr habe es sich dabei um die gefrorenen Fäkalien aus der Toilette eines Passagierflugzeuges gehandelt. (»Die Siebte am Sonntag«, 26. August 1990)

– Eine Eisbombe besonderer Art durchschlägt im November 1990 das Dach einer Straßenmeisterei in Elkhorn/Wisconsin. Der zersplitterte Eisblock sei wohl auf den Auswurf eines Flugzeuges zurückzuführen, da er angeblich aus menschlichen Exkrementen bestanden haben soll. (»Abendzeitung«, 22. November 1990)

Selbstverständlich haben diese Berichte nicht das geringste mit Flugzeugen zu tun, wie uns das Journalisten und Skeptiker immer wieder glauben machen wollen. Eine simple Nachfrage bei jeder Fluggesellschaft bestätigt dies. Ganz zu schweigen davon, daß Charles Fort alleine in seinem ersten Werk »The Book of the Damned« (1919) Dutzende von derartigen Berichten aus dem letzten Jahrhundert zusammengetragen hat.

Wer weiß, für die vom Himmel donnernden Eisblöcke mag sich ja vielleicht irgendwann einmal doch noch eine vernünftige Erklärung finden lassen, wir mögen es selbstverständlich nicht ausschließen. Wie verhält es sich aber mit Schilderungen von »Fischregen«? Was machen wir mit Augenzeugen, die von Tausenden von quietschlebendigen Fröschen berichten, die aus heiterem Himmel zu Boden klatschen, um dann munter durch die Gegend zu hüpfen? Glauben wir den Meldungen, die Forts Anhänger quer durch all die Jahrzehnte bis auf den heutigen Tag zusammengetragen haben (und es gibt keinen Grund, warum wir das nicht tun sollten), dann hagelt es nämlich alle paar Jahre irgendwo auf der Welt kiloweise Fische, Frösche, Seesterne, Krebse, Alligatoren, Bohnen, Maiskörner, Erbsen, Pfirsiche, Fleischstücke oder Muscheln vom Himmel. Wirbelwinde? Vielleicht. Allerdings scheinen diese Luftwirbel über einen besonders ausgeprägten Sinn für Ordnung zu verfügen, spezialisieren sie sich bei ihren Deportationsaktionen doch zumeist nur auf eine einzige Tier- oder Pflanzengattung. Außerdem pflegen sie den lieben Tierchen in der Regel kein Haar zu krümmen. Bemerkenswert humane Exemplare. Aber ihre potentielle Existenz gibt einem wenigstens das beruhigende Gefühl einer rationalen Erklärung.

Einen anderen Weg, mit derartigen Erscheinungen umzugehen, haben die Folkloristen gefunden. Denen geht es nämlich grundsätzlich nicht darum, einen etwaigen Realitätsgehalt der von ihnen gesammelten phantastischen Schilderungen nachzuprüfen. Viel lieber untersuchen und erforschen sie den geschichtlichen Kontext, den Rahmen der Erzählung oder die Art des Erzählens. Ein Umstand, dem die Naturwissenschaft kaum nachtrauert. Sie überläßt die einseitige Untersuchung derartiger Meldungen ganz gerne ihren geisteswissenschaftlichen Kollegen, um so mehr, als sie für derlei Schilderungen ohnehin kaum einen Platz in ihrem rational ausgerichteten Naturverständnis finden würde. Und so müssen immer wieder Privatleute, Amateurforscher und unkonventionelle Wissenschaftler Initiative zeigen und alternative Forschungsrichtungen oder Erklärungsmodelle in ein zumindest vorwissenschaftliches Stadium rücken, um der hin und wieder doch recht konservativen und phantasielosen Haltung ihrer skeptischen Kollegen entscheidende Impulse entgegenzusetzen.

Natürlich gab es die Skeptiker immer, und es wird sie auch immer geben. Das ist schließlich ganz gut so. Aber der

Skeptiker von einst ist leider nicht mehr der Skeptiker von heute. Pflegte der wirkliche Skeptiker an allem und jedem zu zweifeln, zieht sich der Skeptiker von heute orientierungslos, verunsichert und vom Wust der Informationen bedrängt, in sein schmuckes Schneckenhäuschen zurück, wo er sich eifrig wackelige Brücken baut, um den kalten Fluß der Realität möglichst trocken überqueren zu können. Irgendwie erinnert uns dieses Verhalten an die Reaktion der Zürcher Stadtregierung, die dem Holländer Mirin Dajo 1947 Auftrittsverbot erteilte. »Aus Angst vor dem Verletzungsrisiko«, wie die Behörden damals kleinlich verlauten ließen.

Mirin Dajo war ein medizinisches Wunder. Als er seine Künste 1947 in Zürich und Basel öffentlich vorführte, war die Fachwelt verblüfft, denn der Holländer pflegte sich bei seinen Auftritten ohne große Vorbereitung mehrmals ein 70 Zentimeter langes stählernes, sechs bis acht Millimeter dickes Florett durch seinen Oberkörper bohren zu lassen, ohne daß dabei auch nur ein einziger Tropfen Blut floß. Beinahe 30 Zentimeter ragte die Spitze jeweils aus seiner Brust.

Hans Hubert, Direktor des Zürcher Theaters, in welchem Dajo aufzutreten pflegte, überredete den Holländer schließlich nach einigem Zögern, sich von Ärzten und Fachkräften der chirurgischen Abteilung des Zürcher Kantonsspitals einmal gründlich untersuchen zu lassen. So marschierte Dajo mit Hubert und zwei seiner Begleiter am 31. Mai 1947 durch die endlosen Korridore, bis man endlich ein kleines Auditorium der Poliklinik erreichte. Dort hatte sich bereits eine Handvoll Beobachter eingefunden. Studenten, Ärzte vom Dienst, aber auch Professor Dr. Brunner, der Chef der Chirurgischen Abteilung, dem Dajo nun vorgestellt wurde.

Der Holländer begab sich in die Mitte des kleinen Raumes und entblößte seinen Oberkörper. Sein Assistent trat hinter ihn und stach ihm ohne Wimpernzucken das Florett ungefähr in Höhe der Nieren in den Rücken, wobei es sogleich vorne aus seiner Brust wieder austrat.
Für einige Augenblicke waren die Anwesenden fassungslos und schockiert. Erst allmählich begannen sie zu realisieren, was sie gerade gesehen hatten. Professor Brunner, ein skeptischer Beobachter, richtete dann die Frage an Dajo, ob er sich wohl einer Röntgenuntersuchung unterziehen würde. Die Röntgenabteilung, und er zögerte etwas, liege aber im ersten Stock. Der Holländer stimmte dem Vorhaben zu, und so bildete sich bald ein seltsamer Menschenzug, der durch die Korridore des Zürcher Spitals schlich. Vorneweg Mirin Dajo, immer noch von einem Florett durchbohrt, hinter ihm seine Freunde und die Ärzte und Professoren der Zürcher Klinik. Die Patienten, die dieses Schauspiel beobachten konnten, glaubten ihren Augen nicht zu trauen.
Die Zeitungen schwärmten am nächsten Tag in großen Schlagzeilen vom »medizinischen Wunder« Dajo. »Was sich im Operationssaal der chirurgischen Universitätsklinik im Beisein von sechs Ärzten, zahlreichen Assistenten und Schwestern ereignet hatte, darf als eine wissenschaftliche Sensation bezeichnet werden. Der tödliche Spieß wurde erst nach 20 Minuten herausgezogen, wobei entgegen allen Erwartungen kein Tropfen Blut floß«, schrieben »Tagesanzeiger« und die »Neue Zürcher Zeitung«, die beiden renommiertesten Blätter der Limmat-Stadt.
Auch Professor Brunner konnte sich keinen Reim auf die Geschehnisse machen: Bei der Durchbohrung – man konnte es auf dem Röntgenschirm klar erkennen – wurde zweimal das äußere Bauchfell (»Peritonaeum parietale«), die

Niere, der Magen oder der Darm und sehr wahrscheinlich auch die Leber durchstoßen. Bei einem »normalen« Menschen hätte dieser Durchstich jedenfalls nie gelingen können, meinte der Zürcher Arzt fassungslos. Trotz sterilster Instrumente, trotz sofortiger Penicillin- und Chirurgie-Behandlung müßte sich infolge einer Bauchfellentzündung durch den Anstich des Magen-Darm-Kanals unweigerlich der Tod einstellen.
Im Zürcher Corso-Theater doppelt der Holländer nach. Während einer Aufführung läßt er sich dort vor den Augen eines fassungslosen Publikums gleichzeitig von drei Degen durchbohren, durch welche nach Abschrauben der Spitzen Wasser geleitet wird. Die Zürcher Regierung schreitet entsetzt ein. Sie erteilt dem Holländer Auftrittsverbot.

Charles Fort, unser genialer Pendler zwischen den Wirklichkeiten, hätte darüber wohl nur laut gelacht. Fort und sein »Himmelsgeschenk für alle Verrückten«, wie jemand seine Bücher einmal nannte, hat denn auch viele gescheite Denker, die sich der Erforschung des Unerklärlichen verschrieben haben, nachhaltig beeinflußt. Selbst Louis Pauwels und Jacques Bergier nehmen auf den kleinen Amerikaner mit dem markanten Schnurrbart Bezug, wenn sie der Wissenschaft in ihrem Buch »Aufbruch ins dritte Jahrtausend« mehr Toleranz gegenüber Grenzphänomenen abfordern: »Die wissenschaftliche Erkenntnis ist nicht objektiv. Sie ist, genau wie die Zivilisation, eine Verschwörung. Man verwirft eine ganze Anzahl von Tatsachen, weil sie die festgelegten Vernunftsschlüsse stören würden. Wir leben unter einer Inquisitionsherrschaft, und die Waffe, die sie gegen unliebsame Tatsachen am häufigsten anwendet, ist die von höhnischem Lachen begleitete Verachtung. Was ist unter diesen Umständen die Erkenntnis? ›In der Topographie der Intelligenz‹, schrieb Fort, ›könnte man die Erkenntnis als die von Gelächter verdeckte Unwissenheit bezeichnen.‹«

Wir sollten immer daran denken, daß eine zukünftige Wissenschaft uns heute noch unbekannte Verbindungen zwischen einzelnen Fakten erkennen lassen wird, halten die beiden Franzosen im weiteren fest, und so glauben auch wir, daß es die »Wissenschaft wieder einmal nötig hat, von einem ungläubigen, heißhungrigen, wilden Geist kräftig durchgeschüttelt zu werden«. Denn wir sollten nicht vergessen, daß immer mehr Leute vor einer regelrechten »Wissenschaftsmafia« warnen, die seit einiger Zeit nach eigenem Gutdünken über Glaubwürdigkeit und Existenzberechtigung neuer Entdeckungen und seltsamer Phänomene entscheidet. Gerade diese Gelehrten aber, die gerne und oft die angeblich »unseriösen« Ergebnisse alternativer Forschung anzweifeln, sollten ihrerseits wieder daran erinnert werden, daß auch in der etablierten Wissenschaft von heute Irrtümer, Fehler und gelegentlich schon mal handfeste Betrügereien vorkommen.

2 Gibt es eine Wissenschaftsmafia?

Unglaublich aber wahr: Bei einem Biologieexperiment, das in den USA Ende der achtziger Jahre am renommierten Institut des Molekularbiologen Professor David Baltimore (Nobelpreisträger und Präsident der Rockefeller-Universität in New York) von der Biologieprofessorin Tereza Imanishi-Kari durchgeführt wurde, hatten Wissenschaftler mit einem einfachen Filzstift schwarze Flecken auf das Fell weißer Mäuse aufgemalt, um auf Photos eine erfolgreiche Hauttransplantation vortäuschen zu können. Als erste

Zweifel an dem Experiment auftauchten, verteidigte Imanishi-Kari ihre Ergebnisse vehement und konnte dabei auf die Unterstützung Baltimores zählen, der zwar selbst nicht am fraglichen Versuch beteiligt war, im umstrittenen Artikel aber als Co-Autor genannt wurde. Erst als schließlich auch sogenannte »Wissenschaftsdetektive« zur Spurensicherung eingeschaltet worden waren, kam die Fälschung endgültig ans Tageslicht. Der Witz an der Sache aber ist, daß die beiden Professoren nach wie vor an Universitäten lehren und Baltimore bis heute Präsident der Rockefeller-Universität in New York geblieben ist.
Tatsächlich wurden gemäß einem Bericht von Professor Dr. H. Holzgreve und Dr. med. J. Aumiller, der am 16. September 1989 in der »Münchener Medizinischen Wochenschrift« erschien, »zwischen 1970 und 1985 alleine in der klinischen Forschung mindestens sechs, in den medizinischen Grundlagenfächern 13 Fälle von Wissenschaftskriminalität« bekannt. Die amerikanische Arzneimittelbehörde wiederum habe seit 1975 über 20 Fälle von Betrug in der klinischen Forschung weitergeleitet, wobei es 13 Mal zu einer Verurteilung gekommen sei.
Auch markante Einzelfälle sind durch die Presse gegeistert. Ein gewisser S. Breunig beispielsweise hatte im Laufe seiner akademischen Tätigkeit an die 50 Artikel über Psychopharmaka in wissenschaftlichen Fachzeitschriften veröffentlicht, deren Daten gefälscht waren. Und dies ist kein Einzelfall. Immer wieder kommen Vorfälle an das Licht der Öffentlichkeit, wo extra spezielle Untersuchungskommissionen eingeschaltet werden mußten.

Einer, der sich sehr intensiv mit derlei Manipulationen innerhalb des Wissenschaftsgebäudes befaßt hat, ist der Autor Albrecht Fölsing. »Die streng konturierte Auffassung von Wissenschaft schlägt sich nieder im trockenen Ton der Fachjournale, die nur Artikel veröffentlichen, aus denen jede Spur menschlicher Verwicklungen getilgt ist«, merkt er bereits in der Einleitung seines Buches »Der Mogelfaktor« kritisch an und stellt danach in konsequenter Folge Fall um Fall vor, bei dem angesehene Gelehrte der bewußten Manipulation überführt werden konnten. Fölsing will deswegen aber nicht generell verallgemeinern. Denn: »Betritt man die Hallen der Gelehrsamkeit einmal durch Seiteneingänge oder gar durch Hintertüren, so präsentiert sich die Wissenschaft in einer viel interessanteren Weise. Angenehm überrascht zunächst das oft wenig systematische Vorgehen der Forscher an der Grenze des Wissens. Beeindruckend ist die selbstlose Hingabe einiger Gelehrter, die sich von der Neugier und der Sensibilität für die Schönheit der Naturgesetze inspirieren und zu Höchstleistungen motivieren lassen. Daneben allerdings gibt es reichlich Ehrgeiz, Karriere- und Statusbewußtsein und somit die Anfälligkeit für allerlei menschliche Schwächen, Fehler und Verirrungen, die im offiziellen Bild der Wissenschaft mit kräftigem Strich überpinselt sind.«

Tatsächlich sind die Fälle sogenannter Wissenschaftskriminalität leider oft häufiger, als generell angenommen wird. Der junge Mediziner John Robert Darsee zum Beispiel veröffentlichte während seiner zweijährigen Tätigkeit an der Harvard-Universität rund hundert Fachartikel, und so spielte man dort bereits mit dem Gedanken, ihm bald einmal ein eigenes Labor anzuvertrauen. Lapidarer Kommentar Fölsings: »Mit ein wenig gesundem Menschenverstand hätte man freilich auch darauf kommen können, daß die Rate von einer Veröffentlichung pro Woche nur bei erheblicher Abkürzung der mühsamen Wege der Wahrheitsfindung vorstellbar ist.« Effektiv entpuppten sich Darsees Arbeiten später mehrheitlich als manipuliert, und so mußten die Verantwortlichen dem nationalen Gesundheitsinstitut schlußendlich wohl oder übel über 700 000 US-Dollar an Forschungsgeldern zurückzahlen.

Konnte man bei Darsee die Sache noch mit dem jungen Alter des Betroffenen entschuldigen, gestaltete sich die Überführung im Fall von Sir Cyril Burt ungleich verzwickter. Lange Zeit galt Burt als einer der bedeutendsten Wissenschaftler Englands. Für seine akademischen Verdienste wurde er sogar in den Adelsstand erhoben. Im weiteren hatte Burt bis zu seiner Pensionierung im Jahre 1963 den angesehenen Lehrstuhl für Psychologie am University College in London inne und war außerdem Herausgeber einer bedeutenden wissenschaftlichen Fachzeitschrift.

Als sich ein ehemaliger Bewunderer Burts, Professor Leslie Hearnshaw, aber daran machte, Material für eine umfangreiche Biographie über das Leben des berühmten Wissenschaftlers zusammenzustellen, stieß er im Laufe der Zeit auf beträchtliche Ungereimtheiten in den Arbeiten des geadelten Akademikers. Hearnshaw schwante Schlimmes. Und tatsächlich entdeckte er im Nachlaß Burts eines Tages diverse Zettelkästen und Tagebücher, die eine ganze Reihe von gefälschten Daten ans Tageslicht brachten. Allerdings wurde Burt noch viele Jahre von seinen Anhängern verteidigt. Erst die Veröffentlichung von Hearnshaws Buch im Jahre 1979 bereitete der Kontroverse endlich ein abruptes Ende.

Ebenfalls einen »Wissenschaftsskandal« verzeichnete Ende der achtziger Jahre die Universitätsstadt Zürich. Dort hatte ein Doktorand am Molekularbiologischen Institut 1989/90 wissenschaftliche Daten gefälscht. Der Mann, ein diplomierter Biochemiker, nahm sich schließlich kurz vor Aufdeckung des Betruges am 20. März 1991 das Leben.

Die Ergebnisse seiner Studien zur Bildung vermehrungsfähiger Masernviren hatte er 1990 in verschiedenen Fachzeitschriften publiziert und auf einem Fachkongreß präsentiert. Am Zürcher Institut wurde die Methode übernommen. Erst nach dem tragischen Freitod des Wissenschaftlers kamen die Ungereimtheiten in den Daten überhaupt zum Vorschein.

Immer häufiger rücken auch berühmte wissenschaftliche Fachzeitschriften in den Mittelpunkt der Kritik. Es sei hier nur exemplarisch auf den Fall des im Irak geborenen Elias Alsbati hingewiesen, dem es gegen Ende der siebziger Jahre gelungen war, Hunderte von wissenschaftlichen Arbeiten in akademischen Journalen unterzubringen, die sich samt und sonders als schlichte Plagiate anderer Aufsätze oder Artikel entpuppten. Alsbati führte damit Begutachtungskriterien und Kontrollmechanismen diverser renommierter Blätter ad absurdum, war doch jahrelang niemandem aufgefallen, woher seine Arbeiten wirklich stammten.

Ein Grund dafür dürfte die in den letzten Jahren rapide angestiegene und inzwischen kaum noch überschaubare Zahl wissenschaftlicher Fachzeitschriften sein, die es Experten immer schwerer macht, Fälschungen und Plagiate überhaupt zu erkennen. Über den Sinn einer derartigen Publikationsflut mag man sich streiten, um so mehr als die Preise akademischer Veröffentlichungen aufgrund von deren kleinen Auflagen in der Regel unverhältnismäßig hoch ausfallen.

»Tatsächlich sind es nicht die normalen Marktkräfte von Angebot und Nachfrage, die den Preis auf dem Deckblatt vieler wissenschaftlicher Zeitschriften bestimmen«, schreiben William Broad und Nicholas Wade in ihrem Buch »Betrug und Täuschung in der Wissenschaft«. »Da nur wenige Exemplare verkauft werden, wälzen die Verleger gern die Herstellungskosten in Form von Seitenpauschalen auf die Wissenschaftler ab. Für die meisten eingereichten Artikel muß auch ein Scheck in Höhe von mehreren hundert Dollar beigelegt werden. Man könnte es für angemessen halten, wenn der Wissenschaftler die Kosten aus eigener Tasche bezahlen muß, da der veröffentlichte Aufsatz bisweilen nichts weiter als ein Statussymbol ist. Dies ist jedoch nicht der Fall. Häufig werden die Seitenpauschalen aus den Projektmitteln bestritten, so daß der Steuerzahler eine wuchernde Vielfalt von Aufsätzen finanziert, die in manchen Fällen nur dazu da sind, daß ehrgeizige Akademiker damit renommieren können.« Die beiden Autoren wissen, worüber sie schreiben: Broad ist Reporter und Kommentator bei »Science«, Wade seinerseits war jahrelang Herausgeber von »Nature«, dem renommiertesten Wissenschaftsblatt überhaupt.

Genau so schlimm wie die Fälschung von Daten ist das bewußte Unterdrücken und Verunglimpfen neuer Entdekkungen. Die amerikanischen Gebrüder Wright, denen am 17. Dezember 1903 der erste erfolgreiche Motorflug gelang, wurden trotz ihrer von einer staunenden Zuschauermenge zur Kenntnis genommenen Leistung Jahre danach noch als Spinner und Phantasten verschrien. Im selben Jahr hatte ein renommierter Mathematiker gar wissenschaftlich »bewiesen«, daß es dem Mensch nie und nimmer gelingen würde, sich in die Lüfte zu erheben. Selbst den 500 Zeugen, die damals zugegen waren, glaubte niemand, so daß Skeptiker noch 1906 hübsche Artikel in anerkannten wissenschaftlichen Fachzeitschriften publizieren durften, die das ganze als Zeitungsente und läppische Spinnerei abtaten.

Derartige Vorfälle ereignen sich im Verlauf der Menschheitsgeschichte in so regelmäßigen Wiederholungen, daß wir bald einmal feststellen müssen, daß der Mensch gewisse Dinge mit einer Beharrlichkeit nicht zur Kenntnis nehmen will, die schon fast an Dummheit grenzt. Die Situation in den letzten Jahrzehnten des 20. Jahrhunderts bestätigt diese Überlegungen nur aufs neue. So gab es im Zusammenhang mit der Entdeckung der sogenannten »kalten Fusion« viele Leute, die ganz offen von einer regelrechten »Wissenschaftsmafia« sprachen, die plötzlich in Aktion trat. Denn die Nachricht im März 1989 schlug in wissenschaftlichen Kreisen wie eine Bombe ein: Zwei Chemiker, der Brite Martin Fleischmann und sein amerikanischer Kollege Stanley Pons, gaben bekannt, es sei ihnen gelungen, in einem simplen Glaskolben Wasserstoff-Atomkerne miteinander zu verschmelzen, und dies bei Zimmertemperatur und mit Strom aus einer Autobatterie! Für Wissenschaftler in aller Welt eine fast schon ketzerische Behauptung. Denn sollte sich diese Behauptung bewahrheiten, wäre dies einer Revolution in der irdischen Energieversorgung gleichgekommen.

In einem großangelegten Versuch hatten Fleischmann und Pons während unzähliger Stunden sogenanntes »schweres« Wasser in einem Reagenzglas erhitzt. (»Schweres« Wasser enthält einen zusätzlichen Neutronen-Baustein, der dem gewöhnlichen Wasser fehlt.) Als die beiden Wissenschaftler verschiedene elektrochemische Prozesse herbeiführten und diese beobachteten, maßen ihre Geräte plötzlich Gamma-Strahlung. Zusätzlich gaben sie die Existenz von Tritium an – der radioaktiven Variante von Wasserstoff. Und das konnten sich die beiden Chemiker nur dadurch erklären, daß in ihrer Experimentsanordnung eine Verschmelzung der Atomkerne stattgefunden haben mußte. Nicht nur das: Seltsamerweise entwichen der Versuchs-

anordnung ständig Neutronen, und in beinahe allen Versuchen gab sie mehr Wärme ab, als ihr durch elektrische Energie zugeflossen war.
Die geradezu hysterische Reaktion diverser Wissenschaftler gründete auf der Tatsache, daß solche Fusionsprozesse gewöhnlich erst in einer Hitze von etwa 15 Millionen Grad Celsius stattfinden. So predigt es wenigstens die herrschende Lehrmeinung. Milliardenbeträge wurden und werden seit Jahren in Fusionsversuche gesteckt – alle mehr oder weniger erfolglos. Und nun kamen plötzlich zwei Akademiker daher, die mehr durch Zufall auf etwas gestoßen waren, das all diese Anstrengungen ins Lächerliche zog.
Was danach geschah, bezeichnete ein Insider wohl zurecht als »akademisches Chaos«: Experten, Labors und wissenschaftliche Institute meldeten sich zu Wort. Einige berichteten, ihre Experimente hätten dieselben erstaunlichen Resultate gezeigt. Wieder andere sprachen der Entdeckung jeglichen wissenschaftlichen Wert ab: Ihre Nachprüfungen waren negativ ausgefallen. »Nichts, aber auch gar nichts, paßt mehr zusammen«, seufzte damals der Physiker Robert Conn von der University of California.
Jedenfalls setzte in der Folge wieder einmal eine jener unglaublichen Hetzjagden ein, die uns zur Genüge bekannt sind. Obwohl noch keine der Gegenanalysen sorgfältig abgeschlossen war, überboten sich die Kritiker in höhnischen Kommentaren und bissigen Bemerkungen. Die Resultate widersprachen der gängigen Lehrmeinung, also konnten sie nicht wahr sein. Zuviel stand auf dem Spiel. »Zweifel an Fleischmann und Pons«, »Zweifelhafte Daten«, oder »Aus für die kalte Fusion?« waren nur einige der Überschriften, die bald darauf durch die Medien geisterten und von der Schulwissenschaft begierig aufgesogen wurden. Die Gegenanalysen seien zwar in einigen wenigen Fällen

positiv ausgefallen, doch sei dies wahrscheinlich auf Meßfehler zurückzuführen. Mehrheitlich konnten die Wissenschaftler den Versuch – so hieß es wenigstens offiziell – nicht nachvollziehen. Das Schulwissen war, wenigstens für einige Zeit, wieder gerettet, und ein amerikanischer Physiker erklärte auf einer Konferenz vor über 1800 Kollegen stolz, daß die kalte Fusion Ergebnis einer »inkompetenten und krankhaften Wissenschaft« sei, wofür er viel Applaus erntete. Andere seiner Kollegen gingen noch weiter und behaupteten, die zwei Wissenschaftler hätten ihre Ergebnisse wohl ganz bewußt verfälscht. Selbst das sonst sehr angesehene Fachmagazin »Science« zog Klatsch aus dem Familienleben der beiden an die Öffentlichkeit und sinnierte laut über die Möglichkeiten wissenschaftlicher Manipulation. Als schließlich auch die renommierte Zeitschrift »Nature« die kalte Fusion für »tot« erklärte, war das wissenschaftliche Machtwort dann endgültig gesprochen.

Von dieser ganzen Schlammschlacht ließen sich Fleischmann und Pons nicht verunsichern. Allen Unkenrufen zum Trotz gab es nämlich verschiedene Fachkollegen, die sich trotzig an ihre Seite stellten und den Erfolg ihrer Experimente bestätigten. So fand im Juli 1991 in Como eine wissenschaftliche Fachtagung statt, zu der über 200 Physiker und Chemiker aus aller Welt zusammenkamen, um ihre Untersuchungen über das Phänomen der kalten Fusion vorzulegen. Und sie unterlegten ihre Solidaritätsbekundungen mit ernst zu nehmenden wissenschaftlichen Arbeiten. Denn – obwohl sich Labors in allen Länder der Erde darum bemühten, sämtliche Fehlerquellen bei der Versuchsanordnung auszuschalten – erhielt man immer wieder Resultate, die denen der beiden Gelehrten ähnlich waren.

Dr. Heinz Gerischer, ein anerkannter Wissenschaftler vom renommierten Max-Planck-Institut in Berlin (er war der kalten Fusion gegenüber ursprünglich eher skeptisch eingestellt), sollte damals ein unabhängiges, objektives Urteil über die bei der Konferenz vorgelegten Arbeiten fällen. Und Gerischer war überrascht: »Es existieren inzwischen effektiv genügend Hinweise auf nukleare Prozesse«, meinte er in der Abschlußrede der Tagung.
Die Konferenz lieferte auch Erklärungen für die anfänglich scheinbar so widersprüchlichen Ergebnisse der Fachwelt. Die Kernreaktionen scheinen nämlich nur dann aufzutreten, »wenn das Palladium (oder ein anderes Metall) fast vollständig mit Deuterium ›gesättigt‹ ist, so daß mindestens acht bis neun Deuteriumkerne zehn Palladiumatomen gegenüberstehen«, berichtete die Fachzeitschrift »Fusion« über den Kongreß. Sie wies auch ausführlich auf die genauen Bedingungen hin, die bei der Versuchsanordnung sichergestellt sein müssen.

Wir wissen nicht, ob sich die Fusionsergebnisse nun endgültig bestätigen lassen werden oder nicht. Dies ist für unsere Überlegungen auch nicht allzu wichtig. Es geht vielmehr einfach darum, zu zeigen, wie fragwürdig und übertrieben emotional gewisse Kreise auf neue provokante Ideen zu reagieren pflegen.
Lyndon La Rouche, Ökonom und Wissenschaftstheoretiker, wies 1991 in einem Interview mit der amerikanischen Wissenschaftsjournalistin Carol White zum Thema »Kalte Fusion« auf verschiedenste Mißstände in der heutigen Wissenschaft hin. All die Angriffe seien Teil einer ganzen Reihe von wissenschaftlichen Betrugsmanövern in der Geschichte. Ein Beispiel hierfür sei unter anderem die Behauptung, Isaac Newton und nicht Johannes Kepler hätte die Plane-

tengesetze entdeckt. Auch sei die heutige gebräuchliche Feldtheorie nicht von Maxwell entdeckt worden. Dieser habe lediglich die Überlegungen von Ampère und Gauß weitergeführt. Und so verhalte es sich auch heute mit der politischen Hetzjagd gegen Wissenschaftler wie Fleischmann und Pons.

La Rouches Statement zum Thema wissenschaftliche Arroganz trifft den Nagel wohl auf den Kopf: »Der aristotelische Kult, der die Wissenschaft in den Vereinigten Staaten und Großbritannien bestimmt, wird keine Herausforderung dulden. Doch die kalte Fusion ist eine weitere Anomalie, die alle ihre Vorstellungen über den Haufen wirft und eine ganz neue Generation von Grundlagenforschung hervorbringen könnte. Wenn Wissenschaftler angesichts der Entdeckung der kalten Fusion in die Wissenschaftsgeschichte zurückzuschauen beginnen, werden sie ihre Ansichten über so grundlegende Fragen wie das Periodensystem revidieren müssen. Und das heißt, sie müssen ihr Denken über das gesamte Universum revidieren. Eine Menge Unrat wird im Verlaufe dieser Revision über Bord gehen, und Lehrbücher werden umgeschrieben werden müssen. Fleischmann und Pons haben mit ihrem Experiment die Vormachtstellung jener angekratzt, die meinen, die Wissenschaft sei im wesentlichen schon abgeschlossen ...«

Zu den großen Kritikern der heutigen Naturwissenschaft gehörte vor Jahren schon der Basler Chemiker, Professor Max Thürkauf: »Ohne die materiellen Erfolge der Technik wären Physik und Chemie jene Wissenschaften geblieben, mit welchen sich ein kleiner Kreis von Gelehrten beschäftigte, jene die bereit waren, für die Wissenschaft zu hungern oder sogar zu sterben. Die meisten, die sich heute

Wissenschaftler nennen, würden, wenn man mit Physik und Chemie nicht Geld machen könnte, einem anderen Geschäft nachgehen!«
Thürkauf kommt zum Schluß, daß es keine letzte Erkenntnis geben kann, und wirft den Naturwissenschaftlern vor, daß sie – stets in Furcht um ihren Fachstatus – ihr wahres Gesicht nur in Ausnahmefällen zeigen: »Sie sonnen sich im Erfolg. Wer kennt sie nicht, diese Päpste der Wissenschaft und Philosophie! Ihre Kritik ist nur dann ehrlich und offen, wenn Ehrlichkeit und Offenheit den Erfolg nicht gefährden.«
Der Schweizer plädiert eindringlich für mehr Offenheit und Toleranz im Denken und fordert eine Rückbesinnung vom materialistischen Denken zum geistig-spirituellen Ansatz. Er gibt dabei zu bedenken, daß es auch ein Denken geben muß, das nicht mit bestimmten, fest formulierten Methoden arbeitet, wie wir es von der Naturwissenschaft her gewöhnt sind: »Politik, Geschichte, Gesellschaft und Familienleben basieren auf einem Denken, über das die Wissenschaft die Nase rümpft. Offen bleibt die Frage, welches Denken das bessere oder richtigere ist. Immer sollte bedacht werden, daß jede Epoche die Tendenz hatte, ihre Kräfte zu überschätzen.« Weiterer Punkt: Dem Denken werde einerseits der Zwang der Methode auferlegt, und andererseits werde von ihm verlangt, sich auf diejenigen Dinge zu beschränken, welchen die Struktur der Methode angepaßt wurde.
In eine ähnliche Richtung zielen die Überlegungen, die sich ein bekannter deutscher Wissenschaftler in einer 1976 erschienenen Arbeit zum Thema »Wissenschaftstheorie und umstrittene Forschungsgebiete« machte. Professor Leo Ferrara (Pseudonym) nahm dabei insbesondere zu Fragen wie der »konservativen Verzerrung der intuitiven Daten-

verarbeitung« Stellung. Seine Schlußfolgerung: »Die Wissenschaftsgeschichte präsentiert geradezu eine Kette von Fehlleistungen im Sinne einer konservativen Verzerrung. Diese äußern sich unter anderem in unberechtigten Zweifeln an der Faktizität von Phänomenen, in falschen Reduktionen, in der Unterschätzung neuer Forschungsansätze und in unzutreffenden Negativprognosen (insbesondere Behauptungen der Art, eine bestimmte Erkenntnis oder technische Leistung sei prinzipiell unmöglich).« Die »konservative Verzerrung« wirke sich dabei insofern aus, als der Mensch prinzipiell ein »konservativer Datenverarbeiter« sei, dessen Gesamturteil gegenüber wirklich erheblichen Veränderungen einer Sachlage viel zu wenig empfindlich reagiert. Ferrara wörtlich: »Wenn durch intuitive Urteilsbildung – die ihrerseits gerade besonders fehleranfällig ist – ein Thema als unwichtig oder sinnlos eingestuft worden ist, dann wird es nicht mehr methodisch angepackt. In diesem Falle nützt auch ein noch so hoher Stand der Wissenschaft nichts.« Im weiteren spricht Ferrara von einer »Nahbereichs-Verzerrung«, die sich gelegentlich dahingehend äußere, daß der Mensch bei der Deutung eines Phänomens »zu kurz zielt« und Erklärungen wählt, die seinem Erfahrungsbereich räumlich oder zeitlich zu nahe liegen. Außerdem wirft der Gelehrte einigen Kollegen einen gewissen Mangel an Phantasie vor, warnt aber auch gleichzeitig davor, von der Forschung mehr zu fordern, als bei einem systematischen Vorrücken Schritt um Schritt erwartet werden kann.

Wie kurzlebig naturwissenschaftliche »Tatsachen« sein können, zeigt sich derzeit besonders schön an der fachwissenschaftlichen Diskussion rund um eine hypothetische fünfte Naturkraft. Da kratzen innovative Köpfe nämlich bereits seit einiger Zeit ganz offiziell am Lack der Lehrmeinung, die von einer vierdimensionalen Betrachtung unseres Lebensraumes ausgeht, wie sie Einstein noch höchstpersönlich propagiert hatte. Unter anderem riß »Die Zeit« die öffentliche Diskussion darüber in Deutschland 1987 mit einem Artikel an, der sich seinerseits wieder auf das Wissenschaftsjournal »Science« bezog und ausführlich auf die bestehende Kontroverse hinwies. Fazit: »Inzwischen tun die Physiker, was sie bei Streitigkeiten so zu tun pflegen: Sie ersinnen und vollziehen emsig neue Experimente. Und die führen – wen wundert's – zu widersprüchlichen Ergebnissen.«

Ein Jahr später beteiligte sich auch »Der Spiegel« an der ganzen Diskussion, als er seine Leser auf die offensichtlichen Datenwidersprüche aufmerksam machte: »›Es gibt Dinge‹, seufzte Mark Ander, ›die tut man einfach nicht – welcher wohlerzogene Sohn nörgelt schon an Mutters Apfelkuchen herum?‹ Als den US-Geophysiker Ander vorletzte Woche das Gewissen solcherart plagte, hatte er gleich das Backwerk einer ganzen Zunft bemäkelt: Sir Isaac Newton, ehrwürdiger Übervater der Physik (1643–1727), so hatte Ander gemeinsam mit einer Gruppe von Forschern des Los Alamos National Laboratory verkündet, habe die Sache mit dem legendären Apfel und der Schwerkraft wohl doch nicht ganz richtig verstanden.« Der Grund: Wissenschaftler vom Los Alamos Team hatten bei aktuellen Schwerkraftmessungen in der eisigen Landschaft Grönlands erneut Meßschwankungen registriert, die Newtons Schwerkraftgesetzen eindeutig widersprachen. Und diese Entdeckung gab Vermutungen und Spekulationen über eine eventuell existierende »fünfte Kraft« neuen Aufschwung. Tatsächlich ging man bisher nämlich nur von vier bekannten Naturkräften aus: Der Schwerkraft, der

elektromagnetischen Kraft, und der starken respektive schwachen Wechselwirkung in den Atomen.
Ob die registrierten Anomalien jetzt lediglich durch simple Meßfehler und anders einwirkende Fehlerquellen zu erklären sind – wie Kritiker dies erkannt haben wollen –, wird nach wie vor heiß diskutiert. Derartige Untersuchungen sind nämlich gerade für diejenigen Wissenschaftler besonders interessant, die schon seit Jahrzehnten auf der Suche nach einer Kraft sind, die unserer Gravitation entgegenwirkt. Einer sogenannten »Antigravitation«. Diese würde sich, so vermutet man, unter anderem darin zeigen, daß sie in unterschiedlichen Materialien der Schwerkraft unterschiedlich stark entgegen wirken würde. So würden eine Kugel aus Blei und eine aus Holz im Schwerefeld der Erde verschieden stark beschleunigen.
Sollte die Antigravitation also tatsächlich eine fünfte Naturkraft sein, dann hätte dies für den Wissenschaftsbetrieb natürlich ernsthafte Konsequenzen. Der Journalist Barnabas Thwaites wies 1988 in einem Artikel darauf hin: »Eine der ehrwürdigsten physikalischen Prinzipien wäre bedroht. Schon Galileo Galilei stellte Anfang des 17. Jahrhunderts fest, daß eine Kugel von Gold und eine von Kupfer, wenn er sie herabfallen ließ, gleichzeitig unten auftrafen. Gewiß, die Exaktheit von Galileis Experiment war begrenzt. Dennoch war dieses ›Äquivalenzprinzip‹ für die Physiker über die Jahrhunderte wie ein Fingerzeig Gottes.«
Kritiker meinten daraufhin, daß der Name Antigravitation vielleicht etwas voreilig gewählt wurde. Anscheinend ist die neue Kraftquelle, so scheinen es aktuelle Experimente zu zeigen, nämlich je nachdem eine abstoßende, manchmal aber auch eine anziehende. Sie dürfte (vorausgesetzt, sie existiert wirklich) vor allem in Hinblick auf die alte Suche nach der sogenannten »Weltformel« (einer allgemeinen

Theorie der Teilchen und Felder) von großer Bedeutung sein. Und in der Fachzeitschrift »Physical Review Letters« wurden 1986 sogar Mutmaßungen angestellt, daß die fünfte Kraft womöglich ein Beleg dafür sei, daß die Welt nicht nur vier Dimensionen hat, sondern mindestens deren fünf.

Es ist gut, daß es Leute gibt, die sich aufgeschlossen mit all diesen Dingen beschäftigen. Denn die Menschheit ist heute wieder einmal an jenem überheblichen Punkt, wo sie davon ausgeht, daß unser heutiges Weltbild den endgültigen Tatsachen entspricht. Das war aber auch schon vor hundert Jahren so, und dennoch wurde im Verlaufe dieses Jahrhunderts wieder Unzähliges über Bord geworfen, revidiert oder erneuert. Rufen wir uns nur die Geschichte jenes Erfinders aus dem letzten Jahrhundert in Erinnerung, der frustriert und verführt in den Ruhestand trat, »weil es ja in der heutigen Zeit nichts mehr zu erfinden gibt«.
Wer denkt, daß sich alles, was uns heute als eindeutige »Tatsache« präsentiert wird, wirklich so verhält, sollte sich ruhig in Erinnerung rufen, daß es auch noch eine Wissenschaft des 21. Jahrhunderts geben wird und auch eine des 22. Jahrhunderts. Deshalb sind uns Wissenschaftler und Forscher, die neue, frische Fragen stellen, tausendmal lieber als einige ihrer Kollegen, die sich bequem in den Stuhl zurücklehnen und vorurteilsbehaftet über Dinge spotten, die sie gar nicht verstehen wollen, auch wenn erstere sicherlich hin und wieder einmal über ihr Ziel hinausschießen mögen. Neue Erkenntnisse und Ideen entstehen eben nicht aus Ignoranz, sie kristallisieren sich aus einer kreativen Welt des Möglichen heraus und festigen sich, sobald die Zeit für sie reif wird. Wir brauchen sie, die Phantasten des 20. Jahrhunderts.

3 Die Phantasten des 20. Jahrhunderts

Phantasten gab es zu allen Zeiten. Ohne sie hätte es all die großen Durchbrüche unserer Wissenschaft wohl nie gegeben. Ihre Entdeckungen revolutionierten das Weltgeschehen, ihre Erfindungen – zuvor oft als Spinnereien verschrien – gehören heute zum Alltag. Besonders im 19. Jahrhundert legten Phantasten mit ihren Ideen den Stein zur Industrialisierung und Technisierung unserer Gesellschaft, auf die wir heute so stolz sind.

Während die Geistesflüge der Romantiker die gebildete Welt noch in Atem hielten, wurden die ersten Dampfmaschinen konstruiert. Überall knisterte und brodelte es in den Werkstätten. In der Mathematik tauchten die ersten nichteuklidischen geometrischen Systeme auf, die von der Astronomie begierig aufgesogen wurden. Die Astrophysik wurde begründet und der Planet Neptun an exakt der Stelle entdeckt, die man zuvor berechnet hatte. Althergebrachte Ansichten über Schall und Wärme wurden über Bord geworfen. Thermodynamik, Elektrizitätslehre und Chemie machten große Fortschritte. Das Studium der Umformungen der Energie brachte revolutionäre Ergebnisse. Die Welt der Mikroorganismen wurde entdeckt, Charles Darwin (1809–1882) formulierte seine Evolutionslehre, und Transport- und Verkehrsmittel wurden entwickelt. Dampfschiffe und Eisenbahnen begannen Kontinente miteinander zu verbinden, während die ersten Telegraphen munter zu ticken begannen. Das Aufkommen des Viertaktmotors (1862) legte den Grundstein zum Bau der Automobile, und auch Tonträger und künstliches Licht wurden erfunden.

All diese Erfindungen und Durchbrüche waren anfänglich umstritten, wurden boykottiert oder lächerlich gemacht, ihre Erfinder als arme Phantasten verschrien. Denn Ende des 19. Jahrhunderts glaubte man allen Ernstes, den Zenith endgültiger wissenschaftlicher Weisheit erreicht zu haben. »Die Welt ist von nun an ohne Geheimnis!« stellte der große Chemiker Marcelin Berthelot 1887 mit Tränen in den Augen fest. H. G. Wells, Jules Verne und andere Pioniere modernen Denkens wurden als Narren oder Phantasten verspottet, Wissenschaftler, die glaubten, daß es möglich sei, Maschinen zu konstruieren, mit denen sich der Mensch in die Lüfte erheben würde, eifrig gemieden, und der berühmte Physikprofessor und Nobel-Preisträger Gabriel Lippmann erklärte seinen Schülern begeistert, die Physik sei nun völlig erledigt, eingeordnet und abgelegt, und man könne sich künftig anderen Gebieten zuwenden.

Die Menschen waren von den neuen Erfindungen so überwältigt, daß sie gar nicht erst daran dachten, daß dies erst der Anfang einer enormen Entwicklung sein könnte. Die Begrenzung des Augenblicks täuschte sie lange darüber hinweg, daß ihnen eine noch viel aufregendere Zukunft bevorstehen sollte. Sigmund Freud, der Begründer der Psychoanalyse, war ein weiterer, der das zu spüren bekam, und auch Thomas Edison, der Erfinder des elektrischen Lichts, könnte uns sicherlich so manches erzählen, wäre er heute noch am Leben.

Aber irgendwann begann die so lange verschlossen gehaltene Tür zu einer neuen technischen Revolution unter dem andauernden Druck endlich zu knirschen und brach schließlich unter lautem Getöse in viele Stücke zusammen. Der Weg zum Fortschritt, den wir zu Beginn dieses Jahrhunderts einschlugen und beschritten, eröffnete neue, ungewohnte Dimensionen. Während sich die Technologie aber in riesigen Sprüngen weiterentwickelte, blieb unser geistiges Bewußtsein kläglich auf der Strecke. Louis Pauwels und Jacques Bergier machten sich darüber in ihrem Werk »Aufbruch ins dritte Jahrtausend« Gedanken: »Heute sind auf allen Gebieten sämtliche Formen der Phantasie in Bewegung geraten. Auf allen Gebieten, nur nicht auf dem, das den Ablauf unseres ›historischen‹ Lebens betrifft. Hier herrscht noch immer eine schmerzliche Stockung, und man klammert sich noch immer an die brüchigen Werte der Vergangenheit. Wir leben von den Ideen, den moralischen Grundsätzen, den soziologischen, philosophischen und psychologischen Begriffen, die dem 19. Jahrhundert angehören. Wir sind unsere eigenen Urgroßväter. Wir sehen die Raketen zum Himmel aufsteigen, wir spüren, wie unsere Erde von tausend neuen Strahlungen erzittert, und nuckeln dabei noch immer an der Pfeife von Thomas Graindorge.«

Ein geistiger Umschwung ist dringend von Nöten. Die Phantasten unseres 20. Jahrhunderts zeichnen sich durch kreative, frische Ideen aus. Sie lassen sich nicht durch »gesicherte« Lehrmeinungen und Vorurteile davon abbringen, für alte Rätsel neue Erklärungen zu formulieren, auch wenn sie damit das neue Weltbild, das uns das 19. Jahrhundert beschert hat, bereits wieder in Frage stellen. Meist zeichnen sich ihre Erfolge denn auch durch recht unkonventionelle Forschungsansätze aus. Die Art der Entdekkung der legendären Stadt Ubar ist ein gutes Exempel dafür.
Seit Hunderten von Jahren rätselten Experten auf der ganzen Welt, wo diese sagenhafte Großstadt (nach alten Überlieferungen ein Ebenbild des Paradieses) vor rund 5000 Jahren gestanden haben könnte. Selbst der Koran erwähnt sie, allerdings unter dem Namen Iram. Ähnlich wie Sodom

und Gomorrha sei sie durch ein göttliches Strafgericht vernichtet und von der Erde regelrecht »verschlungen« worden. Experten erklärten diese Tatsache mit dem Umstand, daß die Stadt vermutlich über einer Kalksteinhöhle errichtet worden war, die eines Tages einbrach und die Metropole mitsamt ihren Bewohnern mitriß. Ubar – »Lawrence von Arabien« bezeichnete es einmal als »Atlantis im Sand« – wurde aber nie gefunden, die antiken Quellen fanden kaum Aufmerksamkeit.
Als Anfang der achtziger Jahre zwei amerikanische Amateurarchäologen damit begannen, gerade solche antiken Quellen zu Rate zu ziehen, um dort vielleicht Hinweise auf den möglichen Standort von Ubar zu finden, ernteten sie allerorts nur ein mitleidiges Lächeln. Nicholas Clapp und George Hedges aber sammelten unermüdlich Hinweis um Hinweis und waren bald der felsenfesten Überzeugung, daß sich die untergegangene Stadt im Süden des Sultanats Oman auf der arabischen Halbinsel befunden haben mußte, an einem Kreuzpunkt alter Karawanenstraßen. Diese wiederum konnten aber erst 1984 mit Hilfe modernster Geräte an Bord der Weltraumfähre Challenger wieder sichtbar gemacht werden. An dem Ort, an dem sich die durch Infrarotaufnahmen aufgespürten Linien kreuzten, ließen die beiden Amateurarchäologen 1991 Grabungen anstellen: »Wir brauchten vier Tage, dann hatten wir die Nadel im Heuhaufen«, erklärte Hedges trocken. Ihre Wissenschaftskollegen gaben sich denn auch noch etwas skeptisch, wenngleich Parallelen zur unkonventionellen Vorgehensweise eines Heinrich Schliemann nicht zu übersehen sind. Ebenso wie er ließen sich die beiden von Vorurteilen nicht beeinflussen, nahmen alte Überlieferungen beim Wort und vollendeten ihre Suche mit Hilfe moderner Technologie. »Wir waren Leute, die dumme Fragen stellten, das

war unser enormer Vorteil gegenüber den Profis«, meinte Hedges nicht ohne Stolz.
Auch Bernhard Radek, ein ehemaliger deutscher Polizeibeamter, stellte »dumme Fragen«. Er war 1962 mit zwei Kollegen ausersehen, die Ausstellung »7000 Jahre Kunst im Iran« in Nordrhein-Westfalen im turnusmäßigen Wechsel zu bewachen: »In dieser Ausstellung wurde auch ein Bronzeschwert aus der ›Luristan-Zeit‹ ausgestellt und lag eine Zeitlang ausgepackt und der Aufbewahrung harrend so herum«, erinnert er sich. »Nun hatte dieses Schwert in der Parierstange (dem ›Steg‹ zwischen Griff und Klinge) Keilschriftzeichen eingeschlagen, die ich aufgrund meiner Kenntnisse eindeutig als ›Darius‹ erkannte.« Mit dieser Feststellung ging er zur Ausstellungsleitung und berichtete dem Verantwortlichen, daß dieses Schwert ganz offensichtlich nicht aus der Luristan-Zeit stammen konnte, sondern erheblich jünger sein mußte, wie die Aufschrift »Darius« vermuten ließ. (Darius I. lebte einige hundert Jahre nach der Luristan-Zeit.)
»Aber Herr Radek!« fuhr man ihn dort an. »Im Klingenmuseum sitzen Experten, und die werden ja wohl wissen, aus welcher Zeit dieses Schwert stammt. Sie sind doch wohl nicht kompetent genug, diese Fachleute zu belehren.«
Dazu muß gesagt werden, daß sich dies alles in der Auspack- und Aufbauphase der Ausstellung abspielte. Die einzelnen Exponate wurden noch zugeordnet und eingeordnet. Pünktlich zur Ausstellungseröffnung lag dann ein Katalog vor, und das Schwert wurde darin als »Luristanbronze« (erste Hälfte 1. Jahrtausend v. Chr.) bezeichnet.
Die Ausstellung mag etwa vier Wochen alt gewesen sein, als eine Gruppe adrett gekleideter Herren hindurchgeführt wurde und Herr Radek gerade Dienst hatte. Vor dem Glaskasten mit dem »Luristan-Schwert« blieben die aus-

ländischen Experten längere Zeit stehen. Der Kasten wurde geöffnet, das Schwert von allen Seiten beäugt und begutachtet – und nicht wieder zurückgelegt: Es kam in den Darius-Saal, als »Darius-Schwert«. Der Katalog wurde geändert, und der verantwortliche Museumsvorsteher ging dem Polizeibeamten verlegen aus dem Weg. Ein Polizeibeamter, der für einmal mehr wußte als ein Ausstellungsleiter, das war wohl zuviel für den guten Mann.

Tatsächlich legen gewisse Akademiker heute eine intellektuelle Arroganz an den Tag, die nicht immer leicht zu verstehen ist. Berauscht von der phantastischen Entwicklung der Technik und beeindruckt von den daraus entstehenden Möglichkeiten vergessen sie, daß das Wahrheitsgebilde nach wie vor nichts anderes als eine unendliche Wüste ist, in welcher wir eifrig Sandkörner zusammentragen. Gerade heute – im Zeitalter der Atomkraft und der drohenden Umweltzerstörung – brauchen wir mehr denn je Wissenschaftler, die auch einmal über Lehrmeinungen hinweggehen. Wissenschaftler, die neue Fragen stellen und sie dann öffentlich – ohne Angst um Rang oder Namen – zur Diskussion stellen.

Auch Guido Ebner und Heinz Schürch sind zwei solche Forscher. 1988 präsentierten die originellen Basler einem interessierten Schweizer Fernsehpublikum uralte, salzliebende Pilzkulturen, die vor rund 200 Millionen Jahren auf der Erde sprossen und aus frühzeitlichen Salzablagerungen herausgelöst werden konnten.

Schon damals sprachen die beiden auch ihre Forschungen auf dem Gebiet der elektrostatischen Felder an, mit denen sie das Erbgut von Pflanzen zu reaktivieren suchten. Diese Versuche hatten 1985 im Rahmen eines vom Schweizer Chemieriesen »Ciba Geigy« geförderten Projektes begonnen. Schürch und Ebner setzten dabei Maiskörner für vier Tage und Farnsporen während mehrerer Monate einem elektrostatischen Feld aus. Die Versuche zeitigten überraschende Ergebnisse: In einem der Versuche bildete der Farn plötzlich urzeitliche Blätter aus. Beim Mais wiederum sprossen zusätzliche Kolben. Diese Versuche schienen die Ansicht der beiden Forscher zu bestätigen, wonach stillgelegte pflanzliche Erbanlagen mit Hilfe elektrostatischer Felder möglicherweise reaktiviert werden könnten.

Die Versuchsreihe ging weiter. Diesmal nahm man sich Forellen vor, die man den Feldern aussetzte. Und in einem Fall entwickelte sich aus dem Ei einer heutigen Forelle ein Fisch, der frappierend jener Gattung glich, die vor rund 150 Jahren in Europa eingeführt worden war! In anderen Fällen erhielt man gleichzeitig bis zu 20 Prozent größere Tiere. Weizenschößlinge wurden im Rahmen des Projektes ebenso erforscht. Und die den elektrostatischen Feldern ausgesetzten Keime produzierten viel größere Wurzeln als ihre Artgenossen. Dies hatte den Vorteil, daß die Pflanzen beträchtlich schneller wuchsen.

Leider brach die »Ciba Geigy« die Versuchsreihe 1990 überraschend ab. Die »Basler Zeitung« zu den damaligen Vorgängen: »Heinz Schürch und Guido Ebner sind eben wissenschaftliche Grenzgänger und beschäftigen sich mit Phänomenen, welche die sonst so rational denkenden Naturwissenschaftler nicht erklären können. Denn wenn es auch so aussieht, als ob sie schlafende Gene wecken konnten, so wissen sie letztendlich nicht, wie diese Reaktivierung zustande kommt.«

Tatsächlich lag das Hauptproblem der Versuchsreihe wohl darin, daß sich die aufgetretenen Erscheinungen nicht so ohne weiteres wiederholen ließen. Mal klappte es, mal nicht. Erwiesen sei, so Schürch, lediglich, daß elektrostatische Felder die Keimungsraten der Pflanzen zu erhöhen scheinen. Dinge, die – sollten sie sich bewahrheiten – für den weiteren Verlauf naturwissenschaftlicher Forschung revolutionär sein könnten. Es war denn auch recht unverständlich, weshalb die Schweizer Chemiebosse die Versuche so plötzlich stoppten. (Offiziell begründete man die Streichungsmaßnahme mit Kostengründen.)

1992 setzten sich deutsche Fernsehjournalisten mit der Sache auseinander und behaupteten, »Ciba Geigy« hätte die Versuche nur deshalb gestoppt, weil man befürchtete, einen Umsatzrückgang im Bereich der eigenen Chemieproduktion zu erleiden, wenn derart präparierte Pflanzen (die anscheinend über eindeutig größere Widerstandskräfte verfügten) erst einmal auf den Markt kämen. Ein Sprecher der Basler Firma bezeichnete diese Behauptung in der Folge als »böswillige Unterstellung«. Die Arbeiten seien wissenschaftlich »nicht gesichert« gewesen, nur deshalb habe man das Projekt abgebrochen. (Ganz so falsch schienen die Ansätze der beiden Forscher aber doch nicht zu sein, immerhin hat sich der Chemieriese das ganze Verfahren durch ein Patent sichern lassen.)

Auch der Berner Schüler Daniel Kalbermatten aus Rüfenacht hatte sich 1991 im Rahmen eines »Schnupperlehrgangs« bei »Ciba Geigy« mit den Wirkungen elektrostatischer Felder beschäftigt. Seine Arbeit reichte er bei einem Forschungswettbewerb ein, wo sie das Prädikat »hervorragend« erhielt. Die »Basellandschaftliche Zeitung« berichtete in ihrer Ausgabe vom 20. Oktober 1992 ausführlich über den Versuch des jungen Schweizers: »Untersucht wurde die Entwicklung von ›Sonara‹-Sommerweizen im elektrostatischen Feld und unter Normalbedingungen. Während 101 Stunden wurden die sich entwickelnden Keimlinge protokollarisch aufgenommen, wobei Länge und An-

zahl der Wurzeln sowie der grüne Sproß der Pflanzen ausgemessen wurden. Die Unterschiede waren frappant! In einem Feld von 750 V/cm wurde das Auskeimen der Samen gefördert, in einem stärkeren Feld von 4800 V/cm hingegen gehemmt, was jedoch keine Auswirkungen auf die spätere Entwicklung hatte. Bei 1500 V/cm haben die Keimlinge das Wasser besser aufgenommen, was zu einem schnelleren Wachstum führte.« Weitere Versuche erbrachten anscheinend Keimlinge, die später eine dreimal höhere »Ernte« erbrachten als unbehandelte. »Was tatsächlich im elektrostatischen Feld geschieht, vermag derzeit aber noch niemand zu sagen«, schließt die Zeitung ihren Bericht.
Heinz Schürch und Guido Ebner hoffen derweil immer noch, daß andere Institute ihre Arbeiten weiterführen werden, gerade auch, weil ihre unkonventionellen Versuche nach wie vor einer wissenschaftlichen Erklärung trotzen.

Bereits 1949 machte sich C. W. Ceram in seinem Archäologie-Bestseller »Götter, Gräber und Gelehrte« Gedanken über den Einfluß unkonventioneller Ideen im Wissenschaftsgebäude: »Betrachten wir die Entwicklung wissenschaftlicher Forschung so weit zurück, wie immer wir wollen, so ist nicht schwer festzustellen, daß eine außerordentliche Zahl großer Entdeckungen von den ›Dilettanten‹ gemacht wurde, den ›Outsidern‹ oder gar ›Autodidakten‹, die, getragen von der Besessenheit einer Idee, die Hemmschuhe der Fachbildung nicht spürten, die Scheuklappen des Spezialistentums nicht kannten und die Hürden übersprangen, die akademische Tradition errichtet hatte.«
Ceram zählt dann auch gleich eine ganze Reihe berühmtester Entdecker und Erfinder auf, die ihre bahnbrechenden Erfolge entweder in ganz anderen wissenschaftlichen Disziplinen errangen, als die, in denen sie ihre eigentliche Aus-

bildung genossen hatten, oder aber gar keine wissenschaftliche Ausbildung vorweisen konnten. »Entfernte man diese Männer und ihr Wirken aus der Geschichte der Wissenschaften, so bräche der Bau zusammen. Dennoch hatten sie zu ihrer Zeit Hohn und Spott zu tragen«, faßt er die Tatsachen zusammen.

In die gleiche Kerbe schlägt der berühmte Philosoph Leibniz, wenn er erklärt: »Häufiger findet derjenige etwas Neues, welcher eine Kunst nicht versteht, als derjenige, welcher sie versteht. Gleichermaßen ein Autodidakt eher als ein anderer. Er bricht nämlich durch eine von den Übrigen nicht betretene Bahn oder Pforte und findet eine andere Ansicht von den Dingen. Alles Neue bewundert und untersucht er, während die übrigen daran, als vor etwas Bekanntem, vorübereilen.«

Und dennoch scheint sich die Wissenschaftsgeschichte seit Jahrhunderten stereotyp zu wiederholen. Selbst in unserer »modernen« westlichen Welt werden Menschen, die sich gegen bestimmte Dogmen auflehnen, immer wieder gehässig gemieden:

– Als Erich von Däniken 1968 sein Buch »Erinnerungen an die Zukunft« veröffentlichte, in dem er argumentierte, die Götter von einst seien Besucher von fremden Gestirnen gewesen, war die Fachwelt empört. Und noch heute rümpfen so manche der Geistes-Koryphäen nur ihre Nasen und würden wohl am liebsten die ganze Heerschar mittelalterlicher Inquisitoren aus ihren Gräbern aufmarschieren lassen, verböte ihnen das nicht ihr selbstauferlegter Realismus.

– Als Professor Joseph Davidovits von der Barry-Universität (Florida) in den achtziger Jahren behauptete, die Cheopspyramide in Ägypten sei nicht – wie allgemein angenommen – aus behauenen Steinblöcken gebaut worden, sondern aus Quadern, die aus betonähnlichem Kunststein gegossen worden sein sollen, wurde er von seinen Fachkollegen höflich ignoriert. Allerdings hatte Davidovits in seiner Studie klar darauf hingewiesen, daß in einem der Steinblöcke anscheinend ein Haar eingeschlossen ist, das zur Hälfte aus dem fraglichen Quader herausragt!

– Als Rupert Sheldrake 1981 die aufsehenerregende These von den »morphogenetischen Feldern« aufstellte (bestimmte bisher unbekannt gebliebene Arten von Informationsübertragung zwischen Organismen, die einander ähnlich sind), sprach »Nature«, das renommierteste Wissenschaftsjournal dieses Planeten, sofort von Pseudowissenschaft und intellektueller Verzerrung. Originalton: »Ein Buch zum Verbrennen!« Emsig wurden akademische Kreise mobilisiert, den Professor aus Cambridge zu widerlegen. Es gelang ihnen bis heute nicht. Im Gegenteil, inzwischen häufen sich die Indizien für Sheldrakes Hypothesen in geradezu beunruhigendem Ausmaß.

– Als Professor Dr. Kamal Sulaiman Salibi 1985 sein Werk »Die Bibel kam aus dem Lande Asir« der Öffentlichkeit vorstellte, waren die Fachleute erneut vor den Kopf gestoßen. Salibi behauptete darin doch allen Ernstes, die biblische Geschichte hätte sich nicht zwischen Ägypten und Palästina abgespielt, sondern vielmehr am westlichen Rand der arabischen Halbinsel Asir. Obwohl es Salibi nicht darum ging, den Inhalt der Bibel anzuzweifeln (viel eher die heutige Lokalisation der dort beschriebenen Orte), geisterten regelrechte Aufschreie des Entsetzen durch die Fachwelt.

All diese Vorreiter neuer Ideen und Gedanken und noch viele andere dazu wurden von der offiziellen Wissenschaft im Regen stehen gelassen, wo sie sich zurecht einen akademischen Schnupfen holten. Es geht dabei letztendlich nicht darum, wer von ihnen nun endgültig Recht behielt oder Recht behalten wird (das wird uns die Zukunft zeigen). Es geht vielmehr darum, die Überheblichkeit gegenüber Andersdenkenden anzuprangern, die gelegentlich an den Tag gelegt wird.

Wir kritisieren also nicht die Wissenschaft als solche, wir kritisieren die Dogmen. Niemand hat die Wahrheit für sich gepachtet. Wir müssen alles wieder für möglich halten und andere Überzeugungen zumindest als gleichwertig anerkennen, auch wenn wir sie nicht unbedingt immer teilen. Gerade die wirklich klugen Köpfe dieser Erde sollten sich aufmachen, das Unaussprechbare auszusprechen. Altbekannte Worte, die bereits Brecht seinem Galilei in den Mund legte: »Unsere Unwissenheit ist unendlich. Tragen wir einen Kubikmillimeter davon ab. Wozu jetzt noch so klug sein wollen, wenn wir endlich ein klein wenig weniger dumm sein können.«

II Die Besucher

»Nach dem Stand der heutigen Forschung zweifelt niemand mehr an der Existenz der UFOs. Unklarheiten bestehen jedoch noch darin, was dieses Phänomen bedeuten soll.«

BEAT BIFFIGER, Naturwissenschaftler

1 Aufbruch ins All

Unglaublich, aber wahr: Bereits 1555 wurde in Rumänien eine dreistufige Rakete gestartet, die von einem Gemisch aus Äthylazetat, Ammoniak, Essigsäure und anderen chemischen Substanzen angetrieben wurde. Die Dokumente und Zeichnungen dieses Versuches wurden 1961 von Doru Todericiu, seines Zeichens Professor für Wissenschaft und Technik an der Universität Bukarest, in einem Bibliotheksarchiv wiederentdeckt. Der französische Autor Robert Charroux hat sie in seinem Buch »Unbekannt, geheimnisvoll, phantastisch« fein säuberlich dokumentiert. Sie werden von unseren Historikern höflich ignoriert.
Einen anderen Bericht führt der Römer Aulus Gellius an. Gellius ist Verfasser einer literarisch-historischen Notizsammlung von 20 Büchern (den »Attischen Nächten«) und lebte um 120 n. Chr. Im zwölften Kapitel des zehnten Buches seines Werkes beklagt sich der Römer über allerlei »Wundermärchen«, die Plinius Secundus »in höchst un-

würdiger Weise dem Philosophen Demokrit zur Last legt«. Eine nach der anderen legt er diese Geschichten zornig beiseite und führt aus, daß wohl viele Leute früher Demokrits Namen nur als Deckmantel für ihre unglaublichen Berichte benutzten. Diese ganzen Ausführungen zielen aber letztendlich nur darauf, seine Leser in der Folge mit einer Geschichte zu konfrontieren, die zwar nicht minder unglaublich klingt, nach Gellius aber sauber belegt ist.

Er schreibt: »Was nun aber endlich ein Kunstwerk anbetrifft, welches nach seiner Angabe der Pythagoräer Archytas ersonnen und zur Ausführung gebracht hat, so muß uns dasselbe, wenn nicht weniger wunderbar, so doch ganz gewiß ebensowenig ungereimt erscheinen. Denn nicht nur viele angesehene Griechen, sondern auch der Philosoph Favorinus, der eifrigste Forscher in alten, geschichtlichen Denkmälern, sie alle berichten unter Beteuerung der Wahrheit von einem Kunstwerk, von der Nachbildung einer Taube nämlich, durch Archytas nach einem gewissen Systeme konstruiert und durch mechanische Kunst aus Holz hergestellt, die sich in die Luft schwang.

Dieses Kunstwerk wurde durch gewisse Schwungkräfte in die Höhe getrieben und durch eine verborgene und eingeschlossene Strömung von Luft in Bewegung gesetzt. Es scheint mir in der Tat zweckmäßig, hier gleich Favorinus' eigene Worte über das merkwürdige unglaubliche Kunstwerk herzusetzen: ›Archytas (ein Philosoph) von Tarent war überdies auch ein ganz bedeutender Mechaniker und verfertigte (als solcher) eine hölzerne, fliegende Taube, die jedoch, wenn sie sich einmal niedergelassen, nicht wieder erhob.‹«

Seit jeher betrachtet der Mensch ehrfürchtig den Himmel, beobachtet staunend den Flug der Vögel und verfolgt die

Bahn der Sterne. Den Traum vom Fliegen finden wir schon in frühesten Zeiten unserer Vorzeit. Der Flug, Symbol der Freiheit und des Triumphes über die Naturkräfte, inspirierte während Jahrtausenden Dichter und Musiker, prägte Mythen und Legenden.
Auf uralten Felszeichnungen erkennt der heutige Betrachter geheimnisvolle Götter, die einst vom Himmel herniederstiegen. Auf Tempelwänden prangen uns geflügelte Himmelswesen entgegen, Boten und Lehrmeister unbekannter Herkunft. Seit jeher regen diese uralten Darstellungen und Erfahrungen unsere Phantasie an. Und so sitzt der alte Wunsch des Menschen, den Göttern gleich in die Lüfte zu schweben, schon seit Urzeiten fest verankert in seinem Unterbewußtsein. Woher er stammt, wissen wir letztendlich nicht so genau. Vielleicht spielen tatsächlich entfernte Erinnerungen an einstige Ereignisse eine gewisse Rolle, wie das verschiedene Autoren vermuten. Sie glauben, daß Erzählungen und Berichte über fremdartige »Götter« durchaus auch eine historische Komponente haben könnten.
Unabhängig von der technischen Verwirklichung haben sich jedenfalls alle Kulturkreise mit Vorstellungen über den Flug des Menschen beschäftigt, wie dies Wolfgang Behringer und Constance Ott-Koptschalijski in ihrem Buch »Der Traum vom Fliegen« feststellen, in dem sie in akribischer Kleinarbeit zahlreiche alte Überlieferungen zusammengetragen und miteinander verglichen haben: »Die jeweiligen Vorstellungen spiegeln sich in Mythen, Riten und Erzählungen wieder, manifestieren sich – wie kaum anders zu erwarten – im Unterbewußtsein der Individuen und treten in Form von Träumen und Visionen neu zutage.« Wir finden sie in der zeitgenössischen Literatur, im Film, aber auch in der Wissenschaft. Die Technik macht's möglich.

Seitdem sich der Mensch Vorstellungen über Himmelsreisen machte und über den Traum vom Fliegen sinnierte, beschäftigte er sich in logischer Konsequenz auch mit der Sternenwelt, die ihm am Firmament in so überwältigender Schönheit entgegen prangte. Steinzeitliche »Observatorien« unserer Vorväter zeugen noch heute von der Faszination, die die Sterne seit jeher auf den Menschen ausgeübt haben mußten. Quer durch alle Jahrhunderte ziehen sich Versuche unserer Vorfahren, die Geschehnisse am Himmel in Worte zu fassen, Überlegungen und Theorien über ihre Natur zu entwerfen.
Einer wissenschaftlichen Revolution sollten dabei im 16. Jahrhundert die Geisteskapriolen von Nikolaus Kopernikus gleichkommen, der das damalige Bild vom Sternenhimmel 1543 mit seinem epochalen Werk »De revolutionibus orbium coelestium libri sex« (Sechs Bücher über den Umschwung der himmlischen Kugelschalen) von einem Tag auf den anderen umstürzte. Nicht die Erde, sondern die Sonne markiere den Mittelpunkt der Welt, behauptete er keck. Eine These, die in eklatantem Widerspruch zu den Überlegungen seiner Zeit stand, die bereits um 150 n. Chr. vom Griechen Ptolemäus formuliert worden waren. Eine These aber auch, die den Kreisläufen der Gelehrten beunruhigend zusetzte und ihnen die Schamröte förmlich ins Gesicht trieb.
Die Kopernikus-Schriften waren Ausgangspunkt für die Studien Galileo Galileis, der ganz im Stil seines Vorgängers damit begann, das wissenschaftliche Weltbild in eine Richtung weiter zu entwickeln, die den konservativen Strömungen seiner Zeit so gar nicht paßte. Dieser Galilei war nicht nur ein Meister der Forschung, er verstand es auch besonders gut, zu schreiben und zu sprechen, und so fand er bald ein breites Publikum, das er für seine revolutionären Ideen

begeistern konnte. Und wenngleich er auch als Universitätsdozent seinen Studenten die Lehre der traditionellen Astronomie wohl öfter vorkauen mußte, als ihm eigentlich lieb war, bereitete er still für sich die Publikation eines Buches vor, das die wissenschaftliche Auffassung vom Kosmos noch einmal revolutionieren sollte.

In einem Brief aus dem Jahre 1597, in welchem er Kepler zu dessen Erstling gratulierte, schreibt er: »Ich lese Euer Buch um so freudiger, als ich mir die Lehre des Kopernikus vor vielen Jahren zu eigen machte und sein Standpunkt es mir ermöglichte, viele Naturerscheinungen zu erklären, die nach der landläufigen Hypothese gewiß unerklärlich bleiben.«

Immer schon fürchtete sich Galilei aber vor den Folgen einer derartigen Veröffentlichung, mußte er doch relativ hilflos mit ansehen, wie Kopernikus trotz seiner zahlreichen Anhänger offiziell immer noch mit Hohn und Spott überhäuft wurde. Als ihm eines Tages Gerüchte zu Ohren kamen, einem Holländer sei es mit Hilfe verschiedener Linsen gelungen, ein Gerät zu erschaffen, mit dem man in die Ferne blicken könne, zögerte er nicht lange und konstruierte gleich selbst eines der ersten Fernrohre überhaupt. In der Folge suchte er damit jeden Abend begeistert den Himmel nach all seinen verborgenen Wundern ab. Seine Veröffentlichungen über die Gestalt von Mond und Sternen sorgten in ganz Europa für viel Publizität, und der Italiener erntete überall Bewunderung.

Nach und nach bekannte sich Galilei öffentlich zum kopernikanischen System, kassierte dafür aber erst einmal harsche Kritik von seinen Wissenschaftskollegen. Papst Urban VIII. schlug derweil mißmutig einen Kompromiß vor: Galilei solle sich doch darauf beschränken, das heliozentrische System als eine mathematisch mögliche, aber nicht

notwendigerweise der endgültigen Wahrheit entsprechende These zu propagieren. Der ging auf diesen Vorschlag gar nicht erst ein, zu sehr war er von seinen provokanten Ideen überzeugt.
Als 1632 des Italieners bahnbrechende Schrift »Dialog über die beiden Weltsysteme« das Licht der Öffentlichkeit erblickte, wurde er schließlich doch noch vor die heilige Inquisition gezerrt, wo er der kopernikanischen Lehre 1633 abschwören mußte – immer in Gedanken bei Giordano Bruno, der noch 1600 wegen seiner »ketzerischen Lehren« öffentlich verbrannt wurde –, und es sollte in der Folge volle 360 Jahre dauern, bis Galilei am 31. Oktober 1992 von der katholischen Kirche hochoffiziell rehabilitiert wurde. (Eugen Drewermann, den Theologen und versierten Kritiker der heutigen Bibelauslegung, wird's freuen. In weiteren 360 Jahren wird wohl auch ihm dieselbe Gunst zuteil werden ...)

Auch Hermann Oberth, der »Vater der Weltraumfahrt«, wurde noch jahrelang nach der Publikation seines revolutionären Buches »Die Rakete zu den Planetenräumen« (1923) als Spinner und Phantast verspottet. Oberth hatte in seinem Werk vier – für die damalige Zeit – äußerst kühne These auf die Beine gestellt:
1. Beim heutigen Stande der Wissenschaft und der Technik sei der Bau von Maschinen möglich, die höher steigen können, als die Erdatmosphäre reicht.
2. Bei weiterer Vervollkommnung vermögen diese Maschinen wohl derartige Geschwindigkeiten zu erreichen, daß sie – im Weltraum sich selbst überlassen – nicht auf die Erdoberfläche zurückfallen müßten und sogar imstande sind, den Anziehungsbereich der Erde zu verlassen.
3. Derartige Maschinen könnten so gebaut werden, daß

Menschen vermutlich keinen gesundheitlichen Nachteil erleiden müßten.
4. Unter gewissen wirtschaftlichen Bedingungen könnte sich der Bau solcher Maschinen lohnen. Solche Bedingungen treten vermutlich in einigen Jahrzehnten ein.
Die Geschichte begann in der Folge regelrecht zu galoppieren: Doppeldecker, Zeppelin, Hubschrauber und Concorde, eine Erfindung überbot plötzlich die nächste. In Rekordzeit betraten irdische Astronauten 1969 den Mond, ein Ereignis, das 50 Jahre zuvor noch niemand für möglich gehalten hatte. Bald schon wurden die veralteten Apollo-Raketen von modernen Space-Shuttles abgelöst, die Geschwindigkeitskurve neuer Erfindungen und Geräte verdoppelt sich derzeit ständig. Verrückte Ausblicke auf die kommenden Jahrzehnte!

Inzwischen plant man in Amerika bereits ernsthaft die Besiedelung des Planeten Mars. Sollten sich die ehrgeizigen Projekte der amerikanischen Weltraumbehörde verwirklichen – und Experten meinen, es sei alles nur noch eine Frage der Zeit –, dann steht Gewaltiges vor der Tür.
Der Journalist Michael Odenwald beschrieb das utopische Szenarium 1992 in eindrucksvollen Tönen: »Ein Tag im Jahr 2170. Jubelnd verlassen unzählige Menschen die riesige Kuppel, die bisher ihr Lebensraum war. Meßinstrumente haben gemeldet, daß die Luft nun 15 Prozent Sauerstoff enthält. Damit ist sie atembar. Die Menschen wandern an den Ufern der Flüsse entlang, die den roten Boden durchziehen – zum ersten Mal, seit sie denken können, ohne Sauerstofftank. In der rötlichen Dämmerung leuchtet blau der Abendstern. Es ist die Erde. An diesem Tag findet die Menschheit endgültig ihre zweite Heimat, den Nachbarplaneten Mars.«

Science-ficton? Nein, denn diese utopische »Vision« stammt aus den Planungsbureaus der NASA selbst. Dort arbeiten US-Forscher schon lange an Projekten zur Besiedlung des roten Planeten. Alles nur noch eine Frage der Geduld, wischen die Ideen-Jongleure etwaige Zweifel rasch vom Tisch. Das Zauberwort heißt »Terra-Forming« und besagt, daß nicht der Mensch auf den Mars angepaßt werden wird, sondern der Mars auf den Menschen. Nicht einmal 150 Jahre soll es dauern, bis in die unwirtlichen Sand-Wüsten Leben einzieht.

John Rummel, Chefbiologe der NASA, faßt die Gründe für eine Mars-Besiedlung knapp zusammen: »Neben der Zerstörung unserer Umwelt bedrohen noch immer der nukleare Holocaust oder der Einschlag eines Riesenmeteoriten unsere Zivilisation.« Es wäre deshalb klug, so Rummel weiter, nach einem geeigneten Platz außerhalb der Erde zu suchen. Überbevölkerung und erlahmende Rohstoffquellen zwingen wohl langfristig zu diesem Schritt. »Den Mars umgestalten zu lernen, könnte sich also auszahlen«, ist der amerikanische Wissenschaftler überzeugt.

Die Ziele sind formuliert. Noch vor dem Jahre 2020 sollen irdische Astronauten erstmals auf unserem Nachbar Quartier beziehen. Zuvor tasten eine ganze Reihe unbemannter Sonden die Planetenoberfläche ab. Drei der vorgeschlagenen Hauptschritte:

– Widerstandsfähige Mikroorganismen (beispielsweise blau-grüne Algen) werden als Sauerstoffspender und Kohlendioxidrückwandler auf der Planetenoberfläche angesiedelt.

– Chemiefabriken mit kleinen Atomreaktoren erhitzen die kalte Mars-Atmosphäre durch Verströmung diverser Gase. Was für die Atmosphäre unseres Planeten ein Nachteil ist, der Treibhauseffekt, liefert uns in diesem Fall wich-

tige Hinweise, wie man die Marsatmosphäre erwärmen könnte.
– Riesige Spiegel im All sollen im weiteren das Eis an den Polkappen abschmelzen, Flüsse und See entstehen lassen.
Eine ganze Reihe chemischer Umwandlungsprozesse ergänzt diese Projektphasen. Die Durchschnittstemperatur könnte in der Folge bis auf –15 Grad Celsius klettern, und in wärmeren Gefilden gediehen bereits erste Pflanzen, die mit der Umwandlung von Kohlendioxid zu Sauerstoff beginnen. (Kohlendioxid und auch Wasser gibt es auf dem roten Planeten im Überfluß.)
Ganz allmählich – Jahrzehnt für Jahrzehnt – würde der Mars »irdischer«. Langsam erscheinen erste Wolken am Himmel, und eine lebensfreundliche Atmosphäre entsteht. Bereits um 2150 wäre der rote Planet nach den Umwandlungsplänen der NASA so lebensfreundlich, daß dort Menschen unter erdähnlichen Bedingungen leben könnten und aus ihren Kuppelbauten, die in den Anfangsphasen der Besiedlung errichtet werden mußten, heraustreten, um zum ersten Mal sauerstoffhaltige Marsluft schnuppern zu können.
Technisch wäre eine Marsbesiedelung also längst durchführbar. Der Unsicherheitsfaktor liegt wieder einmal im finanziellen Bereich. Die Marsbesiedlung würde ganz einfach Milliardenbeträge verschlingen, die erst einmal bereitgestellt werden müßten. Wenn wir uns aber in Erinnerung rufen, wieviel Geld auch heute noch in der militärischen Aufrüstung verbraten wird, dürfte selbst dieses Problem irgendwann lösbar sein.
Ein anderes Hindernis liegt in der für irdische Verhältnisse doch recht langen Dauer eines bemannten Marsfluges. Eine nicht unwichtige Rolle spielt deshalb der Mond in den aktuellen Besiedlungsplänen. Die NASA plant, auf ihm ei-

ne bemannte Basisstation einzurichten, um von dort aus die Technologie für eine Marslandung in allen Details zu testen. (Mittlerweile geht man auch davon aus, daß dieses Projekt direkt vom Mond aus gestartet werden könnte.) Eine Möglichkeit, die lange Dauer des Fluges zu begrenzen, sieht vor, Mannschaft und Ausrüstung getrennt auf den Weg zu schicken: Während ein unbemanntes Frachtraumschiff auf einer treibstoffsparenden Bahn zum Mars fliegt, würden die Astronauten erst nach der Ankunft dieser ersten Mission folgen, die effektive Flugzeit wird damit auf fünfeinhalb Monate verkürzt. Dennoch scheint festzustehen, daß künstliche Schwerkraft an Bord des Raumschiffes unbedingte Voraussetzung für eine bemannte Mission ist.

Es ist also letztendlich nur noch eine Frage der Zeit, bis wir interstellare Raumfahrt betreiben werden, andere Planeten besiedeln und fremde Welten erforschen. Irgendwann werden sie aufbrechen, die Magellans und Cooks des Raumfahrtzeitalters, und eintauchen in die endlosen Weiten des Universums, eintauchen in eine neue faszinierende Welt. Und irgendwo in einem fernen Winkel des Univerums werden fremde Kulturen genau in diesem Augenblick dasselbe tun, während wieder andere Zivilisationen diesen Schritt vielleicht schon vor Jahrmillionen vollzogen haben.

2 Auf der Suche nach fremden Welten

12. Oktober 1992. Auf den Tag genau 500 Jahre nach dem Betreten Amerikas durch Kolumbus, startet die NASA das bisher größte Lauschprogramm in der Geschichte der Menschheit. Über zehn Jahre lang soll unser Weltall damit

nach schwächsten künstlichen Radiosignalen durchforscht werden. Projekt SETI (Search for Extraterrestrial Intelligence), das schon lange von ernstzunehmenden Institutionen wie der Nationalen Akademie der Wissenschaften in den USA sowie der Internationalen Astronomischen Union, der Internationalen Astronautik-Akademie und der NASA unterstützt wird, erhielt vor allem durch die Konstruktion und Inbetriebnahme sogenannter »Superempfänger« neuen Auftrieb. Diese ermöglichen es erstmals, gleichzeitig zehn Millionen verschiedener Frequenzen von Weltraumstrahlung zu analysieren. Das verbesserte SETI-System, das unter dem Management des AMES-Forschungszentrums der NASA in Kalifornien steht, setzt dazu Radioteleskope in aller Welt ein, an die jeweils einer oder mehrere der neuen Superempfänger (computergesteuerte Spektographen) gekoppelt sind.
Daß es in den unendlichen Weiten des Kosmos Leben gibt, daran zweifeln heute nur noch wenige Wissenschaftler. Vorbei sind die dunklen Zeiten, als es einem intellektuellen Salto Mortale gleichkam, laut über die Bewohnbarkeit anderer Gestirne nachzudenken. Wie wir nämlich heute wissen, ist die statistische Wahrscheinlichkeit, daß unsere Erde der einzig bewohnte Planet im ganzen Universum sein soll, nicht nur klein, sie ist sogar beinahe gleich Null.
Die Suche nach künstlichen Signalen hat also durchaus einen Sinn, wenn man von der Annahme ausgeht, daß auch fremde Intelligenzen möglicherweise Radarstrahlen oder Funkübermittlung besitzen. Und SETI-Mitarbeiter und Harvard-Professor Paul Horowitz gibt sich diesbezüglich recht optimistisch: »Was auch immer ein mögliches Signal enthält, die fremden Intelligenzen werden es so konstruiert haben, daß wir es verstehen können.«
Auch der renommierte kanadische Astrophysiker Hubert

Reeves ist davon überzeugt, daß derartige Projekte durchaus ihre Berechtigung haben könnten. Auf die Frage, ob er denn wirklich glaube, daß andere bewohnte Planeten existieren, sagte er 1987: »Wenn Sie wissen wollen, was ich glaube, sage ich: Ja. Andere in meinem Beruf glauben nicht daran. Das ist also Ansichtssache. Warum ich es glaube? Egal, wie weit wir ins Universum zurückblicken, wir finden immer wieder dieselben Bausteine: Atome, Moleküle, Sterne, Galaxien. Wir können zeigen, daß die Gesetze der Physik seit 15 Milliarden Jahren unverändert geblieben sind. Diese Homogenität im Verhalten des Universums läßt uns annehmen, daß Leben kein unwahrscheinliches Phänomen ist, sondern eine normale Eigenschaft von Materie auf ihrer höchsten Organisationsstufe. Wir können also annehmen, daß Leben da auftritt, wo die Verhältnisse es zulassen.

Außerdem sollten wir eines nicht vergessen: Es gibt in unserer Galaxie 100 Milliarden Sterne, darunter über eine Milliarde gelber Sterne wie unsere Sonne. Angenommen, jeder zehnte gelbe Stern hat nur einen erdähnlichen Planeten, ergibt das allein schon 100 Millionen Welten, die der unseren ähnlich sind – nur in unserer Galaxie! Und es gibt Milliarden Galaxien!«

Zu ähnlichen Schlüssen kommt Professor Hans Elsässer, Direktor des Max-Planck-Instituts für Astronomie in Heidelberg, warnt aber zugleich vor übereilten Spekulationen. Elsässer widerspricht dabei vor allem den Behauptungen Heinrich Erbens, der in seinem 1984 erschienenen Buch »Intelligenzen im Kosmos?« die engstirnige Auffassung vertrat, daß die Erde wohl der einzige Planet im Universum sei, auf dem Leben gedeihen konnte. Elsässer dazu: »Als Astronom kann ich diese Ansicht nicht teilen. Wenn die Existenz von Leben auf den Planeten anderer Sterne so un-

wahrscheinlich sein soll, dann stellt sich für mich die Frage: Warum ist Leben ausgerechnet auf der Erde entstanden? Auch die Biologen sehen sich nicht in der Lage, die Entstehung des irdischen Lebens exakt zu erklären, sondern bewegen sich weitgehend in spekulativen Bereichen. Allein die Tatsache, daß es uns gibt, spricht doch dafür, daß dieselbe oder eine ähnliche Lebensform irgendwo im Kosmos noch einmal vorhanden ist – möglicherweise sogar viele Male.«
Zweifellos werden uns verschiedene dieser Zivilisationen um Jahrtausende, ja gar um Jahrmillionen voraus sein, andere wiederum befinden sich vielleicht noch in der Steinzeit. Zumindest von einigen müßten wir also theoretisch Signale empfangen. Wir tun es aber nicht. Sind unsere Suchstrategien falsch?

John Ball veröffentlichte 1973 in der wissenschaftlichen Fachzeitschrift »Icarus« einen aufsehenerregenden Gedankengang. Seiner Meinung nach könnte die Erde unter kosmische Quarantäne gestellt worden sein. Erst, wenn wir uns weit genug entwickelt haben – vorausgesetzt, wir zerstören uns nicht selbst –, würden wir vielleicht in den »intergalaktischen Club« aufgenommen. James Deardorff spinnt Balls Gedankengänge noch weiter. Er ist, zusammen mit anderen angesehenen Wissenschaftlern wie Walter Newman oder Carl Sagan, der festen Überzeugung, daß möglicherweise sogar ein »Codex Galactica« im Universum existiert, um junge Zivilisationen in ihrer Entwicklungsphase noch anzuleiten und zu schützen.
Noch einen Schritt weiter geht Edward Ashpole, der in einer 1990 erschienenen Publikation (»The Search for Extraterrestrial Intelligence«) zum Schluß kommt, daß die ältesten Zivilisationen in unserer Galaxie – vorausgesetzt sie

haben sich gegenseitig nicht ausgerottet – zwischen vier und fünf Milliarden Jahre alt sein dürften. Er ist davon überzeugt, daß eine derartige Zivilisation irgendwann Sonden ins All entsenden wird: »Eine fortgeschrittene Zivilisation wird nicht selbst fremde Planeten besuchen, weil das möglicherweise zu lange dauert und zu unbequem ist. Trotzdem wird sie versuchen, andere Planeten zu kolonialisieren. Wie aber läßt sich das am besten bewerkstelligen?« Der Engländer bringt in diesem Zusammenhang den Gedanken an von Robotern bemannte Sonden ins Spiel. Roboter, die sich im Bereich selbstrepoduzierender Mechanismen bewegen könnten, wie sie John von Neumann bereits 1948 beschrieben hat. Haben derartige Roboter erst einmal einen geeigneten Planeten entdeckt, sorgen sie dafür, daß sich das mitgebrachte Genmaterial zu einer neuen Menschheit entwickelt, reproduzieren sich anschließend mittels Material, das sie dort vorfinden, selbst und brechen dann zum nächsten Planeten auf. Ashpole gibt dabei zu bedenken, daß ein Planet, der auf diese Art und Weise besiedelt werden würde, weniger strenge Kriterien zu erfüllen hätte als einer, auf dem sich intelligentes Leben von Anfang an entwickeln soll. Die Zahl derartig kolonialisierter Welten ist seiner Meinung nach daher möglicherweise ziemlich groß.

»Kosmische Quarantäne«, »Codex Galactica« und fremde Sonden, alles Überlegungen angesehener Akademiker. Akademiker aber auch, die leider vor lauter Theorien die Sicht auf ihre Umgebung manchmal etwas schnell zu verlieren scheinen. Glaubt man nämlich den weltweit zusammengetragenen Zeugenaussagen, dann halten sich die von Neumann postulierten Robotersonden längst in unserem Sonnensystem auf ...

3 UFOs: Das Jahrhunderträtsel

»Nehmen wir einmal an, Sie fahren nachts mit dem Auto auf einer einsamen Landstraße und beobachten – was relativ häufig geschieht –, wie ein helles Licht vom Himmel fällt, etwa 50 Meter über dem Boden schwebend verharrt und danach wieder aufwärts in den Himmel saust und verschwindet. An wen würden Sie sich wenden, um zu erfahren, was für eine Erscheinung das gewesen ist? Sie werden feststellen, daß weder Universitätsinstitute, Sternwarten noch Wetterstationen Interesse zeigen. Denn dort geht man seinen eigenen Forschungsprogrammen nach und wünscht nicht, mit außerhalb des Interessengebietes liegenden Problemen belästigt zu werden. Die Fluglotsen des nächsten Flugplatzes haben auf ihren Radarschirmen nichts gesehen, da Flugspuren, die nicht von Flugzeugen gebildet werden, automatisch unterdrückt werden. Bei den Zeitungsredaktionen haben in der Regel auch keine weiteren Zeugen angerufen. So bleiben Sie mit Ihrem Erlebnis allein. Ihre Bekannten werden Sie bemitleiden, weil Sie ja nun zu ›denen‹ gehören, die auch etwas gesehen haben.«
Diese Feststellung des deutschen Astrophysikers Illobrand von Ludwiger, hierzulande wohl profundester Kenner der UFO-Materie, trifft den Nagel auf den Kopf. Denn mit den UFOs ist es so eine Sache. Alle sprechen darüber, aber eigentlich weiß keiner Genaues. UFOs, das sind doch die fliegenden Untertassen aus den Science-fiction-Filmen, und die entspringen ja wohl den Hirnen irgendwelcher phantasiebegabter Autoren. Ganz so einfach ist es natürlich nicht, im Gegenteil. Aber es ist erstaunlich, wie oft einfach überprüfbare Tatsachen von der Wissenschaft ignoriert werden. Denn UFO-Phänomene haben sehr wohl einen realen Ursprung.

Tatsächlich existiert ein seriöser Forschungszweig, der sich auf privater, idealistischer Basis mit diesen unerklärlichen Himmelsphänomenen beschäftigt. Es gibt sogar diverse wissenschaftliche Arbeiten, die klar und deutlich zum Schluß kommen, daß es sich zumindest bei einem kleinen Teil dieser Phänomene, die seit vielen Jahrzehnten in allen Erdteilen gesehen und gemeldet werden, um Flugkörper unbekannten Ursprungs handelt. Wie wir zudem Tausenden von freigegebenen CIA-Akten entnehmen können, sind auch die amerikanischen Geheimdienste von der Existenz des UFO-Phänomens überzeugt und schließen in einigen Fälle eine außerirdische Herkunft nicht aus.
Der große Teil aller Berichte wandert allerdings erst einmal ins Ablagefach: Verwechslungen mit Flugzeugen und Ballonen, Sinnestäuschungen und bewußte Falschaussagen sorgen für ungewollte Verwirrung. Nur gerade fünf Prozent aller Berichte harren einer wissenschaftlichen Erklärung, andererseits macht aber gerade dieser Rest das eigentliche Phänomen aus. Derartige Schilderungen sprechen dann auch nicht einfach nur von irgendwelchen grünen Lichtpünktchen, die irgendwo nachts am Himmel gesehen wurden, denn sie stammen unter anderem von versierten Militärpiloten, die einigen dieser meist scheiben- oder dreieckförmigen Flugkörper dicht auf den Fersen waren. Radaraufzeichnungen existieren dabei ebenso wie chemische Analysen über verbrannte Landeplätze oder umfangreiche Untersuchungen über physikalische Wechselwirkungen in der Nähe beobachteter Objekte. Immer wieder konnten erstaunte Beobachter UFO-Phänomene auch mit eigenen Videokameras dokumentieren.

Die spektakulärsten UFO-Videoaufnahmen stammen wohl aus Deutschland. Sie entstanden am 24. August 1990 in

Greifswald (ehemalige DDR), als über 50 Augenzeugen einer ausländischen Wohnsiedlung gegen Abend mehrere grell leuchtende Bälle beobachten konnten, die sich minutenlang am Himmel befanden und ihre Position dabei nur schwach veränderten.
Anfänglich zählten die Augenzeugen fünf leuchtende Kugeln über den Dächern der Hochhauskette. Die seltsamen Flugkörper, sie hatten sich zu einem Kreis formiert, verharrten dort vollkommen geräuschlos. Immer mehr Leute wurden auf die Objekte aufmerksam. Fenster öffneten sich, wild gestikulierend wurden Nachbarn und Freunde auf das Phänomen aufmerksam gemacht. Vorbeikommende Fußgänger blieben verdutzt stehen, beobachteten das Schauspiel von der Straße aus.
Nach einigen Minuten begannen die UFOs allmählich zu verblassen, während gleichzeitig sechs neue, rechts gelegene Punkte grell zu leuchten anfingen. Ebenso unvermutet gesellte sich innerhalb einiger Sekunden plötzlich ein siebtes Objekt zur neuen Formation, es war anfänglich wohl von einer der mittleren Kugeln verdeckt worden. Dafür war die links gelegene Fünfer-Gruppe jetzt endgültig verschwunden, wenngleich auch an der alten Position nochmals ein einziges Licht aufblitzte, das innerhalb einer Sekunde wieder verblaßte. (Große Teile dieser Vorgänge können auf den Videoaufnahmen der Anwohnerin Ludmilla Iwanowa deutlich verfolgt werden.)
Waleri Wingradow, der die Formation etwas später von einer anderen Position aus beobachten und filmen konnte, schilderte den weiteren Verlauf der Ereignisse einer örtlichen Zeitung gegenüber folgendermaßen: »Plötzlich bildete die schwebende Gruppe eine neue Formation. Drei Kugelpaare schwebten dicht nebeneinander, die siebte Kugel trennte sich von ihnen. Dabei war kein Geräusch, das mit

dieser Bewegung in Zusammenhang stehen könnte, zu vernehmen. Alles geschah lautlos.« Diese Vorgänge sind wiederum auf seinen Videoaufnahmen zu sehen. Beide Bilddokumente liegen uns vor, und wir können uns mit gutem Gewissen für ihre Authentizität verbürgen.
Verschiedene Recherchen förderten weitere Personen zu Tage, die die Geschehnisse staunend beobachtet hatten. Martha Kliem war eine von ihnen. Der Autor telephonierte mit ihr im November 1991, und sie bestätigte die Vorgänge spontan, fügte gar noch einige Details hinzu, die auf den Filmen nicht zu erkennen waren: »Die Objekte leuchteten so stark, daß man immer nur kurze Zeit hinschauen konnte. Irgendwie hatten sie die Form eines Hutes oder einer Kugel. Sie schienen zu rotieren. Schließlich verschwanden sie auf seltsamste Art und Weise: In kurzen Abständen erlosch eines nach dem anderen.«
Vladimir Simonow wiederum war einer der wenigen, die bereits das Auftauchen der ersten Formation beobachtet hatten: »Die Objekte standen unbeweglich, wie fest verbunden, am Himmel und drehten sich ganz langsam um ihre eigene Achse. Es kamen dann von rechts zwei weitere Objekte mit großer Geschwindigkeit auf die vier in einer Art Kreuzform am Himmel stehenden Flugkörper zugeflogen und verschmolzen miteinander. Erst als sich ein weiteres ›UFO‹ zwischen den beiden ganz oben postierten Flugkörpern manifestierte, war die traubenförmige Form perfekt.« (Bemerkenswert übrigens, daß Herr Simonow ziemlich genau ein Jahr zuvor dieselbe Formation schon einmal am Himmel über Greifswald entdeckt hatte.)
Im weiteren liegt den Untersuchern ein dritter Videofilm vor, der exakt dieselbe Lichterformation zeigt, wie sie auch über Greifswald aufgenommen werden konnte. Die Augenzeugen dieses dritten Streifens filmten das Phänomen

von der Küste der Insel Rügen aus und meinten, die Formation habe sich schließlich urplötzlich mit atemberaubender Geschwindigkeit entfernt.
Diese Beobachtung deckt sich ihrerseits wieder mit den Aussagen einer ganzen Gruppe von Augenzeugen (40 Kinder und Erzieher eines Ferienlagers), die die beiden Formationen im August 1990 ebenfalls oberhalb der Insel Rügen entdeckt hatten: Die Kinder hatten gerade ein großes Lagerfeuer vorbereitet, als die Köchin aufgeregt auf die hell leuchtenden Punkte am Himmel deutete. Dort stand die erste ovale Formation am Firmament, sie glich jetzt am ehesten einem auf dem Rücken liegenden »P«. Die Leuchtobjekte an ihrem Ende schienen um eine imaginäre Achse zu rotieren und erhielten von einem unterhalb gelegenen (unsichtbaren) Ort ständig neue Kugeln.
Nach 20 Minuten taucht auch die zweite Lichtergruppe am Himmel auf (ihre Kugeln haben sich unterdessen zu einem perfekten »Y« angeordnet), und kleine weiße Blitze zucken plötzlich übers Firmament, als die beiden Formationen damit beginnen, auch untereinander Leuchtkugeln auszutauschen. Schließlich schwebt die P-Formation langsam dem Fährhafen entgegen, wo sie nach einigen Minuten mit extremer Beschleunigung entschwindet. Die Y-Formation macht es ihr kurz darauf nach.

Das Beunruhigende an den UFO-Berichten ist die Tatsache, daß die jeweiligen Zeugen das, was sie gesehen haben, mit einer Aufrichtigkeit berichten, die einen nachdenklich werden läßt. Sie wollen schlicht wissen, wie und wo sie das Gesehene nun einstufen sollen. (»Zum Teufel mit ihnen!« brummt der Skeptiker derweil ungeduldig und vergißt dabei allzu schnell, daß der arme Kerl dort unten wohl seine liebe Mühe damit hätte, die anstürmende Menschenmenge

– bereits heute geht ihre Zahl in die Hunderttausende – überhaupt bewältigen zu können.)
Anfragen, die verstörte Beobachter hin und wieder an Sternwarten oder wissenschaftliche Institute richten, werden so oft nur mit einem mitleidigen Lächeln beantwortet. Denn die Wissenschaftler dort machen den großen Fehler, daß sie nicht unterscheiden wollen zwischen Berichten, die ganz natürlichen Erklärungen zugeführt werden können (beispielsweise Sternschnuppen oder Heißluftballonen) und den Berichten über die Erscheinung fliegender Scheiben oder Dreiecke, die ganz einfach in die Kategorie »unbekannt« abgelegt werden müßten. Sie regen sich auf über »inkompetente Augenzeugenberichte«, poltern über »naive Schilderungen« und werfen alle Aussagen in intellektueller Überheblichkeit in einen Topf.

Ein besonders gutes Beispiel für einen Bericht, dem letztendlich mit keiner Erklärungshypothese beizukommen war, ist das Erlebnis eines Schweizer Ehepaars aus Opfikon. Sie schilderten dem Autor den aufwühlenden Vorfall vom 31. Juli 1985 sehr detailliert und präzise:
»An jenem Abend war es sehr schwül, immer wieder blitzte es, obwohl kein Regen fiel. Wir saßen zu viert beim Nachbarn und spielten Karten. Wie schon am Abend zuvor spielte ein Trompeter in der Nähe herzergreifende Melodien. Es herrschte eine richtig melancholische Stimmung. Um 22.20 Uhr sah unsere Nachbarin plötzlich einen unglaublich hell leuchtenden Punkt am Himmel. Nur wenige Minuten später sichteten wir alle vier einen großen leuchtenden ›Feuerball‹, der über den Baumwipfeln des nahegelegenen Waldes schwebte und in den verschiedensten Farben schillerte. Das helle Objekt blieb für rund zehn Sekunden an Ort und Stelle und flog daraufhin mit ungewöhn-

lich hoher Geschwindigkeit absolut geräuschlos über den Waldstreifen in Richtung Norden.«
Nun begann plötzlich ein heftiges Gewitter, und so rannten die Zeugen im strömenden Regen auf die Straße, wo sie den »Feuerball« erneut sehen konnten. Fast im selben Augenblick verwandelte er sich in ein scheibenförmiges, rotierendes Flugobjekt, das metallisch glänzte und wie ein fallendes Laubblatt hin- und herzuwippen begann. Völlig lautlos beschrieb es einen Kreis über dem Gebiet, um dann wieder an derselben Stelle über den Baumwipfeln zu verharren.
Die Frau fuhr fort: »Mein Mann beschloß, sein Auto zu holen, um mit den Halogen-Scheinwerfern das Objekt genauer anschauen zu können. Unsere Nachbarin hatte unterdessen die Flucht ergriffen und sich in ihrem Haus eingeschlossen. So blieben für den Moment also nur ich und unser Nachbar übrig. Plötzlich erfaßte uns jetzt das helle, weiße Licht zweier Scheinwerfer: Wir standen in einem taghellen Lichtkegel und konnten uns nicht bewegen, geschweige denn ein Wort über unsere Lippen bringen. So standen wir also mit offenem Mund während der Dauer von einer Minute regelrecht ›paralysiert‹ da, bis mein Mann mit dem Auto kam. Im selben Augenblick war der Spuk dann auch schon wieder vorbei: Als er die eingeschalteten Scheinwerfer auf das Objekt richtete, schoß dieses wie ein Blitz in die nahegelegene Waldlichtung, wo es verschwand!
Um etwa 22.40 Uhr beschloß er, zusammen mit dem Nachbarn in den Wald zu fahren, um das Objekt erneut aufzustöbern. 23.10 Uhr kamen sie erfolglos zurück. Sie hatten nichts Seltsames entdeckt. Anfragen an zuständige Radarstellen brachten ebenfalls keine Ergebnisse. Etwa zwei Wochen später hörten wir durch eine Drittperson,

daß im Radio ein Aufruf stattgefunden hatte, der sich auf Zeugen bezog, die am 31. Juli womöglich UFOs beobachten konnten. Leider kam keine Verbindung zu diesen Leuten zustande, aber die Radiosendung bestätigte uns darin, daß wir an besagtem Tag ganz bestimmt nicht geträumt hatten!«

Geträumt hatten die verblüfften Schweizer ihr Erlebnis wohl sicher nicht, aber an wen sollten sie sich mit ihrer Schilderung wenden? Offiziell eingerichtete Koordinationsstellen für solche Berichte fehlen nach wie vor, und wissenschaftliche Institute haben ja sowieso nicht allzu viel Freude an derartigen Erlebnissen.

Ein besonders groteskes Beispiel für »wissenschaftliche« Äußerungen offizieller Instanzen zur UFO-Frage findet sich bezeichnenderweise in einem umfangreichen Forschungsbericht der Universität von Colorado, die sich 1968 im staatlichen Auftrag mit UFOs herumschlug. Beinahe hilflos stellte man dort in bezug auf eine spezifische Sichtung fest: »Diese ungewöhnliche Wahrnehmung sollte deshalb der Kategorie einer fast mit Gewißheit festgestellten natürlichen Erscheinung zugeordnet werden, die so selten ist, daß sie anscheinend weder vorher noch nachher jemals wieder geschildert worden ist.«

Oswald Sanviti, Pilot der peruanischen Fluggesellschaft »Faucett«, erinnert sich heute wohl noch gut an die Erscheinung, die er und seine Crew 1967 beobachten konnten. Er hielt die Details seiner Sichtung damals in einem offiziellen Flugrapport fest, der uns in einer Kopie vorliegt: »Ich flog am 2. Februar 1967 mit meinem Flugzeug, einer Douglas DC-4, von Chiclayo nach Lima, Höhe: 7000 Fuß. Plötzlich bemerkten wir in westlicher Richtung ein stark leuchtendes Objekt, welches wir anfänglich für einen Stern

oder Planeten hielten. Aber nachdem wir sicher waren, daß die augenscheinliche Bewegung des Objektes nicht auf unsere Flugbewegungen zurückzuführen war, konnten wir sehen, wie das Objekt schnell näher kam. Wir schätzten die Distanz auf ungefähr acht nautische Meilen. Es war wirklich ein Spektakel. Das UFO leuchtete jetzt so stark, daß alle Passagiere unseres Flugzeugs es sehen konnten.
Nach einer Weile bewegte sich das Objekt über mein Flugzeug hinüber und stoppte auf der rechten Seite von uns. Wir bemerkten zu diesem Zeitpunkt eine 15-Grad-Schwankung nach links auf unserem Radiokompaß und später eine 20-Grad-Schwankung nach rechts. Alle Lichter in der Hauptkabine reduzierten ihre Intensität, ebenso wie unsere fluoreszierenden Lichter im Cockpit. Der Funkkontakt setzte ebenfalls aus. Das UFO bewegte sich nun nach Osten, sein Leuchten verstärkte sich zu einem bläulichen Licht. Dann verschwand es mit unglaublicher Geschwindigkeit – vielleicht sogar mit Lichtgeschwindigkeit! Nach fünf Minuten kehrte es schließlich noch einmal mit einem weiteren Objekt zurück, und so wurden wir von diesen Objekten bis fünf Minuten vor der Landung in Lima begleitet. Das ist alles, was wir sagen können, in Treu und Wahrheit ...«
Sanvitis Schilderung fand in den internationalen Medien kaum Beachtung, und auch finanziellen Nutzen konnte der peruanische Pilot aus seinem Erlebnis keinen ziehen. Im Gegenteil, er riskierte sogar seinen Ruf, als er an die Öffentlichkeit trat, und setzte damit gleich auch seinen Job aufs Spiel. Einzig und allein seine Gewißheit, etwas wirklich Außergewöhnliches beobachtet zu haben, gab ihm dazu die nötige Sicherheit. »Entlarver«, die für alles und jedes eine Erklärung haben, stempelten ihn in der Folge denn auch erst einmal zum Trunkenbold ab.

Diese »Entlarver« begegnen uns im Laufe der Jahrzehnte mit hartnäckiger Regelmäßigkeit, und effektiv sind ihre »Erklärungen« meist noch unglaublicher als der eigentliche UFO-Vorfall selbst. Als beispielsweise am 17. März 1950 Tausende von Augenzeugen rund 500 silberne Scheiben am Himmel beobachtet hatten, die in großer Geschwindigkeit über ein Atomsperrgebiet in New Mexiko hinwegflitzten, hatten sie nach Angaben der Air-Force schlicht »fliegende Baumwollflocken« beobachtet, die vom Wind munter durcheinandergewirbelt worden seien. Ähnlich erging es auch dem amerikanischen Deckoffizier Delbert Newhouse, dem es 1952 gelungen war, eine Formation glänzender Flugobjekte auf 13 Meter Film zu bannen. Wissenschaftler einer amerikanischen Universität, die im offiziellen Auftrag UFO-Vorfälle genauer unter die Lupe nahmen, kamen nämlich zum Schluß, daß Newhouse wohl ganz einfach schlichte »Vögel« gefilmt haben mußte. Ziemlich bezeichnend war in der Folge, daß minutiöse Computerberechnungen der UFO-Gruppe »Ground Saucer Watch« zum Ergebnis führten, daß eines der gefilmten Objekte einen Durchmesser von rund 15 Metern besessen haben mußte!

1990 meldete sich ein deutscher Schiffskapitän beim Autor, der am 2. Dezember 1983 am Himmel über Dorsten ein seltsames Flugobjekt bemerkt hatte, das er als »vier hell leuchtende Quadrate, die ebenfalls wieder zu einem Quadrat angeordnet waren«, beschrieb. Nach einigen Minuten schoß der Flugkörper plötzlich senkrecht in den Himmel, wo er alsbald verschwand.

Kurz darauf erklärte ein deutscher UFO-Skeptiker dem Autor in einem dreiseitigen Brief stolz, daß es sich beim beobachteten Objekt nur um einen aparten Modellheißluftballon gehandelt haben konnte. Wir müssen den verstörten

Kapitän jetzt wohl nur noch darüber unterrichten, daß er als erster dieser Welt das seltene Glück hatte, einen gleißend hellen, viereckigen Heißluftballon zu sehen, der innerhalb Sekunden rund 2000 Meter in die Höhe sauste!
Ein Raumfahrtmediziner aus San Antonio hat eine noch abstrusere Erklärung für das UFO-Phänomen gefunden. Der deutsche UFO-Experte Adolf Schneider zitiert ihn in seinem Buch »Besucher aus dem All« mit folgenden Worten: »Es ist mit den UFOs dieselbe Sache wie beim Heiligenschein. Der entsteht ebenso: Buttersäure und andere Stoffe aus dem menschlichen Schweiß verdunsten. Bei ruhiger Luft steigt der Schweißdunst um den menschlichen Körper herum in die Höhe und verbindet sich mit Sauerstoff. Bei dieser chemischen Reaktion kann ein Leuchtprozeß die Folge sein. UFOs sind also sozusagen riesige Heiligenscheine aus Sumpfgas ...«

Auch der nächste Augenzeuge, Angestellter einer großen schweizerischen Versicherungsgesellschaft, machte ähnliche Erfahrungen. Er möchte vorerst anonym bleiben, sein Name ist dem Autor bekannt. Am 27. März 1982 startete er mit seiner Frau von Herten bei Rheinfelden mit einem Motorsegler zu einem Rundflug in die Schweiz. Nach zwei Stunden kehrte er zurück und dehnte seinen Anflug auf den Flugplatz Herten aus. Das Flugzeug befand sich in 3000 Fuß Höhe und bewegte sich mit einem Kurs von 360 Grad über die Ortschaft Lörrach hinweg. Das Wetter war schön, der Wind sehr schwach, die Sicht hervorragend.
Der Zeuge flog gerade Richtung Norden, die Sonne im Rücken, als er plötzlich zwei helle Punkte bemerkte, die in nordöstlicher Richtung mit rasanter Geschwindigkeit auf ihn zuschossen. »Militärjets!« schoß es ihm sofort durch den Kopf, dies traf jedoch wegen der Geschwindigkeit und

des Aussehens nicht zu. Als er seine Frau auf die zwei Objekte aufmerksam machen wollte, flitzte das eine bereits unter ihm weg, und er konnte nur noch das andere sehen, das stehen blieb und das Flugzeug auf der linken Flügelseite mit jeder Flugänderung, die es machte, verfolgte.
Der Augenzeuge beschrieb das UFO als ein grau strahlendes, ovales Gebilde mit einer hellblauen Korona. In der Mitte befanden sich zwei blendende Lichtquellen, die wie Augen aussahen und ein sehr helles, giftgrünes Licht ausstrahlten. »Es war schwierig, die Distanz des Flugobjektes zu mir abzuschätzen«, meinte er im nachhinein etwas nachdenklich. »Als ich aber merkte, daß es mich auf gleicher Höhe verfolgte, erschrak ich und ging von einer rechten Steilkurve in den Sturzflug, um zu entkommen, was mir auch gelang, denn plötzlich konnten wir beide Objekte nicht mehr sehen. Ich benachrichtigte per Funk sofort die Flugleitung über den Vorfall. Die Antwort dort: Ein schallendes Lachen!«
Eine eigenartige Reaktion. Denn kaum einer wird abstreiten können, daß Piloten unbedingt zu den glaubwürdigeren Augenzeugen gezählt werden müssen, werden sie während ihrer strengen Ausbildung doch mit allen Arten von Flugkörpern und Himmelserscheinungen konfrontiert und lernen irdische Flugkörper innerhalb Sekundenbruchteilen zu erkennen und zu identifizieren.
Auch William Nash durchlebte diese Ausbildung. Er hatte am 14. Juli 1952 über Miami zusammen mit seinem Copiloten sechs orange leuchtende Flugscheiben beobachtet, was den amerikanischen Kritiker-Papst Donald Menzel aber nicht daran hinderte, Nash eine optische Täuschung zu unterschieben. Nashs Entgegnung sollte in die Geschichte eingehen: »Nun mal ganz allgemein zu Ihrer offensichtlichen Meinung über Verkehrspiloten. Sie nehmen

an, daß Piloten ihrer Einbildungskraft freien Lauf lassen, daß sie sich leicht durch Dinge narren lassen, die sie sehen. Nein Sir, die Art und Weise, in der wir ein Flugzeug im Wert von fünf Millionen Dollar von einem Flughafen zum anderen fliegen, beruht keineswegs auf Annahmen oder Schätzungen. Wir haben zu prüfen und nochmals zu überprüfen.

Wir verbringen monatlich 120 Stunden in der Luft und können auf Grund dessen zu den erfahrensten Beobachtern von Dingen zählen, die wir vom Cockpit unserer Flugzeuge aus sehen können. Können Sie sich nicht vorstellen, Dr. Menzel, daß wir Tausende von Reflektionen gesehen und studiert haben? Denken Sie nicht, daß wir Tausende von Meteoriten gesehen haben? Ich habe sie nächtelang beobachtet. Meinen Sie, wir könnten keine Reflektionen an einem konventionellen Flugzeug erkennen und hätten nie Nordlichter gesehen? Sie erklären auch, wir seien durch das, was wir sahen, viel zu aufgeregt gewesen, um die elementarsten wissenschaftlichen Prüfungen vornehmen zu können. Nochmals, Doktor, Piloten regen sich nicht so leicht auf, sonst wären sie nicht lange Verkehrspiloten.

Ich habe einen Universitätsgrad in Naturwissenschaften, und dieses Gebiet war seit jeher mein Hobby. Die meisten Piloten von uns haben übrigens einen Universitätsgrad. Sie, Dr. Menzel, verlachen uns und meinen, innerhalb von zwölf Sekunden könne man keine genauen Eindrücke erfassen. Während meiner Dienstzeit wurden mein Copilot und ich wie alle anderen Militärpiloten im Erkennen von Gegenständen geschult. Wir mußten uns an die Konturen jedes Schiffes der deutschen und japanischen Marine erinnern können. Das gleiche galt für alle feindlichen Flugzeugmuster. Selbstverständlich mußten wir auch alle eigenen Schiffe und Flugzeuge schnell und sicher erkennen können. Bei Prüfungen hatten wir Umrißskizzen von allen anzufertigen. Nachdem wir sie kannten, wurden die Skizzen ganz kurz auf eine Leinwand projiziert, zuerst eine Zehntelsekunde und später eine Hundertstelsekunde lang, worauf wir den Lehrern Typ, Nationalität und Anzahl der gesehenen Schiffe und Flugzeuge nennen mußten. Sie sehen also, Dr. Menzel, wir hatten sogar sehr viel Zeit, um unsere UFO-Beobachtung zu verifizieren!«

15. September 1964. Dr. Robert Jacobs, Leutnant der amerikanischen Luftwaffe, nimmt letzte Messungen vor und checkt mit seinen Mitarbeitern noch einmal die auf einem Berg aufgestellten Instrumente, mit denen Raketentests des nahe gelegenen Luftwaffenstützpunktes Vandenberg (Kalifornien) filmisch festgehalten werden sollen. Endlich startet die Atlas-F-Rakete, und das Team um Jacobs hält die Kamera genau auf den Flugkörper gerichtet, den sie nun exakt verfolgen kann. In der allgemeinen Aufregung und Freude über den gelungenen Versuch schenken die Männer dem Flugkörper schließlich keine Aufmerksamkeit mehr, springen freudig umher und gratulieren sich gegenseitig.
Einige Tage später wird Jacobs ins Büro seines Vorgesetzten, Major Florenz J. Mansmann, zitiert. »Ich dachte damals, sie wollten uns zum gelungenen Film gratulieren«, erinnert sich der Amerikaner heute noch genau.
Mansmann bat Jacobs, Platz zu nehmen. Im Hintergrund standen einige Herren in Zivil, die ihre Miene kaum verzogen – mutmaßliche CIA-Agenten, wie Jacobs später erfuhr. Mansmann ließ nun die Filmaufnahme vom Raketentest laufen. Plötzlich zeigte er auf einen bestimmten Bildausschnitt: »Sehen Sie sich diesen Teil gut an!« Und da sah Jacobs etwas, was er nie erwartet hätte. Unvermutet schweb-

te auf einmal ein typisches UFO am Himmel, näherte sich der Rakete und schoß einen grellen Lichtblitz auf den Flugkörper ab. Anschließend bewegte es sich über die Rakete, schoß von dort einen zweiten Lichtblitz ab und begann in der Folge um die Rakete herum zu fliegen. Diese Vorgänge wiederholten sich noch einige Male, dann schoß der untertassenförmige Flugkörper wieder aus dem Bild. Wenige Sekunden später begann der amerikanische Flugkörper zu taumeln, geriet außer Kontrolle und stürzte schließlich 160 Kilometer vor dem geplanten Ziel in den Pazifik. Das Licht im Büro ging wieder an.

Mansmanns Stimme war leise: »Zur Hölle ... was war das?« Jacobs blickte seinem Vorgesetzten unbeirrt in die Augen.

»Ich würde sagen, es sah aus wie ein typisches UFO«, entgegnete er schließlich.

Eine unheimliche Stille breitete sich im Raum aus, während die unbekannten Männer in ihren grauen Anzügen Jacobs weiterhin stumm anblickten. Schließlich drehte sich Mansmann um, nickte ihnen kurz zu und begann dann freundlich zu lächeln.

»Nun gut, Jacobs. Sagen wir doch einfach, daß dieser Vorfall sich gar nicht ereignet hat. Sie werden niemandem etwas über diesen Film erzählen. Sofern dieser Vorfall uns beide betrifft, hat er einfach nicht stattgefunden. Sie verstehen, was ich meine ...?!«

Jacobs brachte für eine Minute kein Wort mehr heraus. Gedanken schossen in wilder Abfolge durch seinen Kopf. Er fühlte sich schlecht, und ein merkwürdiges Gefühl breitete sich in seiner Magengegend aus. Er hatte soeben den aufregendsten Film seiner Laufbahn gesehen, und nun wurde ihm verboten, darüber zu sprechen. Mansmann brach die Stille nach einiger Zeit erneut: »Ich muß Sie doch

nicht daran erinnern, wie wichtig es ist, die Sicherheitsbestimmungen einzuhalten, Leutnant?«, und immer noch umspielte dieses Lächeln seine Mundwinkel.
»Nein Sir«, stotterte Jacobs, der allmählich seine Fassung wieder etwas zurückgewann.
»Gut«, meinte Mansmann und begleitete den verdatterten Jacobs zur Tür.
Der Amerikaner behielt die Geschichte für sich, Jahre vergingen. Aber das Gefühl, damit an die Öffentlichkeit treten zu müssen, wuchs beständig an. 1982 hielt es ihn schließlich nicht mehr auf seinem Stuhl. Er schrieb den Vorfall in allen Einzelheiten nieder und bot ihn verschiedenen Zeitungen zur Veröffentlichung an. Alle lehnten ab. Erst das amerikanische Boulevardblatt »National Enquirer« zeigte Interesse an seinem Bericht und veröffentlichte ihn am 12. Oktober 1982. Jacobs schloß darin mit folgenden Worten: »Dieser Zwischenfall liegt jetzt rund 17 Jahre zurück, und ich habe bis heute mit niemandem darüber gesprochen. Ich hatte Angst vor den Folgen, die das für mich hätte haben können. Aber die Wahrheit ist zu wichtig, um noch länger geheimgehalten zu werden. UFOs existieren wirklich. Ich weiß, daß es sie gibt. Die Air-Force weiß, daß es sie gibt. Und die US-Regierung weiß, daß es sie gibt. Ich bin der Meinung, es ist höchste Zeit, daß die amerikanische Öffentlichkeit dies endlich auch erfährt!« (Interessanterweise bestätigte Florenz Mansmann 1988 gegenüber UFO-Forscher T. Scott Crain die Darstellung Jacobs spontan. Sein damaliges Verhalten begründete Mansmann damit, spezifische Weisungen von höherer Stelle erhalten zu haben, der er den Film kommentarlos überlassen mußte.)

Wir wissen, daß wir die Köpfe skeptischer Leser noch weiter verwirren werden, wenn wir ihnen erklären, daß nachträgliche Boden-Untersuchungen einer vermeintlichen UFO-Landestelle in Frankreich durch renommierte wissenschaftliche Institute zum Schluß führten, daß die entdeckten Pflanzen-Schädigungen weder durch Mikrowellenstrahlung, Röntgenstrahlung, radioaktive Strahlung oder Hitze simuliert werden konnten und letztendlich unerklärlich blieben. Die Untersuchungsberichte darüber veröffentlichte die CNES – das französische Pendant zur NASA – 1983 unter der ISSN-Nummer 0750-6694 höchstpersönlich. Weitere Ergebnisse erschienen 1990 in der wissenschaftlichen Fachzeitschrift »Journal for Scientific Exploration«. Und es liegt durchaus in unserer Absicht, die Gehirne unserer Skeptiker noch mehr zu strapazieren, indem wir darauf hinweisen, daß die »Society for Scientific Exploration«, der zahlreiche renommierte Wissenschaftler aus verschiedensten Ländern angehören, innerhalb der letzten Jahre bereits mehrere Male minutiöse Detailuntersuchungen veröffentlichte, die zum Schluß kamen, daß es sich zumindest bei einigen UFO-Photos mit an Sicherheit grenzender Wahrscheinlichkeit nicht um Fälschungen oder Aufnahmen irgendwelcher bekannter Verursacher handelt.

4 1987–1992: Chronik der Ereignisse

1987 veröffentlichte der britische UFO-Spezialist Timothy Good eine brillante Zusammenfassung der bekanntesten UFO-Berichte vergangener Jahrzehnte. Aber auch seit Ende der achtziger und Anfang der neunziger Jahre häufen sich die Berichte wieder mit erschreckender Beharrlichkeit. Erscheinungen, wie sie inzwischen aus allen Regionen dieser Erde gemeldet werden. Erscheinungen, die unseren Gelehrten beträchtliche Kopfschmerzen bereiten ...

• *19. Juli 1987 – Comiso (Italien): Kreiselförmige »Vögel« photographiert?!*

Luigi Ferraro (Name geändert) – er lebt seit über 20 Jahren in Deutschland – war nach Comiso auf Sizilien gereist, um dort den Rohbau seines neuen Hauses zu inspizieren. Wie immer wollte er dabei Aufnahmen des baulichen Fortschrittes machen und hatte diesmal eine ausgeliehene Polaroidkamera bei sich. Während er nun Aufnahmen machte, bemerkte er plötzlich einen kleinen dunklen Fleck am Himmel, der immer näher kam. Ferraro stockte der Atem, und er versuchte dem Flugkörper mit dem Visier zu folgen, während er immer wieder auf den Auflöser drückte. Insgesamt sechs Aufnahmen des kreiselförmigen UFOs entstanden auf diese Weise.
Der Zeuge glaubte fest daran, es mit einem irdischen Geheimflugkörper zu tun zu haben, um so mehr, als das UFO ganz in der Nähe eines NATO-Stützpunktes aufgetaucht war. Er fuhr deshalb nach Bonn, wo er von einem Oberstleutnant im Bundesverteidigungsministerium empfangen wurde. Als dieser die Photos genauer anschaute, machte er ein recht besorgtes Gesicht und verschwand mit ihnen für einige Zeit in einem anderen Zimmer. Als er zurückkam, umspielte ein leichtes Lächeln seine Mundwinkel: »Nee, keine Sache von uns, können Sie veröffentlichen ...«
Untersuchungen der Photos ergaben keinen Hinweis auf eine Fälschung, zumal es sich um Polaroidaufnahmen handelte, die bekanntlich nicht einfach zu manipulieren sind.
Schon einen Tag nach dem Vorfall hatte Luigi Ferraro einige der Aufnahmen an den besagten NATO-Stützpunkt gesandt. Kurz darauf hielt er ein nettes Antwortschreiben in den Händen: Beim aufgenommenen Flugkörper handele es

sich lediglich um einen Vogel. (Da das photographierte Objekt kreiselförmig war, muß es sich wohl um ein besonders exotisch angehauchtes Vogel-Exemplar gehandelt haben ...)
Andere Experten waren ratlos. Selbst Fachleute der Firma Polaroid meinten in einem Schreiben: »Nach sorgfältiger Überprüfung Ihrer Bildeinsendung können wir Ihnen nur mitteilen, daß wir uns auch nicht erklären können, um was es sich bei diesem ›Objekt‹ handeln könnte.«

- *28. Dezember 1988 – Puerto Rico: Riesiges UFO kapert zwei Abfangjäger*

Der Nachmittag des 28. Dezember war in Puerto Rico eigentlich ganz normal verlaufen. Gegen Abend aber begannen sich Dinge zu ereignen, die manchen Bewohnern noch heute Angst und Schrecken einjagen, wenn sie davon sprechen.
Um 19.45 berichteten Anwohner mehrerer Ortschaften von einem gewaltigen Dreieck, das geräuschlos am Himmel schwebte. Das ganze Objekt war übersät mit blinkenden Lichtern. Unter den Zeugen des Vorfalls befand sich damals auch Wilson Sosa: »Es begann eigentlich alles um 18.00 Uhr, als wir über dem Gebiet Jagdflugzeuge ausmachten. Um 19.45 Uhr hörte ich ihre Geräusche erneut am Himmel und trat ins Freie, um sie besser beobachten zu können. Und da sah ich dieses riesige UFO am Himmel. Es war enorm!«
Sosa holte sein Fernglas hervor und beobachtete das Dreieck genauer. Plötzlich sah er zwei Kampfflugzeuge hinter ihm auftauchen. Das UFO drehte sogleich nach Westen ab, aber eine der Maschinen versuchte es abzufangen und schnitt ihm mit einem waghalsigen Flugmanöver den Weg

ab. Sogleich vollführte der riesige dreieckige Flugkörper einen erneuten Richtungswechsel. Dreimal wiederholten sich ähnliche Manöver, die irdischen Kampfflugzeuge hatten nicht den Hauch einer Chance, den fremden Eindringling zur Landung zu zwingen.

Nun hatte sich der eine Jet an die rechte Seite des UFOs gehängt, während der andere hinterherflog. Dabei geriet er sehr nahe an die Unterseite des Dreiecks, und alle Zeugen befürchteten einen Zusammenstoß. Doch anstatt daß er explodierte, wurde der Jet von einer Sekunde auf die andere vom Objekt förmlich »eingesogen«.

Der zweite Abfangjäger versuchte unterdessen das Objekt zu umkreisen. Im Vergleich zur Größe des Dreiecks – es soll die stattlichen Dimensionen eines Fußballplatzes besessen haben – nahm er sich recht klein aus. Ein erneuter Richtungswechsel, und auch er war verschwunden.

Das UFO senkte seine Flughöhe und schwebte jetzt über einem Weiher, wo es für eine Weile unbeweglich verharrte. Plötzlich blitzte ein helles Licht auf, und rote Funken stoben in alle Windrichtungen: Der gewaltige Körper begann sich in zwei Teile aufzuteilen, die ihrerseits wiederum dreieckförmig waren. Kurz darauf entfernten sich die beiden Objekte mit horrender Geschwindigkeit.

Der UFO-Forscher Jorge Martin machte über 100 Zeugen aus, die ihm den Vorfall übereinstimmend und detailliert beschrieben. Martin ließ die Augenzeugen Skizzen anfertigen und hakte dann bei den Behörden nach, wo er nähere Informationen zum ganzen Vorfall erbat. Die Antwort fiel dünn aus: Nein, von UFOs hatte man angeblich nichts gehört. »Man kann so etwas ganz einfach nicht gesehen haben«, war die höfliche Entgegnung eines offiziellen Sprechers. Später gaben die Militärs immerhin zu, in der besagten Gegend Luftwaffenübungen durchgeführt zu haben, was zumindest die Anwesenheit der beiden Jäger erklären könnte.

- *23. Februar 1989 – Zürich (Schweiz) und 7. Dezember 1989 – Eschweiler (Deutschland): Eine fliegende »Spinne«*

»Das Objekt war rund und mit ungefähr sechs zylindrischen Gebilden versehen, die in regelmäßigen Abständen angeordnet waren. Sie unterlagen keiner sichtbaren strömungsbedingten Verformung, zeigten aber eine ganz langsame Drehbewegung des gesamten Gebildes um seine vertikale Achse«, hielt der aufgewühlte Augenzeuge in seinem Erlebnisbericht fest. Er hatte ein großes spinnenartiges Fluggebilde über Zürich gesehen, das in rund 1000 Metern Höhe vorbeizog. Anfänglich dachte der Schweizer an einen Heißluftballon: »Für einen Heißluftballon war es aber viel zu schnell, zumal es in Bodennähe nahezu windstill war.« Außerdem flog der unheimliche schwarze Körper absolut geräuschlos dahin, was den Zeugen doch sehr verwunderte: »Ich bin kein UFO-Fan, obwohl ich solche – für uns unerklärbaren – Erscheinungen nicht ausschließen möchte. Aber ich kann als ehemaliger Drachen-, Heißluftballon- und Flugmodellbauer sowie Radarsoldat das Gesehene nun wirklich nirgends einordnen. Auch um eine Halluzination konnte es sich wohl kaum handeln, sahen meine Tochter und weitere Passanten das Objekt doch ebenfalls!«
Bemerkenswerterweise wurde derselbe Körper einige Monate später, am 7. Dezember, erneut beobachtet, diesmal über Eschweiler (Deutschland). Der dortige Augenzeuge, von Beruf Rektor, saß gerade am Frühstückstisch, als er das seltsame Gerät am Himmel erblickte: »Das Ding sah aus wie eine ›Spinne mit hängenden Füßen‹ und flog schräg dahin. Es kam näher und war mindestens so groß

wie ein ausgewachsener Elefant.« Nachdem er das Fernglas geholt hatte, um etwaige Details auf der Objektoberfläche erkennen zu können, zog das Objekt plötzlich senkrecht in die Höhe und entschwand aus dem Blickfeld des Zeugen. Genau wie in Zürich wurde es dabei als großer, grauer Körper wahrgenommen.

- *17. oder 24. November 1989 – Basel (Schweiz): Leuchtende Kugeln im Formationsflug*

Folgenden Augenzeugenbericht aus Basel erhielt der Autor 1990: »Beim Hinausgehen auf die Terrasse – es war ungefähr Mitternacht – entdeckte ich zufällig acht Kugeln am Himmel (eine hätte ich wohl kaum beachtet). Die Lichter schienen gleichmäßig dahinzuschweben. Der Abstand der einzelnen Kugeln zueinander sowie ihre Höhe blieben die ganze Zeit über konstant, die Geschwindigkeit der Objekte entsprach ungefähr der eines Flugzeugs.
Alle Kugeln verschwanden dann plötzlich hintereinander an der selben Stelle. Zuerst glaubte ich, sie wären hinter einer Wolke verschwunden, aber es war klar und wolkenlos in dieser Nacht. Ich zog alle möglichen Erklärungen in Betracht, aber keine paßte. Flugzeuge waren es sicherlich nicht, ebensowenig Sterne. Bei Ballonen kann ich mir schlecht vorstellen, daß sie nachts und bei Windstille so genau in Formation fliegen, um dann alle exakt an derselben Stelle zu erlöschen und zu verschwinden.«

- *24./25. Februar 1990 – Holziken (Schweiz): UFO landet auf einem Feld*

Der Himmel war bereits dunkel, als der siebzehnjährige Beat Lüscher aus Holziken (in der Nähe von Aarau) kurz nach Mitternacht auf seinem Motorrad nach Hause fuhr. Wie so oft, war er an jenem Abend bei seinem Bruder im zehn Kilometer entfernten Reitnau zu Besuch gewesen. Als er sich spontan zu einer Abkürzung entschloß, wußte er noch nicht, daß er kurze Zeit später ein Erlebnis haben würde, das ihn wohl sein ganzes Leben lang nicht mehr loslassen wird.

Es war still, der Nachthimmel klar, und der Mond warf silberne Schatten auf die Landstraße. Plötzlich entdeckte der Junge auf einem entlegenen Feld rechteckförmige, farbige Lichtemissionen. Beim genaueren Hinsehen erkannte er ein großes scheibenförmiges Objekt, das dort auf drei Beinen aufgesetzt hatte und die Umgebung in ein schummriges Licht tauchte.

Dem Jungen stockte der Atem. Kurzerhand packte er sein Motorrad wieder, stieg auf und raste nach Hause, während das Objekt mit seinen Scheinwerfern weiterhin den Himmel abtastete. In Uerkheim schaute er noch kurz in eine Festhalle hinein, wo er einige Kollegen erspähte, denen er seine Beobachtung mitteilen wollte. Doch die machten sich nur lustig über ihn und wandten sich lachend ab.

Der UFO-Forscher Adolf Schneider untersuchte in der Folge den mutmaßlichen Landeplatz und stieß im morastigen Boden tatsächlich noch auf drei, dreieckförmig ausgerichtete Vertiefungen. Gegenüber dem Autor zeigte er sich von der Glaubwürdigkeit des Jungen recht überzeugt: »Der junge Zeuge machte mir gegenüber einen durchaus ehrlichen Eindruck. Er blieb bei der Schilderung der Ereignisse nüchtern und sachlich. Probleme bereitete ihm eigentlich nur, die ungefähre Größe des Objektes abzuschätzen. Er verglich den Durchmesser des UFOs mir gegenüber dann aber schließlich mit der Länge eines Postautos (rund zwölf Meter).«

- *21. März 1990 – Rußland: Nicht identifizierbare Ziele*

Am 21. März verfolgten russische Abfangjäger ein UFO, was den damaligen Chef des sowjetischen Luftverteidigungsstabs, General Igor Maltsev, zu folgender offizieller Erklärung bewegte: »Wir beobachteten effektiv ein scheibenförmiges Objekt mit einem Durchmesser von 100 bis 200 Metern. Es schwebte über dem Boden und schoß mit einer Geschwindigkeit davon, die die eines modernen Abfangjägers um das zwei- bis dreifache übertraf. Derzeitig gibt es keine irdischen Maschinen, die über solche Fähigkeiten verfügen!«
Die von den technischen Geräten erfaßte Geschwindigkeit belief sich – wie sich bei späteren Untersuchungen herausstellen sollte – auf sagenhafte 5000 Kilometer pro Stunde! Ein Pilot, der damals in die Verfolgung involviert war, meinte zum Vorfall denn auch trocken: »Wenn wir diese Daten in unsere Betrachtung miteinbeziehen, können wir alle Theorien über ›unsichtbare‹ amerikanische Flugzeuge ebenso beiseite legen wie die Hypothese, es sei ein atmosphärisches Phänomen gewesen.«

- *23. März 1990 – Montbéliard (Frankreich): Ein fliegendes Dreieck*

»Wir saßen gerade in unserem Auto, als plötzlich ein riesiges fliegendes Dreieck in rund 20 Metern Höhe über uns hinwegzog!«, berichteten Martial und Sylvie Matzner Ende März entgeistert ihren Freunden, die sie nur ungläubig ansahen. Das riesige Dreieck, das in der Nähe von Montbéliard seine Kreise zog, soll nach Angaben des Ehepaars an jedem Eckpunkt eine sehr starke Lichtquelle aufgewiesen haben, ebenso trug es eine solche in seiner Mitte.

• *2. August 1990 – Lützelflüh (Schweiz): Unidentifizierbare Lichterformation*

Folgender Rapport ging dem Autor 1991 zu: »Datum: 2. August 1990 – Ort: Lützelflüh. Ich befand mich mit meinem Sohn im Garten, und wir wollten noch eine Gladiole aufbinden. Da mein Sohn sich sehr für die Fliegerei interessiert, beobachtete er die Sterne und die vorbeifliegenden Verkehrsflugzeuge. Plötzlich schrie er auf: ›Schau mal dort, was kommt denn da zu fliegen?‹ Sofort konnte ich es auch sehen. Ziemlich genau im Osten sahen wir drei gleich stark leuchtende Lichter, die gar nicht sehr hoch schienen und sich in unserer Richtung näherten. Dann schwenkten alle drei miteinander auf die rechte Seite, dann genau koordiniert nach links, wieder nach rechts und nochmals nach links. Auf einen Schlag waren die Lichter verschwunden – wir hörten keinerlei Geräusche.
Es war genau 21.55 Uhr, so habe ich mir die Erscheinung notiert, sagte aber niemandem etwas davon, da ich doch sofort als Spinner angesehen worden wäre. Es hätte geheißen, das sei wohl eine Feuerwerks-Rakete vom 1. August (Schweizerischer Nationalfeiertag, L. B.) gewesen. Das kann aber sicher nicht sein, da die Lichter genau miteinander schwenkten und alle drei genau miteinander verschwanden. Ich bestätige, daß das genau so von mir und meinem Sohn gesehen wurde.«

• *19. Januar 1991 – Ronneburg (Deutschland): Humanoiden-Sichtung in der ehemaligen DDR*

Die Sichtung, die sich am 19. Januar 1991 in der ehemaligen DDR in Ronneburg abgespielt hat, verdient besondere Aufmerksamkeit, gehört sie doch zu den hierzulande recht raren Fällen, wo auch von UFO-Insassen die Rede ist.

Die Zeugin war an diesem Samstag unterwegs auf dem Weg zu einer Gaststätte, wo sie sich mit ihrem Freund verabredet hatte. Es war 21.05 Uhr, und die Frau bog gerade auf die durch das Städtchen verlaufende Hauptstraße ein, als sie plötzlich ein sehr lautes Geräusch hörte. Erschrokken wanderte ihr Blick gen Himmel, wo sie eine relativ hoch fliegende Formation heller Lichter bemerkte. Gedanken schossen ihr durch den Kopf, während sie aufgeregt einige Schritte weiterging und wie aus heiterem Himmel plötzlich von einem heftigen Sturm erfaßt wurde, der sie unsanft an einen Baum wirbelte. Schließlich konnte sie sich verängstigt an einem Laternenmast festklammern. Die Straßenbeleuchtung schien zu flackern. Dann war der Spuk vorbei.

Als sich die verstörte Frau wieder einigermaßen gefaßt hatte, bemerkte sie ein sehr helles Licht, das von einem Flugkörper ausging, der über der Straße schwebte: Eine Scheibe mit einer transparenten Kugel stand da am Himmel. Der Unterteil des UFOs, voll von roten Lichtern, rotierte beständig. Nun neigte sich das Objekt ein wenig, und die Frau konnte in das Innere der transparenten Kugel sehen, wo sie drei menschenähnliche Kreaturen ausmachte. Sie trugen enganliegende silberfarbene Anzüge, Stiefel und einen Helm, bedienten verschiedene technische Apparaturen. Als die Wesen die Frau bemerkten, richteten sie einen langen Stab auf die Zeugin, worauf der Flugkörper augenblicklich verschwand, ähnlich einem Fernsehbild, das abgeschaltet wird.

UFO-Forscher Hans-Werner Peiniger aus Lüdenscheid – er hat sich intensiv mit dem ganzen Vorfall beschäftigt – weist im weiteren auf die seltsame Zeitdiskrepanz hin, die auch von der Zeugin selbst angesprochen wurde. Tatsächlich trat sie um 21.00 Uhr aus ihrem Haus, traf aber erst um 21.30 Uhr in der nur fünf Minuten entfernten Gaststätte ein, obwohl ihr Erlebnis nur wenige Minuten gedauert haben kann. Eine Erklärung für diesen Zeitverlust konnte bisher nicht gefunden werden, es sei der Vollständigkeit halber aber darauf hingewiesen, daß dies nicht der erste Fall ist, bei dem Zeitanomalien im Umfeld eines UFOs auftauchen.

Zurück blieb wieder einmal eine Augenzeugin, die sich sofort bewußt war, daß ihr wohl niemand glauben wird: »Ich habe mich mit mehreren Leuten darüber unterhalten und wurde leider meist nur ausgelacht. Niemand, der das gesehen hat, kann sich vorstellen, wie einem da zumute ist!«

Der Fall blieb denn auch bis heute ungeklärt. Ein Anwohner von Ronneburg stellte gegenüber dem Autor sogar fest, daß zu besagter Zeit in Wohnungen, die bis zu einem Kilometer vom Ort des Geschehens entfernt waren, Stromausfälle registriert worden waren, was ebenso auf eine typische UFO-Sichtung hindeutet, sind elektromagnetische Anomalien doch recht häufig gemeldete UFO-Sekundärphänomene.

Auch Hans-Werner Peiniger bestätigt diese Darstellung: »Die Zeugin erwähnte in ihrem Bericht, daß sich während der Sichtung ein Stromausfall ereignet hätte. Als sie endlich in der Lage war, ihr Erlebnis anderen Menschen mitzuteilen, sagte einer der Zuhörer, daß er an dem Tag, an dem sich das Ereignis zugetragen hatte, seinen Videorecorder neu programmieren mußte, weil der Strom ausgefallen war. Als ich mit der Zeugin an den Ort des Geschehens gehen wollte, trafen wir an einer Bushaltestelle zufälligerweise die Ehefrau des Zuhörers, die diesen Stromausfall beziehungsweise das Neuprogrammieren des Videorecorders spontan bestätigte.«

• *2. Juli 1991 – Kandern (Deutschland): Orange Kugel gefilmt*

Rolf Herbster aus Kandern glaubte seinen Augen nicht zu trauen, als er am Abend des 2. Juli gegen 22.07 Uhr seine neu gekaufte Videokamera ausprobieren wollte. Zusammen mit seiner Familie erblickte er vom Garten seines Hauses aus ein seltsames, orange leuchtendes Flugobjekt, das sich in seine Richtung bewegte. Blitzartig ergriff er den Camcorder und filmte es. Seine Frau, die es mit bloßem Auge beobachten konnte, beschrieb es als »orange Kugel«, die plötzlich in die Höhe schoß. Gegenüber dem Autor ergänzte Rolf Herbster ihre Aussage: »Als ich die Kugel filmte, schnellte sie plötzlich in die Höhe und verlor ihr Leuchten. Das Objekt erschien nun als schwarzes Dreieck, das dann auf einmal hinter den Bergen verschwand. Der Flugkörper flog aufrecht, das heißt mit der Spitze nach oben.«
Einige Tage später kehrte das Objekt erneut zurück: »Es war am 11. oder 18. Juli, auf alle Fälle an einem Donnerstag. Da kam das Objekt wieder aus derselben Richtung angeflogen, diesmal bereits jetzt schon in schwarzer Dreiecksgestalt.« Interessant an diesem Vorfall ist vor allem die Tatsache, daß genau dasselbe Schauspiel (in umgekehrter Reihenfolge) viele Jahre zuvor schon einmal in der Schweiz beobachtet werden konnte. Die damaligen Ereignisse sind in einem persönlichen Rapport zusammengefaßt, der nur dem Autor vorliegt, den deutschen Zeugen also gar nicht bekannt sein konnte. Da der Bericht sehr detailliert auf die damaligen Ereignisse eingeht, finden Sie ihn in der Folge größtenteils ungekürzt wiedergegeben:
»23. Oktober 1973, 21.25 Uhr bis 21.35 Uhr. Wir befanden uns auf der Heimfahrt von unserem Arbeitsort in Schaffhausen und hatten gerade die Thur-Brücke bei

Flaach überquert, als wir rechts über uns eine sehr schnelle und rhythmisch aufleuchtende Erscheinung bemerkten, welche mit sehr hoher Geschwindigkeit in nordöstlicher Richtung dahinflog. Die Lichtfarbe war hellgrün bis hellviolett und der Blinkrhythmus ungefähr derjenige eines Autoblinkers. Die Flughöhe war unter diesen Umständen schwer zu schätzen und entsprach unserer Ansicht nach ungefähr 500 bis 1000 Metern. Die Form des blinkenden Lichtes glich einem auf der Spitze stehenden gleichseitigen Dreieck. Der Schein war unheimlich und stark, so daß er rund 20 Quadratkilometer ausleuchtete, das heißt er war stärker als ein natürlicher Blitz.
Plötzlich stoppte das Ding sehr brüsk, blinkte noch zweimal auf, dann erlosch der Lichtschein, und das Objekt nahm die Form einer kleinen Kugel von gelblich-roter Farbe an. Die Kugel verharrte für einen Moment ruhig am Himmel. Dann begann das Objekt wieder zu blinken und raste entgegengesetzt – ungefähr in südlicher Richtung – davon. Wir setzten unseren Weg fort und wurden darauf noch einmal aufgeschreckt von einem starken Blinken im Raume Winterthur. Wir hielten erneut an und sahen dann, wie das Ding am südlichen Horizont endgültig verschwand.
Im Moment konnten wir gar nicht mehr weiterfahren, da uns das eben gesehene Phänomen zu sehr beschäftigte. Wir diskutierten unsere Wahrnehmungen, und jeder von uns mußte zugeben, daß wir sicher nicht die einzigen waren, welche dieses Ereignis beobachten konnten. Natürlich sitzen wahrscheinlich die meisten Schweizer zu dieser Zeit vor dem Fernseher oder in der Wirtschaft. Aber es gibt doch auch immer wieder solche, die sich zur besagten Zeit im Freien aufhalten, und einem Teil dieser Leute wird so ein Ding doch auffallen?!

Als ich zu Hause ankam, telephonierte ich einem Beamten, der im Kontrollturm des Flughafens Zürich-Kloten tätig ist. Er sagte mir, man habe weder eine Meldung erhalten noch irgend etwas Auffälliges auf den Radarschirmen entdeckt. Es habe sich wahrscheinlich um ein Schweizer Mirage-Flugzeug gehandelt, das sich zu dieser Zeit wohl gerade im Einsatz befunden habe. Nun, meiner Meinung nach kann kein Jagdflugzeug nach einem so hohen Tempo so plötzlich abstoppen und stehen bleiben, um dann ruckartig mit dieser unheimlichen Geschwindigkeit wegzusausen.

Ich telephonierte mit dem Militärflugplatz in Dübendorf und fragte den diensttuenden Beamten des Kontrollturmes, ob sich militärische Jagdflugzeuge zur fraglichen Zeit im Raum Winterthur-Schaffhausen aufhielten. Der Beamte verneinte dies. Im übrigen werde dieser Luftraum gerade besonders gemieden, da er für den Anflug der Zivilmaschinen von Zürich-Kloten reserviert sei. Ich gab dem Mann, der Verständnis für meine Lage zeigte, meine Telephonnummer. Tatsächlich rief er mich zehn Minuten später zurück und teilte mir mit, daß er soeben von einem Kollegen die Nachricht erhalten habe, wonach im Raum Luzern dieselbe Erscheinung beobachtet worden war.

Soweit also mein Bericht. Meine zwei Kollegen und ich stehen zu obigen Ausführungen. Wir sind alle drei normal veranlagt, und was wir gesehen haben, werden wir unser Leben lang nie vergessen. Wir sind alle davon überzeugt, daß diese Erscheinung nicht irdischen Ursprungs war ...!«

Wie schrieb doch J. Allen Hynek einmal: »Wir sollten nicht alles unkritisch hinnehmen, was ein UFO-Zeuge von sich gibt. Aber alles abzutun, vor allem dann, wenn mehrere Zeugen beteiligt sind, ist unverantwortlich und unwissenschaftlich zugleich.«

• *1./2. April 1992 – San José (Costa Rica): UFOs verursachen Stromausfälle*

Anfang April war das UFO-Fieber auch in Costa Rica ausgebrochen. Die örtlichen Behörden wurden mit Telephonanrufen beunruhigter Bürger nur so überhäuft. Zu den Zeugen gehörten unter anderem die Polizeibeamten Roberto Guevara und Oscar Meono, die zuvor wohl beide als ausgesprochene Skeptiker bezeichnet werden konnten. Berichte über fliegende Untertassen konnten ihnen kaum mehr als ein spöttisches Lächeln entlocken. Das änderte sich durch ihre eigene Sichtung in der Nacht vom 1. auf den 2. April schlagartig.
Zu den Ereignissen: Auf dem abendlichen Patrouillengang Guevaras in San José fiel plötzlich das elektrische Licht aus, die Scheinwerfer seines Autos erloschen ebenso, und der Automotor gab keinen Ton mehr von sich. Eine seltsame Mischung aus Angst und Neugier überkam den Beamten, wie er später gegenüber Journalisten erklärte: »Als das Licht plötzlich ausging, war das ja noch nicht allzu ungewöhnlich. Als dann plötzlich aber auch die Autolichter erstarben und mein Funkgerät keinen Ton mehr von sich gab, wurde ich doch unruhig ...«
Plötzlich bemerkte Guevara verschiedenfarbige Lichter am Himmel, die ihn entfernt an Scheinwerferlichter eines Stadions erinnerten. Das Licht war so grell, daß sich der Beamte die Hand vors Gesicht halten mußte. Beim gelegentlichen Hinblicken nahm er eine metallische Struktur wahr, von der die Lichtemissionen auszugehen schienen. Guevara rannte in Panik zum nächsten Telephon.
Der alarmierte Oscar Meono, Chef der Radarpatrouille, meinte noch zu seinem Chauffeur, daß der Offizier wohl verrückt sein müsse, von UFOs zu sprechen. Aber auch er

kam aus dem Staunen nicht mehr heraus, als er Guevara erreichte: »Wir sahen ein intensives, weißes Licht, wie ein großer Scheinwerfer. Allmählich konnten wir ein rundes, an den Seiten abgeplattetes Flugobjekt sehen, das in etwa 15 Metern Höhe über dem Erdboden schwebte. Plötzlich hörten wir ein explosionsartiges Geräusch, und in der Nähe des Flughafens erhellte sich der Himmel für kurze Zeit.« Die Beamten des Flughafens bemerkten das Objekt nicht, wohl aber die Explosion. Die Lichter am Himmel begannen sich in der Folge Richtung Flughafen zu bewegen. Meono konnte sich dabei explizit erinnern, daß auch das Autoradio tot war: »Plötzlich aber war der ganze Strom wieder da, der Motor begann wieder zu funktionieren, und auch die Funkgeräte arbeiteten seltsamerweise wieder.« Zwischen 15 und 20 Polizisten hatten die Ereignisse insgesamt beobachtet, desgleichen auch einige Taxifahrer, die um Mitternacht noch unterwegs gewesen waren. Auch die Stromausfälle traten in den verschiedensten Quartieren von San José auf, ja selbst aus dem Präsidentenpalast gingen besorgte Telephonanrufe ein.

Eine offizielle Erklärung hatten die Verantwortlichen natürlich bald parat: Eine defekte Leitung sei der Übeltäter gewesen und habe den Stromausfall von 24.00 Uhr bis 02.00 Uhr morgens verursacht. Die beobachteten Lichter wiederum seien nichts weiter als »durch die herrschende Feuchtigkeit ausgelöste atmosphärische Illusionen« gewesen. Kein Wort darüber, daß auch Automotoren oder Funkgeräte ausgesetzt hatten. Und so erinnert uns das Ganze – um es mit den Worten der Journalistin Christine Steiger auszudrücken – »irgendwie an die alte Geschichte aus dem 18. Jahrhundert, als die Existenz von Meteoriten als purer Aberglaube abgetan wurde. Bis sie den Skeptikern eines Tages auf den Kopf fielen!«

- *17. Mai 1992 – Georgsmarienhütte (Deutschland): Ein seltsames Blitzphänomen*

Auch Georg R. hatte ein seltsames Erlebnis. Zusammen mit einem Freund räumte er frühmorgens technisches Equipment einer Party zusammen. Was dann geschah, schilderte er dem Autor 1992 persönlich: »Um 03.30 Uhr bemerkten wir eine sehr große, rot-orangefarbene Wolke am Himmel. Die Größe läßt sich in etwa mit einem Zwei-Familien-Haus vergleichen, das man aus 20 Metern Entfernung sieht. Wenige Minuten, nachdem wir diese seltsame Wolke gesichtet hatten, kamen ungefähr acht bis zehn Lichtblitze in völlig unrhythmischen Abständen direkt aus der Wolke heraus. Die Bündelung des Lichtkegels war so stark, daß es den Anschein hatte, als hänge da oben in der Wolke ein riesiger Scheinwerfer. Die Farbe des Lichtes war ein sehr helles Weiß. Jeder ›Blitz‹ war ungefähr eine halbe Sekunde lang sichtbar und erhellte den gesamten nördlichen Himmel. Der Ursprung des Lichtes war immer derselbe Punkt in der Wolke, aber die Richtung variierte jedesmal. Das ganze dauerte ungefähr 40 bis 60 Sekunden.« Zehn Minuten später wiederholte sich das Schauspiel erneut. Kurz darauf begann sich die Wolke langsam aufzulösen, um nach rund einer Stunde endgültig zu verschwinden. Herr R. sieht auch heute noch keine vernünftige Ursache, die sein Erlebnis erklären könnte. »Ich möchte hier noch einmal erklären, daß alle Angaben, die ich zu dieser Sichtung gemacht habe, auf der vollen Wahrheit beruhen«, vermerkt er trocken am Ende seines ausführlichen Rapports. (Die Fabulierfreude einiger UFO-Skeptiker aus Mannheim kannte dafür keine Grenzen. Die fachsimpelten nämlich frischfröhlich über Flugzeuglichter, die sich angeblich in der Wolke brachen ...)

5 Mehrdimensionale Erklärungsmodelle

Unsere Schulwissenschaft ist mit den Berichten, die uns die Beobachter liefern, hoffnungslos überfordert. Und je länger die verstörten Zeugen nach vernünftigen Erklärungen fragen, desto schwerhöriger wird unser altehrwürdiges Weltbild. Denn Flugmanöver und Verhaltensweise der UFOs belegen eindeutig, daß wir hier mit einer Technologie konfrontiert werden, die wir wohl noch gar nicht verstehen können.

Tatsächlich schwirren die Objekte geradezu mit der Ziellosigkeit von Fliegen umher, wie der englische Untersucher Hilary Evans einmal treffend festhielt, als er sich Gedanken über das scheinbar so irrationale UFO-Verhalten machte: »Nehmen wir als weiteres Beispiel die Sache mit den Lichtern. Wenn eines unserer Flugzeuge die Beleuchtung einschaltet, dann hat das einen Sinn. Aber wie man sehen konnte, verfahren UFOs mit ihren Lichtern auf ganz andere Art, lassen sie der Reihe nach aufleuchten, ändern ihre Farben, pulsieren, blinken und rotieren ...«

Es scheint uns jedenfalls sehr wesentlich zu sein, sämtliche UFO-Merkmale herauszuschälen und einzustufen, wie dies der bekannte amerikanische Astrophysiker und Nestor der UFO-Forschung, Professor Allen Hynek, immer wieder forderte. Denn nur unter deren Berücksichtigung können wir versuchen, mehr über die Herkunft und die Ziele der geheimnisvollen Objekte in Erfahrung zu bringen.

Hynek war ursprünglich wissenschaftlicher Berater der Air-Force für die Untersuchung des UFO-Phänomens, die vor allem in den sechziger Jahren im Rahmen des »Project Bluebook« derartigen Berichten nachging. Lange Zeit skeptischer Beobachter, legte er die auf seinem Schreibtisch eingehenden Zeugenberichte meist als irgendwelche Täuschungen beiseite, wenngleich er auch immer wieder versuchte, eine möglichst einleuchtende Erklärungsmöglichkeit für die Vorfälle zu finden. Doch dann geschah etwas Seltsames: »Die Verwandlung vom Skeptiker zum – nein, nicht Gläubigen, weil das gewisse ›theologische‹ Beiklänge hat –, zu einem Wissenschaftler also, der das Gefühl hatte, einem interessanten Phänomen auf der Spur zu sein, ging stufenweise vor sich, aber Ende der sechziger Jahre war sie abgeschlossen«, meinte Hynek 1977 rückblickend. »Heute würde ich keinen zusätzlichen Augenblick für das Thema UFO aufwenden, wenn ich nicht ernsthaft der Meinung wäre, daß das UFO-Phänomen real ist, und daß Anstrengungen, es zu untersuchen und zu verstehen und es schließlich einmal zu lösen, eine tiefgreifende Wirkung haben könnten.«

Bis zu seinem Tod im Jahre 1986 galt der unkonventionell denkende Astrophysiker als führende Gestalt innerhalb der wissenschaftlich arbeitenden Richtung im Rahmen der weltweiten Bemühungen zur Lösung des UFO-Phänomens, und er legte mit seinen Arbeiten wichtige Bausteine zu einem Erklärungsansatz vorwissenschaftlichen Stadiums.

Hynek sah in derartigen Bemühungen das mögliche Sprungbrett zu einer Umwälzung in der Anschauung des Menschen von sich selbst und seinem Platz im Universum. Immer wieder wies er auf die Parallelen unter den einzelnen Fällen hin, sind sie doch ein wichtiges Element im Hinblick auf die Glaubwürdigkeit der Zeugen und das scheinbar irrationale Verhalten der Objekte an sich. So erhalten wir zum Beispiel kaum je eine Schilderung über fliegende Würfel, die sich pfeifend durch die Lüfte bewegen, und wir besitzen ebensowenig Berichte über rosarote Bananen, die elegant am Firmament entlangzischen. Das Formen- und Erscheinungsraster ist deutlich begrenzt.

Illobrand von Ludwiger ist Leiter der MUFON-CES (Mutual UFO Network – Central European Section), einer Wissenschaftlergruppe, die sich auf privat-idealistischer Basis seit vielen Jahren sehr intensiv und ganz im Sinne Hyneks mit den diversen Aspekten der UFO-Sichtungen auseinandersetzt. Ihre Erkenntnisse veröffentlichen die Forscher von MUFON-CES alle paar Jahre in dicken Forschungsberichten. Darunter finden interessierte Leser immer wieder bemerkenswerte Zusammenstellungen parallel beobachteter Sekundärphänomene, wie etwa 552 Berichte über Tierreaktionen im Zusammenhang mit einer UFO-Sichtung oder 1319 Berichte über elektromagnetische Effekte, die in Korrelation mit UFO-Erscheinungen auftraten.

Astrophysiker von Ludwiger – er ist hauptberuflich in der Raumfahrtindustrie als Systemanalytiker tätig – ist dem UFO-Phänomen seit Jahrzehnten mit wissenschaftlicher Akribie zu Leibe gerückt und kam dabei zum Schluß, daß es sich um ein Phänomen handelt, das bis heute zumindest als ungeklärt gelten muß.

In ähnlicher Weise wie sein deutscher Kollege bemüht sich auch der UFO-Experte Jacques Vallée seit vielen Jahren um wissenschaftliche UFO-Untersuchungen. Ihm gibt vor allem die unlogisch hohe Anzahl von UFO-Sichtungen zu denken. Vallée wertete verschiedene seiner umfangreichen Sichtungsdossiers statistisch aus, um auf diese Art und Weise mehr Informationen über spezifische UFO-Verhaltensmuster zu erhalten. Aus seinen Rechnereien schließt der französische Wissenschaftler unter anderem, daß nur gerade jedes vierzehnte Objekt beobachtet wird! Dieses

Verhältnis würde sich seiner Meinung nach noch weiter vergrößern, wenn man in Betracht zieht, daß sich viele Sichtungen über Regionen abspielen, die eine niedrige Bevölkerungsdichte aufweisen.

Die französische UFO-Gruppe GABRIEL führte Vallées Gedankengang noch weiter und stellte ein interessantes Gedankenspiel zur Diskussion: Geht man von verschiedenen Voraussetzungen aus, dann – so vermutet sie – wird überhaupt nur gerade eine von 38 400 möglichen Sichtungen öffentlich bekannt! Folgende Faktoren spielen dabei eine zentrale Rolle:

– die Tatsache, daß nur ein Sechzehntel unserer Erde bewohnt ist;
– der Einbezug einer festgelegten Arbeits- und Ruhezeit;
– der Aspekt, daß verschiedene dunkle Objekte in der Nacht wahrscheinlich gar nicht wahrgenommen werden;
– die Tatsache, daß nur ein Drittel aller Länder und Regionen über ein gut funktionierendes Kommunikationsnetz verfügt;
– das Faktum, daß nur gerade eine von zehn Sichtungen auch wirklich gemeldet wird und wiederum nur gerade einer von zehn Berichten Einzug in die Literatur findet.

Solche Gedankenspiele sind – wissenschaftlich gesehen – natürlich stark anfechtbar, um so mehr ja schlußendlich nur gerade ein paar Prozent der Gesamtzahl der eingehenden UFO-Berichte wirklich unidentifizierbar bleiben. Eines aber wird dabei dennoch recht deutlich: Die jetzt bereits schon sehr hohe Anzahl von UFO-Berichten wird dadurch noch um ein Mehrfaches erhöht.

Überlegungen über Intelligenzen, die mit Hunderttausenden ihrer Raumschiffe die Erde ansteuern, scheinen also wenig plausibel. Viel eher handelt es sich bei UFO-Erscheinungen womöglich um weitaus komplexere Manifestationen einer höheren Intelligenz, die wir uns heute nur sehr schwer erklären können. Auch Vallée schreibt: »Wenn UFOs tatsächlich so sind, wie sie von den Zeugen beschrieben werden, dann handelt es sich vermutlich nicht um simple Raumschiffe. Jedenfalls scheinen sie eine Verletzung des immerwährenden Wechselspiels zwischen Raum und Zeit darzustellen, das heißt dessen, was wir über die physische Realität zu wissen glauben.«

Eine ähnliche Meinung vertritt auch der UFO-Forscher Adolf Schneider, der lange Zeit der MUFON-CES angehörte. Zweifelsohne, so meint er, zeigt das Spektrum der UFO-Phänomene, die statistisch als gesichert gelten können, viele Merkmale, die sich derzeit noch nicht schlüssig deuten lassen. Manche Überlegungen und empirische Beobachtungen weisen seiner Meinung nach am ehesten darauf hin, daß wir es möglicherweise mit Grenzbereichen zu tun haben, die ebenso wie in der PSI-Forschung mehrdimensionale Erklärungsmodelle benötigen.
Schneider gibt dabei zu bedenken, daß auch in der modernen Physik der Quanten-Geometrodynamik Weltbilder, die als Wirklichkeit nur die sichtbaren und meßbaren Strukturen begreifen, längst überholt sind. So weist zum Beispiel die einheitliche Quantenfeldtheorie des deutschen Physikers Burkhard Heim, der in Fachkreisen wachsende Aufmerksamkeit genießt, nicht nur Erklärungen für alle physikalisch beobachtbaren Phänomene auf, sondern enthält auch Hinweise zur Deutung von Lebensprozessen und paranormalen Vorgängen.
Auch Illobrand von Ludwiger sieht in der sechsdimensionalen einheitlichen Quanten-Geometrodynamik, die Heim entwickelte, die von Wissenschaftlern schon lange gesuchte »Weltformel«. Ein auf dieser in dreißigjähriger For-

schungsarbeit entstandenen Theorie aufbauendes Projektormodell, das von Ludwiger zusammen mit einigen Wissenschaftlern der MUFON-CES entwickelt hat, zeigt erfolgversprechende Ansätze zur Interpretation der UFO-Phänomene, lassen sich dadurch doch die meisten der physikalisch unerklärlichen Eigenschaften dieser Objekte erklären. Ludwiger dazu: »UFOs können keine Raumfahrzeuge im technischen Sinn sein, da sie zum Beispiel die Gestalt wechseln, sich verdoppeln oder miteinander verschmelzen, durchsichtig werden und wie aus dem Nichts auftauchen und wieder verschwinden können. Diese Fähigkeiten entsprechen nichtsdestoweniger einer in Zukunft zu erwartenden Technologie, wenn sich aufgrund der Heimschen Theorie physikalische Anwendungen der Gravitationswellen entwickeln lassen sollten.«

Im Gegensatz zu Einstein und der nachfolgenden Generation von Relativitätstheoretikern, denen es bisher nicht gelungen ist, sämtliche physikalischen Kraftfelder und deren Quellen einheitlich als dynamische Eigenschaften rein geometrischer Strukturen zu beschreiben, erfüllt die Heimsche Theorie nach von Ludwiger diese Bedingung, da sie alle Indizien bietet, die Physiker von der Weltformel erwarten. (Bereits Anfang der achtziger Jahre wurde Heims Massenformel im DESY in Hamburg programmiert, und man kam dort zum Schluß, daß die Formel die niedrig angeregten Zustände der Elementarteilchen gut wiedergibt. Der mit dieser Aufgabe betraute Wissenschaftler sprach dabei sogar von einem »sehr bemerkenswerten Ergebnis« und forderte die Theoretiker explizit dazu auf, sich sehr intensiv mit den Heimschen Theorien zu beschäftigen, was leider bis auf den heutigen Tag kaum geschehen ist.)

Im Hinblick auf UFO-Phänomene bieten die Heimschen Überlegungen einen besonders interessanten Aspekt. In

der sechsdimensionalen Welt existiert ein Relativitätsprinzip, in dem Ortsversetzungen ohne Bewegungen durch den Raum möglich sind. »Relativ gesehen ist dies, als wollte man den Raum falten, bis sich zwei Orte berühren«, sagt von Ludwiger. »Der zurückbleibende Beobachter würde denken, daß das Vehikel, das den Raumsprung macht, alle räumlichen Dimensionen verlöre und statt dessen zu einer ›Idee‹ geworden wäre. Der aus dem Ursprungsort verschwundene Körper könnte beliebig weit entfernt wieder in den Raum projiziert werden«, fährt er fort und weist dabei auf ebendiese Erscheinungsmerkmale bei den UFOs hin. Materialisationen und Dematerialisationen scheinen dort eine Selbstverständlichkeit zu sein.
Das momentane Problem liegt jetzt in der offiziellen Aufnahme und Beurteilung der Theorie durch die Wissenschaft. Denn das Verständnis der allgemeinen Relativitätstheorie ist unabdingbare Voraussetzung für das Verständnis von Heims Theorie. Und selbst dann ist sie nicht leicht zu verstehen, sagt Ludwiger, ist es für Außenstehende doch oft recht mühselig, sich in bisher noch nicht gekannte Gedankengänge eines Wissenschaftlers einzuarbeiten, der von seinem ehemaligen Lehrer, einem berühmten Physiker und Professor, einmal als »eines der größten Genies dieses Jahrhunderts« bezeichnet wurde.
Auch der Forschungsleiter am Astrophysikalischen Institut in Paris, Dr. Pierre Guérin, kommt nach jahrelangen Studien zu ähnlichen Schlußfolgerungen wie von Ludwiger: »Ich kann mit Sicherheit bestätigen, daß UFOs Raum und Zeit in einer für uns unbegreiflichen Art manipulieren. Das macht es für sie wahrscheinlich unnötig, die geodätischen Punkte unserer üblichen Raum-Zeit zu durchqueren und erlaubt es ihnen, an einer Stelle des Raumes zu verschwinden, um an einem weit entfernten Ort plötzlich wieder auf-

zutauchen. Es gibt keine andere logische Erklärung, um die immer wieder mehrfach bezeugten Tatsachen erklären zu können!«

Nichtsdestotrotz arbeiten die Wissenschaftler von MUFON-CES mit viel Eifer und Idealismus an der kritischen Erforschung des UFO-Phänomens weiter. »Was vor knapp 20 Jahren mehr als eine interessante Beschäftigung mit Ideen begonnen hatte, hat inzwischen ein Stadium vorwissenschaftlichen Arbeitens erreicht«, meint Illobrand von Ludwiger nicht ohne Stolz. Er ist davon überzeugt, daß die Forschungsberichte seiner Organisation die Grundlage für eine anerkannte und finanzierte Forschung sein könnten. Wann dieser Zeitpunkt eintreten wird, hängt seiner Meinung nach davon ab, wie sich das Phänomen entwickeln wird: »Ohne den Nachdruck einer Katastrophe – beispielsweise beim Tod eines Augenzeugen durch Strahlenschäden – wird die wissenschaftliche UFO-Untersuchung nicht einsetzen. Aber wenn sie beginnt, sollten bereits zuverlässige Voruntersuchungen auch im deutschsprachigen Raum zur Verfügung stehen.«

6 Echos aus dem Nichts

Es gibt zumindest eine Methode, UFOs direkt zu erfassen. Das Zauberwort heißt Radar.
»RADAR« ist eine Abkürzung zur Definition der im Flugverkehr gebräuchlichen Funkmeßtechnik und steht für »Radio Detection and Ranging«, was soviel heißt wie »Erfassung und Entfernungsmessung von Objekten mit Hilfe von Radiowellen«. Ein Sender schickt gebündelte elektromagnetische Wellen einer bestimmten Frequenz aus. Tref-

fen die Wellen dabei auf ein Objekt, werden sie reflektiert und zur Antenne zurückgeschickt, wobei ein Computer dadurch Informationen über Ort, Größe, Entfernung, Höhe und Geschwindigkeit und in speziellen Fällen auch codierte Informationen des Objektes selbst erhält und diese auswertet.

Werden in einer bestimmten Region UFOs beobachtet, wird häufig die Frage laut, warum diese Objekte denn nicht auf den lokalen Radarschirmen erschienen seien. In einigen Fällen sind sie es auch tatsächlich, wenngleich in vergleichsweise geringer Anzahl. Der Grund dürfte darin liegen, daß moderne Radaranlagen heutzutage nur mehr sogenannte »aktive« Radar-Impulse verwerten können, das heißt elektronisch kodierte Informationen, welche in jedem Fall von einem sogenannten »Transponder« (Sekundärradar-Antwortgerät) an Bord eines Luftfahrzeugs erzeugt werden müssen, um anschließend von den Anlagen am Boden empfangen zu werden.

Primärreflexionen, die passiven Echos der Radarimpulse also, sind auf unseren Datenträgern prinzipiell nicht mehr sichtbar, weil deren Signale normalerweise per EDV nicht auswertbar sind und auch nicht die für die Flugsicherung benötigten Informationen (Kennzeichen, Flugnummer, Flughöhe, Tendenz der Flugrichtung) beinhalten. Nicht identifizierbare Flugobjekte – sofern sie überhaupt aus reflexionsfähigen Materialien bestehen – bilden sich aber gerade in Form solcher passiver Primärechos ab. Im Gegensatz zu den Sekundärimpulsen, die durch einen Kreis und ihre Daten auf dem Schirm abgebildet werden, erscheinen Primärimpulse vorwiegend als rechteckige Symbole ohne Datenangabe.

Gründe für die zeitweilige Existenz von Primärzeichen gibt es einige: Vogelschwärme, Tornados und so weiter könnten für kurze Zeit auf den Radarschirmen auftauchen. Fluglotsen wenden diesen Signalen deshalb lediglich begrenzte Aufmerksamkeit zu. Nur bei ganz eindeutig über längere Zeit hinweg erkannten Primärzielen wird der Luftverkehr über die Ziele unterrichtet. Primärziele, die sich mit sehr langsamer Geschwindigkeit fortbewegen, werden im allgemeinen vom Computer unterdrückt, ebenso natürlich auch alle potentiellen stationären Primärimpulse wie Berge oder andere Erhebungen.

Das hauptsächliche Problem bei den UFOs ist also die Tatsache, daß die heutigen Meß- und Registriermethoden gar nicht für die Erfassung solcher Erscheinungen konzipiert sind. Radarfilter scheiden Echos mit »unkonventionellen« Flugmustern automatisch aus, werden dann doch einmal seltsame Echos registriert, besteht immer noch die Möglichkeit, daß es sich »nur« um irgendwelche Temperaturinversionen in der Atmosphäre handelt, und auch Photos und Videofilme sind zwar wertvolle Hilfsmittel, können die UFO-Existenz letztendlich aber auch nicht endgültig beweisen. Die überzeugendsten Indizien sind schlußendlich immer noch die Zeugenaussagen selbst, um so mehr als in die guten Fälle ja meist mehrere Beobachter involviert sind, die einander gar nicht kennen. Auch hier aber lamentieren Kritiker gerne einmal von »übermüdeten Augen«, »Halluzinationen« und »fehlgedeuteten Lichtreflexen«. Also wird es für die wissenschaftliche UFO-Forschung immer dann besonders interessant, wenn sowohl visuelle als auch physikalische Registrierungen unidentifizierbarer Flugkörper zur selben Zeit in kombinierter Form vorliegen. Die herkömmlichen Erklärungsmöglichkeiten schließen sich dann jeweils gegenseitig aus: Halluzinationen erscheinen eben nicht auf den Radarschirmen, und

Temperaturinversionen sieht wiederum der Beobachter am Boden nicht.

Ein derartiger Fall ereignete sich am 2. März 1991 in der Nähe des Flughafen Pulkowo bei Sankt Petersburg. Eigentlich war es ein Tag wie jeder andere auch. Als aber plötzlich und unerwartet ein unbekanntes Flugobjekt auftauchte, das sowohl visuell als auch auf den Radargeräten beobachtet werden konnte, wurden die Beamten im Tower nervös. Um so mehr, als das Objekt höchst seltsame Flugmanöver durchführte. Glücklicherweise wurden die Radarbilder vom Computer aufgezeichnet, und so liegt uns dieser Vorfall heute auf Video vor. Ein russischer Reporter besprach den Film damals mit einem Radarfachmann, der in den Vorfall verwickelt war, und ließ ihn sich am 17. März 1991 extra noch einmal über die Aufzeichnungsgeräte vorspielen. In einer russischen Zeitschrift berichtete er über seine damaligen Eindrücke.

Sergei, der Radartechniker bereitete gerade den Bildschirm vor, als der Journalist ankam. Auf dem Schirm begann der Computer das Bild in leuchtende, grüne Symbole zu zerlegen, zeichnete Flugkorridore und verbotene Luftzonen auf. Kleine Kreise und Kreuze verteilten sich allmählich über den Schirm.

»Siehst Du, so sehen die Zeichen von Flugzeugen oder anderen Flugobjekten aus«, erläuterte Sergei dem Journalisten die Situation. »Falls das Ziel ein Flugzeug ist, dann erhalten wir von ihm ein spezielles Signal. Dann erscheint neben diesem Zeichen ein kleines Kreuz. Auf Anfrage des Operateurs erhalten wir dann Bordnummer und Flugparameter des Objektes angezeigt.« Die Signale verteilten sich weiter über den Bildschirm. Sergei fuhr unbeirrt fort: »Es werden uns also alle Daten wie Azimut, Entfernung oder Geschwindigkeit vom Radar geliefert.«

Der Radarspezialist legte nun das Band mit der Aufzeichnung vom 2. März ein. Während es vom Computer eingelesen wird, beginnt Sergei den Vorfall in allen Einzelheiten zu schildern: »Zuerst sahen wir ›es‹ im Westen. Es sah aus wie ein heller gelber Stern. Wir versuchten mit dem Fernglas, Details auf seiner Oberfläche zu erkennen, es war aber zu weit entfernt. Jedenfalls schien das UFO hin- und herzuschaukeln ...«
Der Reporter fällt ihm ins Wort: »Ja, war das denn nicht einfach die Venus?«
»Ausgeschlossen!« winkt Sergei entschlossen ab. »Unsere Techniker sind allesamt erfahrene Leute. Zudem erschien es um 19.27 Uhr plötzlich auch auf den Radars in derselben Entfernung.«
»Hat es denn früher schon einmal etwas Ähnliches gegeben?«
»Visuell haben wir schon etwas gesehen. Aber Radarbestätigung gab es keine«, sagt Sergei. Währenddessen erscheint auf dem Bildschirm die Situation vom 2. März. Es war das gleiche Bild, das der Reporter schon vorher gesehen hatte: Flugkorridore, verbotene Zonen, Kreuzchen und Kreise.
»Siehst Du diesen passiven Punkt? Das ist es. Es könnte alles mögliche sein. Nur wurde ein solches Objekt noch nie so lange an ein und derselben Stelle beobachtet. Siehst Du, wie lange es bleibt?«
Das Objekt beginnt sich auf dem Bildschirm leicht hin- und herzubewegen, einige Millimeter nach rechts, einige Millimeter nach links, dann nach oben und wieder nach unten. Hin und wieder verschwindet es auch für einige Sekunden.
Der Journalist zögert: »Vielleicht ein Militärhubschrauber?«
»Mit Sicherheit nicht!« winkt Sergei erneut ab. »Über sol-

che Flüge werden wir stets unterrichtet. Auch Anfragen bei der Flugleitung fielen negativ aus. Die hatten keine Erklärung.« Das geheimnisvolle Zeichen blieb fast eine volle Stunde lang am selben Ort, verschwand und erschien wieder.
»Schau«, meinte Sergei, »jetzt wird es interessant. Bei den Fluglotsen macht sich langsam Panik bemerkbar. Es war jetzt 20.27 Uhr, und der Operateur erkundigt sich nach den Charakteristika des Objektes.«
Auf dem Bildschirm erscheinen plötzlich Zahlen neben dem Objekt. Azimut: 273 Grad, Entfernung: 63 Kilometer. Ebenso plötzlich taucht ein Vektor auf. Das Seltsame dabei aber war, das die Länge des Vektors und seine Richtung ständig wechselten, ähnlich einem Sekundenzeiger auf einer Uhr, der jeweils 15 Sekunden überspringt. Die Entfernung wechselte von 63 auf 68, 69 und 71 Kilometer, das Zeichen aber blieb stets an der selben Stelle, als ob es stillstehen würde.
Der Journalist war ziemlich verwirrt: »Wie ist das möglich?«
Sergei zuckte mit den Schultern. »Schau, sogar der Azimut verändert seine Lage alle fünf Sekunden um einige Grade, aber das Zeichen zeigt keine Bewegung. Die einzige Erklärung ist die, daß das Objekt offenbar sehr starke Schaukelbewegungen in verschiedene Richtungen ausführte. Anders ist dies nicht erklärbar.«
Der verrückte Tanz der Parameter dauerte einige weitere Minuten an, dann wurde die Stimme des Radartechnikers plötzlich aufgeregt: »Schau her, jetzt kommt das Bemerkenswerteste!« Gleichzeitig begann sich das Zeichen ganz plötzlich mit einer Geschwindigkeit zu entfernen, die die Werte der Flugzeugzeichen um ein Vielfaches übertraf. Dem Reporter gelang es nur mit Mühe, all die aufblinken-

den Parameter zu erfassen. Azimut: 273, Entfernung: 88 Kilometer, Geschwindigkeit ...

»Schau Dir nur mal an, was dies für eine Geschwindigkeit ist«, fuhr es aus Sergei heraus, »3154 Kilometer pro Stunde!«

Plötzlich – es war 20.33 Uhr – verschwanden die Zeichen. Aber ebenso plötzlich tauchte das UFO erneut auf und verharrte wiederum minutenlang an seinem Standort, um dann mit derselben ungeheuren Geschwindigkeit nach Nordosten zu fliegen. Sein Kurs kreuzte sich dabei mit der Richtung eines Flugzeuges. Kurz davor war es aber plötzlich verschwunden, um darauf noch einmal an einer anderen Stelle zu erscheinen. Nun entschwand es erneut, diesmal endgültig.

Dem Reporter schwirrten unzählige Gedanken durch den Kopf, er spürte das hektische Pulsieren seines Blutes: »Vielleicht war es doch etwas Erklärliches? Vielleicht eine atmosphärische Formation?«

»Keine atmosphärische Formation«, sagte Sergei und schüttelte entschieden den Kopf. »Selbst der Konstrukteur des Radarsystems wurde in die Untersuchungen einbezogen, doch er stellte keinerlei Fehlfunktionen fest.«

Aufgeregt verließ der Journalist den Flughafen an jenem 17. März wieder, unter dem Arm trug er die Videoaufzeichnung nach Hause. Kurze Zeit später klingelte das Telephon. Es war Sergei, der Radartechniker aus dem Turm: »Stell Dir vor, eine Stunde nach Deinem Weggang erschien heute erneut ein unidentifizierbares Zeichen. Und weißt Du wo? Über einem Sperrgebiet, in welchem sämtliche Überflüge verboten sind!« Das Objekt war ungefähr 20 Minuten lang unbeweglich stehengeblieben und hatte sich dann mit einer Geschwindigkeit von 2243 Kilometern pro Stunde nach Süden bewegt.

Der Journalist fuhr erneut zum Flughafen. Wieder wurden ihm die kleinen Kreuze mit den unzähligen Vektoren vorgeführt, wieder die wechselnde Entfernung. Kurz vor dem Verschwinden erscheint neben dem Zeichen eine Linie aus Punkten. »Was ist das, Sergei?«

»Im allgemeinen müßte jetzt hier eigentlich die Bordnummer des Objektes erscheinen«, gab der kopfschüttelnd zur Antwort.

Was sich damals im Luftraum von Sankt Petersburg abspielte, bleibt bis heute ein Rätsel. Denn der Film existiert – er liegt dem Autor in einer Videokopie vor – und beweist, daß sich ein UFO ungewöhnlich lange über dem örtlichen Gebiet aufgehalten hatte, frischfröhlich Sperrgebiete überflog und sich mit Geschwindigkeiten bewegte, die sich unseren Erklärungsmöglichkeiten eindeutig entziehen. Die Tatsache, daß durch die Filmaufnahmen auch die Live-Gespräche der Radartechniker und Piloten untereinander festgehalten werden konnten, ist da nur noch Zugabe.

Übrigens: Die Techniker dort im Tower sind Leute wie Sie und ich. Stellen Sie sich einmal vor, Sie seien Radartechniker und wären am fraglichen Abend selbst Zeuge dieses Phänomens geworden. Nun, kein Mensch wird Ihnen im nachhinein glauben. Man wird Ihnen höflich unterschieben, zuvor wohl ein wenig zu tief ins Glas geschaut zu haben. Voilà.

Ganz ähnliche Phänomene hatten Radartechniker zwei Jahre zuvor in der Türkei beobachtet:

3. Februar 1989. Es ist Abend, als über dem türkischen Flughafen bei Esenboga plötzlich drei sehr hell leuchtende Flugobjekte am Himmel auftauchen, die den gewohnten Ablauf der Ereignisse im Tower gründlich durcheinander bringen werden.

19.00 Uhr: Auf den Radarbildschirmen werden auf einmal seltsame Echos angezeigt, die sich nicht erklären lassen. Die Fluglotsen beginnen in der Folge systematisch den Himmel mit Ferngläsern abzusuchen, mußten sich die Objekte doch in unmittelbarer Nähe befinden. Inzwischen meldet man den Vorfall auch dem Verkehrsminister. Ebenso wird Ministerpräsident Turgut Özal informiert, der gerade eine Ministerratssitzung eröffnet hatte. Die Benachrichtigung des Verteidigungsministeriums folgt kurze Zeit später, und die Politiker werden ständig auf dem laufenden gehalten, was sich am Himmel in der Nähe von Ankara abspielt.
19.20 Uhr: Die drei Objekte schweben immer noch unbeweglich am Nachthimmel, als eines der Objekte plötzlich aus der Formation ausschert und in Richtung Landepiste auf 1000 Meter Höhe absinkt, wodurch es zwei landende Flugzeuge bei ihren Flugmanövern in beträchtliche Verwirrung bringt. Unter den Towerangestellten bricht für kurze Zeit starke Unruhe aus. Ebenso plötzlich aber steigt das UFO wieder auf und nimmt wieder seinen Platz in der Dreierformation ein.
Um 19.30 Uhr melden die aufgeregten Beamten dem Verkehrsminister Professor Ekrem Pakdemirli, daß die drei UFOs, die über Esenboga ständen, jetzt sowohl von Radars als auch visuell beobachtet werden könnten. Mustafa Özatamer, der Verteidigungsminister, wird nach Esenboga beordert, um dort selbst die Dinge in die Hand zu nehmen. Hochrangige türkische Militärs erhalten den Oberbefehl über den Militärflughafen in Mürted.
Kurze Zeit später ist Özatamer am Flughafen angekommen und informiert sich dort über die Lage. Er befiehlt kurzfristig den Einsatz von Polizeihubschraubern, der aber nicht stattfinden kann, da diese nicht mit Nachtsichtgerä-

ten ausgerüstet sind. Statt dessen starten F-16-Kampfflugzeuge, die die unbekannten Flugobjekte abfangen sollen. Kurz vor deren Ankunft aber sind die drei UFOs plötzlich verschwunden. Die Jäger drehen erfolglos ab.
Kurze Zeit später: Der türkische Generalstab startet erneut Kampfflugzeuge von einem nahe gelegenen Militärstützpunkt aus, diesmal drei Jäger vom Typ F-104. Fünf Meilen vor der Zusammenkunft entschwinden die UFOs wieder mit ungeheurer Beschleunigung. Die Radartechniker verlieren dabei alle Kontakte. Als auch die F-104-Kampfflugzeuge unverrichteter Dinge abziehen, tauchen die seltsamen Besucher um 21.30 Uhr erneut auf. Augenzeugen zählen diesmal bis zu acht Objekte.
22.03 Uhr: Mittlerweile sind noch zwei Flugobjekte dazugestoßen. Nach Angaben des Towerpersonals ziehen neun der zehn Objekte enge Kreise um das zehnte Objekt, das sich stationär in deren Mitte aufhält. Der Ministerrat, der immer noch debattiert, wird weiterhin ständig über die aktuellen Geschehnisse informiert, mit ihm auch der Generalstab und das Verteidigungsministerium. Schließlich entfernen sich die geheimnisvollen Besucher und verschwinden am nächtlichen Himmel.
Die türkischen Radarexperten schlossen im nachhinein sämtliche Verwechslungsmöglichkeiten mit bekannten Erscheinungen aus: Weder elektrische Erscheinungen in der Atmosphäre noch Meteoriten oder andere Lichtreflexionen könnten für die Geschehnisse verantwortlich gemacht werden. Die Objekte wurden deshalb als »unidentifizierbar« kategorisiert und verbleiben als solche bis heute.

Interessanterweise werden immer wieder starke Magnetfelder registriert, die UFOs umgeben. Davon zeugen unzählige Berichte, wonach UFOs Automotoren zum Stillstand brachten (die später plötzlich wieder zu funktionieren begannen), Kompaßnadeln kreisen ließen oder Fernsehgeräte und Straßenbeleuchtungen störten. Für den Wissenschaftler sind diese elektromagnetischen Sekundäreffekte sehr interessant, kann man durch ihre Untersuchung doch eine ganze Reihe von Erkenntnissen über die Natur der beobachteten Flugkörper gewinnen. So sind zum Beispiel starke Magnetfelder zwar nicht in der Lage, Automotoren zum Stillstand zu bringen, hochfrequente Magnetfelder könnten dagegen die Motorhaube, die als Faradayscher Käfig wirkt, tatsächlich durchdringen und die Stromkreise durchbrechen. Der Engländer Alan Watts versuchte als einer der ersten durch ein Experiment abzuschätzen, wie stark das Magnetfeld eines UFOs sein müßte, um einen Motor zu beeinflussen. Er kam zum Schluß, daß ein Kraftfeld in sieben Metern Höhe zur Verminderung der Drehzahl eines Motors unglaubliche 1 800 000 Örsted produzieren müßte! Amerikanische Versuche sprachen gar von einem Feld der Stärke 2 000 000 Örsted.

Uns liegen auch diverse Fallschilderungen vor, wo UFOs ganze Städte in Dunkelheit hüllten, so zum Beispiel am 15. November 1980 in der Schweiz, wo eine bläuliche Scheibe über Delémont die gesamte Stromversorgung für volle zwei Stunden lahmlegte. Kritiker lamentierten selbstverständlich sofort, der Vorfall habe nicht das geringste mit UFOs zu tun gehabt. Folgende Tatsachen konnten sie aber nicht bestreiten:

- An besagtem Tag brach kurz nach Mitternacht für zwei Stunden die gesamte Stromversorgung zusammen.
- Zur selben Zeit sahen Zeugen eine blaue Scheibe, die über der Stadt schwebte.
- Die Ursache des Stromausfalles (sämtliche Hauptsicherungen waren herausgeschlagen worden) konnte nicht eru-

iert werden. Nach Angaben der Polizei wäre als einzige Möglichkeit ein heftiges Gewitter dafür in Frage gekommen, dies war aber nicht der Fall.
Das Problem derartiger Berichte liegt nach wie vor in ihrer schwachen Akzeptanz durch die Öffentlichkeit, die – verunsichert durch die Fülle reißerischer Boulevard-Artikel und abgeschreckt von unglaubwürdigen Kontaktler-Berichten – alle Meldungen in denselben Topf wirft. Besonders Physiker und UFO-Experte Illobrand von Ludwiger versucht deshalb schon lange, seine Fachkollegen auf seriöse UFO-Untersuchungen aufmerksam zu machen, die zeigen, daß hinter all den Berichten eben doch mehr steckt als journalistische Schaumschlägerei: »Effektiv wurden schon diverse wissenschaftliche Detailuntersuchungen, wie beispielsweise Laboruntersuchungen von Pflanzenmaterial einer vermeintlichen Landestelle oder Untersuchungen über physiologische und psychische Beeinflussung von Augenzeugen in Folge ihrer UFO-Begegnung, durchgeführt. Die Erfolge der Wissenschaft beruhen meist auf derartigen Detail-Untersuchungen, die hauptsächlich im Stillen durchgeführt werden und die für sich genommen unsensationell sind. Trägt man sämtliche Ergebnisse dieser Einzelanalysen aber zusammen, so ergibt sich als Summe eine Darstellung des UFO-Phänomens, die viele im wissenschaftlichen Sinne gesicherte Basisfakten erkennen läßt.«
Von Ludwiger schiebt die Schuld der Nichtanerkennung solcher Studien durch die etablierte Wissenschaft dem eigentlichen Wissenschaftsbetrieb zu, der die Arbeiten seiner Meinung nach prinzipiell nicht wegen der angewandten Methoden, sondern vielmehr wegen der »Seriosität« des Themas von vornherein verwirft. Denn zugänglich sind all die wissenschaftlichen Arbeiten zum UFO-Thema jedermann: »Ergebnisse der von Wissenschaftlern durchgeführ-

ten Untersuchungen wurden beispielsweise in Fachzeitschriften wie dem ›Journal of Scientific Exploration‹ oder dem ›Journal of UFO Studies‹ veröffentlicht«, hält der deutsche Astrophysiker fest. »Sie wurden in der Öffentlichkeit nicht diskutiert, denn wissenschaftliche Forschung wird nicht für die Öffentlichkeit veranstaltet, sondern zunächst für die Fachkollegen, die in der Lage sind, die Fachsprache zu verstehen. Da die Veröffentlichungen in solchen Fachzeitschriften erfolgten, ist der Leser sicher, daß die Aufsätze von Fachexperten beziehungsweise Referenten gegengeprüft worden sind und die Aussagen damit in der gewohnten soliden, kritisch-skeptischen Kompetenz vorliegen.«

UFO-Forscher Adolf Schneider schlug bereits Ende der siebziger Jahre theoretische und experimentelle Untersuchungen vor, die sich »an bereits bekannte Projekte anlehnen, jedoch gewisse Aspekte berücksichtigen, die im Zusammenhang mit UFO-Berichten geschildert werden«. Schneider denkt dabei hauptsächlich an die gezielte Erforschung nicht-thermischer Wirkungen gepulster Mikrowellen (Radarstrahlen), die Untersuchung des Einflusses hochenergetischer, tieffrequenter elektromagnetischer Felder auf Mensch und Tier sowie das Studium physiologischer und psychischer Veränderungen als Folge rhythmischer Licht- und Schallereignisse. Auch experimentelle Untersuchungen über Mechanismen zur Auslösung psychogener Störungen wie Blindheit, Taubheit oder Katalepsie könnten seiner Meinung nach durchaus Rückschlüsse auf gewisse Phänomene im Umfeld der UFOs zulassen. »Eine solche positive Rückkoppelung würde vielleicht zu einer gezielten Förderung empirischer Forschungsarbeiten führen und zugleich Theoretiker anreizen, sich intensiv mit der ganzen UFO-Thematik zu beschäftigen«, meint der Diplom-Ingenieur zuversichtlich.

7 Belgien – Konfrontation mit dem Unfaßbaren

Im November 1991 fand in Belgien eine Pressekonferenz statt, die für großes Aufsehen sorgte. Eingeladen hatten belgische UFO-Forscher und Vertreter der Luftwaffe. »Auf so ein Ereignis hatten wir immer gewartet. Aber als es dann über uns hereinbrach, wurden wir von der Fülle der Berichte beinahe erdrückt«, erklärte Michel Bougard damals der versammelten Presse.

Bougard ist Vorsteher der SOBEPS (Societé Belge des Phénomènes Spatiaux), der größten privaten UFO-Forschungsorganisation Belgiens. Als dort am 29. November 1989 verschiedene UFO-Wahrnehmungen gemeldet wurden, ahnte noch niemand, daß diese Sichtungen nur die ersten Vorläufer einer nicht endenwollenden Reihe von Zeugenberichten sein würden, die den belgischen Untersuchern in der Folge auf den Tisch flattern sollten.

Zum ersten Mal konnte in der Folge eine einsetzende UFO-Welle eindrücklich und sauber dokumentiert werden. Hunderte von Berichten sind zwar noch nicht endgültig ausgewertet, sie liegen aber als sorgfältig festgehaltene Augenzeugenprotokolle vor. Allein zur Sichtung vom 29. November sind bis heute über hundert Schilderungen eingegangen. Riesige fliegende »Dreiecke« hätten am Himmel geschwebt, so berichteten die Zeugen. Dreiecke, die oft erstaunliche Flugmanöver vollführten: Mal standen sie auf dem Kopf, mal zogen sie langsam über Häuser hinweg, um dann wieder mit ungeheuren Geschwindigkeiten wegzubrausen.

Was die belgische Welle so historisch werden läßt, ist vor allem die Tatsache, daß es hier zum ersten Mal während einer UFO-Sichtungswelle zu einer aktiven Zusammenarbeit zwischen Militärs und UFO-Forschern kam. Der belgische Verteidigungsminister höchstpersönlich setzte alle Hebel in Bewegung, damit Pilotenberichte und Radaraufzeichnungen nicht wie üblich in die geheimen Panzerschränke der Militärs wanderten, sondern direkt an die SOBEPS gelangten, wo sie von fachkundigen Experten klassifiziert und ausgewertet wurden.
Die Zusammenarbeit zahlte sich besonders in der Nacht vom 30. zum 31. März 1990 aus, als Radarstationen seltsame Echos bemerkt hatten, die auf ihren Schirmen aufgetaucht waren und die belgische Luftwaffe der SOBEPS in der Folge ein umfangreiches Pressecommuniqué zukommen ließ, in dem die damaligen Ereignisse minutiös festgehalten sind:
30. März 1990, 23.00 Uhr – Die Luftwaffe erhält den Anruf eines aufgeregten Gendarmen, der behauptet, daß sich drei helle Lichter über Ramillies befänden und sich dreieckartig am Himmel angeordnet hätten. Ihre Farben wechseln nach Angaben des Beobachters ständig. Einige Minuten später wird eine Polizeipatrouille losgeschickt, die die Beobachtungen vor Ort verifizieren soll. Währenddessen meldet sich der Augenzeuge erneut, er hat eine zweite dreieckartige Struktur am Himmel entdeckt, die sich langsam auf die erste zubewegt. Ebenfalls zur gleichen Zeit registrieren die Radarstationen erstmals unidentifizierbare Signale eines Körpers, der sich in der Nähe von Beauvechain mit der extrem langsamen Geschwindigkeit von 45 Kilometern pro Stunde durch die Lüfte bewegt.
Um 23.28 Uhr ist die Polizeipatrouille vor Ort angekommen und bestätigt die Beobachtungen: Am Himmel stün-

den drei sehr helle Lichtquellen, die ständig ihre Farben wechselten. Eine Viertelstunde später gesellt sich das zweite, etwas kleinere Dreieck zur ersten Formation und nimmt nach einigen Drehungen und Wendungen eine ähnliche Position wie das erste Objekt ein. Einige Minuten danach registrieren auch die Radarexperten erstmals Echos auf den Bildschirmen, die sich mit den Zeugenaussagen decken.
23.50 Uhr: Die Radarexperten schließen aufgrund präzis durchgeführter Vergleiche untereinander eventuelle Fehlerquellen aus – die beiden Objekte werden übereinstimmend von mehreren Radarstationen gemeldet. Inzwischen ist es Mitternacht geworden, und die Zeugen sprechen von einer leichten Bewegung der beiden Objekte, die ihre Position dabei aber nur unwesentlich verändern. Hin und wieder strahlen sie kurze intensive Lichtsignale aus. Plötzlich erscheinen auch zwei weitere »Lichter«, die mit seltsamen Flugmanövern am Himmel herumkurven. Die Telephondrähte laufen heiß: Nur fünf Minuten später erhalten zwei F-16-Abfangjäger Einsatzbefehle und starten auf ihren Rollbahnen Richtung Ramillies. Radarbeobachter lotsen die Piloten konsequent in Richtung der registrierten Objekte. Dreimal werden die Jäger in der nächsten Stunde den berechneten Zielpunkt erreichen, und jedesmal verschwinden die UFOs unter abenteuerlichen Flugmanövern kurz vor Eintreffen der Jäger.
00.13 Uhr: Die erste gezielte Annäherung. Kurz vor Sichtkontakt wechseln die Objekte ihre Geschwindigkeit von 270 auf 1745 Kilometer pro Stunde, sinken innerhalb kürzester Zeit von 9000 auf 5000 Fuß ab, steigen dann noch einmal auf 11 000 Fuß hoch, um sich schließlich beinahe auf Bodenniveau fallen zu lassen. Der Pilot verliert dabei alle Radarkontakte.
Innerhalb der nächsten Viertelstunde haben auch die Bo-

denstationen die ursprünglichen Echos verloren, registrieren dafür an anderen Orten erneut unidentifizierbare Ziele, die sich aber nicht endgültig verifizieren lassen, da die Signale zu schwach sind. Die Piloten haben ihre Funkkontakte inzwischen koordiniert und bereiten sich auf eine erneute Annäherung vor.
00.30 Uhr: Erneuter Radarkontakt. Die elektronischen Schirme registrieren ein Objekt, das sich mit hoher Geschwindigkeit (1330 Kilometer pro Stunde) fortbewegt. Innerhalb von sechs Sekunden werden die F-16-Piloten von neuem an die Ziele herangeführt, aber kurz vor dem Zusammentreffen sind die Objekte ebenso plötzlich wieder verschwunden.
Auch die Augenzeugen am Boden haben inzwischen den Einsatz der Flugzeuge bemerkt. Als die Jäger gerade zum dritten Mal vorbeifliegen, sehen sie, wie die F-16-Maschinen enge Kreise um die erste Triangelformation drehen. Zur selben Zeit verschwindet das zweite kleinere Dreieck spurlos. Gleichzeitig bewegt sich der hellste Punkt aus der großen Dreieckformation heraus und beginnt dabei stark rötlich zu blinken. Die beiden übrigbleibenden Leuchtpunkte entfernen sich ebenfalls und mit ihnen auch die letzten beiden einzelnen Leuchterscheinungen. Am Himmel befindet sich jetzt nur noch das große rote Licht aus der ersten Formation.
00.32 Uhr: Zwei Radarstationen haben wieder Kontakt mit einem Ziel, das sich in 7000 Fuß Höhe mit sehr großer Geschwindigkeit fortbewegt (rund 1000 Kilometer pro Stunde). Der Radarkontakt geht aber ebenso schnell wieder verloren. Um 01.00 Uhr bewegt sich dann auch das letzte verbliebene Licht plötzlich weg, die Abfangjäger kehren zu ihren Basen zurück.
Nur einige Minuten nach Abflug der F-16 beobachten die

Bodenzeugen erneut Flugobjekte am Himmel. Sie bilden verschiedene geometrische Figuren und bewegen sich hin und wieder ruckartig fort. Um 01.30 Uhr entschwinden auch diese endgültig.

In ihrem Schlußbericht kommt die belgische Luftwaffe zu folgenden Schlußfolgerungen:

- Die Glaubwürdigkeit der Bodenzeugen (unter ihnen auch diverse Polizisten) kann nicht angezweifelt werden.
- Verwechslungen mit irdischen Flugzeugen werden aufgrund der Flugmanöver eindeutig ausgeschlossen. Ebenso ausgeschlossen werden können »optische Illusionen, mißgedeutete Planeten, Ballone und andere atmosphärische Erscheinungen«. Auch Temperaturinversionen (die hin und wieder zu Radarechos führen können) gab es in jener Nacht zur Zeit der Radarkontakte keine.
- Obwohl mehrmals Geschwindigkeiten gemessen wurden, die oberhalb der Schallmauergrenze lagen, konnte nie ein Überschallknall wahrgenommen werden.

Spätere Auswertungen der Radaraufzeichnungen der F-16-Jäger ergaben erstaunliche Werte: Zumindest in einem Fall entfernten sich die Ziele tatsächlich mit Geschwindigkeiten, die weit über 1500 Kilometern pro Stunde lagen, weswegen die Bordcomputer einige Schwierigkeiten mit der Auswertung bekamen. Weitere Überprüfungen bestätigten außerdem gemessene Beschleunigungen von sagenhaften 43 g! Dazu ist zu sagen, daß der menschliche Körper schon ein gutes Viertel dieses Wertes kaum überleben würde.

Horst Garbe, Journalist und Rundfunkmoderator aus Waldkirch, führte zur Sichtungswelle in Belgien viele Interviews, zum einen Teil mit direkt betroffenen Zeugen, zum anderen auch mit Wissenschaftlern und dem Chef der belgischen Luftwaffe. Garbe sprach auch mit Heinrich Ni-

choll, jenem Polizisten, der am 29. November 1989 als einer der ersten eines dieser geheimnisvollen Dreiecke beobachten konnte und dessen Name damals rund um die ganze Welt ging.
Nicholl machte einen äußerst glaubwürdigen Eindruck: »Wir fuhren um 17.24 Uhr auf einer ganz normalen Streife von Eupen in Richtung Aachen. Plötzlich sahen wir in der Nähe von Kettenis, daß eine Wiese, die längs der Straße liegt, anomal hell ausgeleuchtet war, wie wenn ein Fußballspiel abgehalten würde. So hell war die Beleuchtung.«
Als sie sich dieser Wiese näherten, konnten er und sein Kollege erkennen, wie dort ein großer dreieckförmiger Flugkörper schwebte, an dessen Unterseite drei große Scheinwerfer angebracht waren, die den Boden hell ausleuchteten. Die Höhe des geheimnisvollen Objektes lag zwischen 100 und 150 Metern.
Auf die Frage, ob er denn die Größe des Flugkörpers schätzen könne, meinte Nicholl, daß er sich da nicht so sicher sei. Auf alle Fälle aber war dieses Ding sehr groß gewesen, die gleißenden Scheinwerfer verunmöglichten ganz einfach einen genaueren Blick: »Man war zu sehr geblendet von diesem grellen Licht. Das Licht war so grell, man konnte jeweils nur gerade für ein paar Sekunden hinschauen, dann mußte man wieder wegschauen. Zudem war unter diesem Körper in der Mitte so etwas wie eine rote Kugel, von der immer wieder Strahlen seitlich weggingen. Das Objekt war auf alle Fälle sehr breit.«
Reporter Garbe wies in der Folge auf Motorengeräusche hin, die bei einem konventionellen Flugkörper in dieser Höhe ja eigentlich hörbar sein sollten, aber auch diese Frage mußte Nicholl negativ beantworten. Die beiden Polizisten hatten das Fenster während ihrer Beobachtung heruntergekurbelt, der Verkehr geriet etwas ins Stocken. Aber

dieses Flugobjekt, das da in geringer Entfernung über dem Boden schwebte, machte keinerlei Geräusche.
Nicholls Herz begann immer aufgeregter zu schlagen: Ein irdischer Flugkörper konnte das einfach nicht sein! Woher war das Ding dann aber gekommen? Und was war seine Absicht? Der belgische Polizist kannte die gängigen Science-fiction-Filme. Er kannte all die gräßlichen Monster und Bestien, die sich da auf der Leinwand tummelten. Und dennoch: Dieses Objekt war ganz anders – irgendwie friedlich.
Die beiden Polizisten faßten sich ein Herz. Der Flugkörper begann sich langsam Richtung Deutschland zu bewegen, also versuchten sie ihn zu verfolgen und zu überholen. Während sein Kollege den Wagen steuerte, behielt Nicholl das Objekt durch das Fenster im Auge – Auftakt zu einer ermüdenden Verfolgungsjagd: »Wir hatten den Eindruck, als würde es Richtung Deutschland fliegen. Da sagte ich zu meinem Kollegen: Wir sind schneller! Wir wollen versuchen, es von einer anderen Position aus zu beobachten.« Als sie dies taten – er beobachtete weiter und der Kollege im Wagen steuerte –, konnte Nicholl sehen, wie das Objekt abdrehte und dann wieder Richtung Eupen flog. Daraufhin fuhren die beiden Polizisten auf ihrer Route weiter, gelangten mittels einer Querstraße auf einen Feldweg, von wo aus sie dem Objekt erneut folgen konnten. Nicholl: »Es hat dann schließlich über dem Gebiet von Eupen gewendet, um sich dort an der Talsperre einzupendeln.«
Als sie dort an diesem Ort standen und das Objekt beobachteten, erschien gegen 19.00 Uhr ein zweites Objekt. Es kam plötzlich hinter einem kleinen Tannenwald hervor und schwebte dort langsam empor. Seine Lichter waren ebenfalls dreieckig angeordnet, und als es sich einen Moment lang querstellte, konnten die belgischen Ordnungs-

hüter sogar feststellen, daß es an seiner Oberseite eine Art »Pilotenkuppel« besaß, die drei kleine Fensterchen hatte. Fahles Licht schien aus ihnen heraus. Schon bald entfernte sich das zweite Objekt aber wieder.

»Wir sind dann stehengeblieben an dem Ort, weil das erste Objekt ja immer noch über der Talsperre stand, und haben es bis um 19.30 Uhr beobachtet. Als dann auch dieser Flugkörper entschwunden war, sind wir zurückgekehrt zum höchsten Punkt von Kettenis, und von da aus haben wir wiederum das zweite Objekt beobachtet, welches von Kollegen einer anderen Brigade bemerkt und verfolgt wurde. Das hat schließlich bis um 20.39 Uhr über dem Autobahnnetz von Aachen-Lüttich seine Kurven gedreht. Nicht etwa planlos. Es kreiste da vielmehr wie ein Flugzeug, das eine Beobachtung ausführt. Es drehte und drehte, um sich eben um 20.39 Uhr in Richtung Aachen-Holland zu entfernen.«

Konrad Hermann, ein anderer Zeuge der Vorfälle vom 29. November, sprach ebenfalls von enormen Lichtemissionen: »Beim ersten Mal spazierte ich mit meinen beiden Enkeln die Straße entlang, und die sagten plötzlich: ›Opa, was ist denn da am Himmel?‹, und da war eine große leuchtende Kugel. Sie wurden ängstlich, aber ich habe mir eigentlich nichts weiter dazu gedacht. Dann ging ich abends mit meinem Hund spazieren. Es war so gegen 19.00 Uhr, eine ganz klare Nacht, ich fror ziemlich. Ich schaute wieder an den Himmel. Da war ein sehr großes Dreieck, über und über mit Lichtern bedeckt.«

Das UFO schwebte in einer Höhe von 200 bis 300 Metern. Plötzlich schaltete es alle Lichter zusammen aus, und statt dessen leuchteten vier grelle Scheinwerfer auf, ihre Helligkeit war überwältigend: »Neben mir stand eine Straßenlampe. Also das war, als ob die Lampe gar nicht mehr da-

gewesen wäre. Es hat mich dann einige Sekunden angestrahlt, dann gingen die Scheinwerfer wieder aus, und es flog mit hoher Geschwindigkeit weg. In dem Moment, als es wegflog, sah es übrigens wieder aus wie eine leuchtende Kugel.« Was Konrad Hermann verblüffte: Er hatte keinerlei Geräusche wahrgenommen!
Nicholl und sein Kollege hatten unterdessen über Funk ständig Kontakt mit ihren Vorgesetzten gehalten, wo man immer wieder mitteilte, das es sich nicht um eine militärische Übung oder irgendeinen Testflug handelte. Auch die benachrichtigten Flughäfen wußten keine Antwort auf die seltsamen Geschehnisse am Himmel.

Die Vorgänge in Belgien konnten natürlich auch die Wissenschaftler nicht kalt lassen. Physikprofessor Auguste Meesen von der Universität in Neulöwen beschäftigte sich sehr intensiv mit den UFO-Berichten seiner Mitbürger. Er unterzog sich bei seinen Untersuchungen strengster Wissenschaftlichkeit und kam dennoch zu einer erstaunlichen und mutigen Schlußfolgerung, die für einen Gelehrten seiner Sorte eher selten ist. Hören wir uns seine Schlußfolgerungen an:
»Nun, Wissenschaftler oder nicht, der erste Punkt ist, daß man den einzelnen Beobachtungen auf den Grund geht, sehr viele Zeugenaussagen sammelt und dabei so kritisch wie möglich ist. Entscheidend in diesem Fall ist, daß man viele Zeugen hat, die örtliche und zeitliche Aussagen machen, die hintereinander aufgereiht werden können.
Die Phänomene, die berichtet werden, sind wirklich außergewöhnlich, wirklich nicht leicht konventionell zu erklären. Ich würde heute sogar sagen, daß sie insgesamt gesehen überhaupt nicht konventionell erklärt werden können.
Nun speziell zu den Berichten vom 29. November 1989:

Man kann, was hier geschehen ist, nicht einfach abtun. Man kann die Berichte nicht als meteorologisches Phänomen erklären, man kann sie auch nicht als eine Art Geheimwaffe oder sonstwelche konventionellen Flugobjekte erklären. Dafür stehe ich persönlich ein, weil ich mit dem belgischen Generalstab direkten Kontakt hatte.
Ich habe selbst viele Zeugen befragt. Natürlich bedeutet das auch, daß man trotz allem in jedem einzelnen Fall immer wieder äußerst kritisch sein muß. Man muß, und das ist der zweite Punkt, man muß diese Phänomene genau wie viele andere auf der Weltebene zusammenstellen und daraus versuchen, das herauszuschälen, was immer wieder vorkommt. Das sind dann Spuren, das sind physikalische Effekte, und dann kommt man letztendlich zum harten Kern all dieser Beobachtungen. Die Situation ist heute so, daß man in Hinblick auf eine Erklärung des UFO-Phänomens mit konventionellen Erklärungen nicht mehr weiter kommt!«

Die fliegenden Dreiecke beunruhigten die Militärs in Belgien, das ist nicht von der Hand zu weisen, ist doch in erster Linie die Luftwaffe jedes Landes für die Sicherung ihres Luftraumes zuständig. Es war wieder der deutsche Reporter Horst Garbe, der mit Wilfried De Brouwer, dem offiziellen Sprecher der belgischen Luftwaffe, ein hochinteressantes Interview führen konnte. Aussagen, die in dieser Form wohl in die Geschichte eingehen werden, war es doch das erste Mal, daß die Luftwaffe eines westlichen Landes offiziell jede irdische Verwechslungsmöglichkeit hinsichtlich der beobachteten Phänomene ausschloß.
Frage: »Herr De Brouwer, Sie haben sich dieser Dinge aus militärischer Sicht angenommen, weil diese Flugobjekte ja auch in die Nähe von Brüssel kamen. Da spielt natürlich

das NATO-Hauptquartier sicherlich eine Rolle. Ist es denn nicht recht erschreckend, wenn man plötzlich von Flugobjekten umgeben ist, die man nicht vermutet hätte?«

De Brouwer: »Wir haben auf die Bodenbeobachtungen reagiert. Wir nahmen mit den Radarstationen Kontakt auf, die effektiv verschiedene Echos auffangen konnten. Als diese Echos dann simultan von zwei verschiedenen Stationen bestätigt wurden, sandten wir Flugzeuge hoch, die den Auftrag hatten, dieses Phänomen zu identifizieren.«

Frage: »In bezug auf diese Geschichte mit den unbekannten Flugobjekten bleibt eine Frage natürlich offen. Die Militärs gehören ja sicherlich zu denjenigen, denen besonders geeignete Mittel zur Überwachung des Luftraumes zur Verfügung stehen. Als die ersten Berichte darüber eintrafen, waren da auch die Militärs zu jenem Zeitpunkt informiert, oder ist man erst aufgrund der Zeugenaussagen aktiv geworden?«

De Brouwer: »Wir haben ganz einfach auf Beobachtungen der Bevölkerung reagiert, die uns sehr glaubwürdig schienen. Die Art dieser Berichte war zwar ziemlich unkonventionell, aber deswegen nicht minder gut. Wir wollten herausfinden, um was es sich dabei wirklich handelt. Natürlich ist es auch unsere Aufgabe, jegliche in unserem Luftraum stattfindenden Aktivitäten zu erkennen und zu identifizieren. So muß beispielsweise in der Nacht jeder Flug speziell bewilligt werden. Es ist also nicht möglich einen Nachtflug zu unternehmen ohne formelle Genehmigung.

Wenn man dann auch auf Radarechos stößt, die nicht erklärbar sind, müssen wir in unserer Funktion, den Luftraum zu sichern, versuchen, die Natur oder den Ursprung der Objekte festzustellen. Und das haben wir auch versucht. In mehreren Fällen haben wir die Flugkörper vom Boden und vom Radar aus wahrgenommen. Die Radarechos wiesen sich über ein sehr unkonventionelles Verhalten aus, das heißt sie beschleunigten plötzlich vom sehr langsamen Gleiten auf Geschwindigkeiten, die vollkommen über denjenigen liegen, die ein konventioneller Flugkörper erreichen kann.«

Frage: »Wenn Flugobjekte oder Dinge, die nicht auf Anhieb zu erklären sind, gesichtet werden, ist man gerne einmal bereit, die Militärs dafür verantwortlich zu machen. Daß jene eben irgendwelche Dinge testen und daß da geheime Projekte laufen. Ist das so, kann das so sein, oder wie sieht das das belgische Militär? Glaubt man den Zeugenaussagen, so scheint ja tatsächlich etwas dagewesen zu sein?«

De Brouwer: »Mit Sicherheit hat es sich nicht um irgendwelche militärischen Aktivitäten gehandelt. Ganz einfach, weil das Verhalten dieser Flugkörper völlig außerhalb des konventionellen Spektrums liegt. Wenn ich hier konventionell sage, dann meine ich, daß ein Flugkörper einer bestimmten Größe eben nicht langsam auf niedriger Höhe dahinschweben kann und dennoch gleichzeitig kein Geräusch hörbar ist. Soweit ich weiß, konnten in beinahe keinem der Fälle irgendwelche Antriebsgeräusche wahrgenommen werden. Der zweite Punkt liegt in den beobachteten Geschwindigkeiten, die schlicht und einfach außerhalb der bekannten Normen lagen. Es hatte sich also sicherlich nicht um militärische Tests gehandelt.

Bis heute haben keine aggressiven Handlungen stattgefunden, man versucht einfach immer noch, diese Flugkörper zu identifizieren. Anfänglich glaubten wir es mit Laserprojektionen zu tun zu haben, später zogen wir andere optische Erscheinungen in Betracht. Heute sammelt man die Beobachtungen, wertet sie aus und versucht sie in Beziehung zu bringen zu unerklärlichen Radarechos oder Pilo-

tenberichten. Das ist also ganz wichtig: Uns genügt es nicht einfach, wenn ein Zeuge sagt, er habe etwas gesehen – Sie wissen ja, daß Zeugenaussagen sehr subjektiv sein können –, wir brauchen zusätzlich die Bestätigung objektiver technischer Anlagen.«
Die Würfel waren gefallen, auch wenn es immer noch Leute gab, die sie am liebsten noch einmal geworfen hätten. Man denke hier nur an Stephan Lang, den deutschen NATO-Sprecher, und seine geistreiche Stellungnahme zu den Geschehnissen am belgischen Himmel (»Wenn ich am Abend aus der Kneipe komme, erlebe selbst ich manchmal Unerklärliches...«) oder einige unverbesserliche UFO-Skeptiker, die der Presse mit geschwellter Brust ihre Theorie der »drogenschmuggelnden Ultraleichtflieger« als allein seligmachende Erklärung verkaufen wollten.

In ihrem 500seitigen Abschlußbericht (»Vague d'OVNI sur la Belgique«) listen die Forscher der SOBEPS nüchtern und sachlich noch einmal die endgültigen Fakten auf:
– Die Form und das Flugverhalten der beobachteten Objekte entsprach nicht demjenigen potentieller irdischer Flugzeuge.
– Geräuschlosigkeit und gemessene Beschleunigungen widersprachen in einigen Fällen jeglicher irdischer Technologie.
– Die Objekte wurden innerhalb von 18 Monaten rund 2000 Mal gemeldet (unter anderem bei Tageslicht), in vielen Fällen unabhängig voneinander und von mehreren Zeugen gleichzeitig. Ein großer Teil der Aussagen sind höchst glaubwürdiger Natur, sie wurden akribisch untersucht und erfaßt.
– Die Objekte wurden im Zusammenhang mit Zeugenberichten auch auf Radar registriert.

– Die Objekte konnten photographiert und gefilmt werden.
– Selbst das belgische Militär schloß offiziell jegliche irdische Natur der beobachteten Flugkörper aus.
Es bleibt also nur eine Möglichkeit als logische Schlußfolgerung übrig: Die in Belgien beobachteten Flugkörper waren nichtirdischer Natur. Dies sollte uns aufhorchen lassen. Hier wurde zum ersten Mal (in akribisch getreuer Form eines Indizien-Beweises) die Existenz des UFO-Phänomens nachgewiesen, wie dies von Kritikern und Vertretern der Schulwissenschaft immer wieder lauthals gefordert wird. Allerdings darf man sich keinen großen Illusionen hingeben. Denken wir nur an die Worte des französischen Astrophysikers und UFO-Fachmanns Dr. Pierre Guérin, der sich bereits in den siebziger Jahren Gedanken zu dieser Frage gemacht hatte: »Nehmen wir einmal an, daß es uns gelänge, gutes Beweismaterial zu erhalten. Es könnte doch nur bekannt werden durch die Aussage derer, die es erfaßt haben und es zur Veröffentlichung bringen würden. Und dann käme natürlich wieder das Argument: ›Diesen Leuten kann man nicht trauen, man weiß also nicht, ob die Beweise echt sind.‹ Und so dreht sich die Argumentation seit Jahren im Kreise. Wenn man die Realität einer Sache nicht anerkennen will, dann wird man auch durch nichts zu überzeugen sein. Jedesmal, wenn sie mit einem Beweis ankommen, wird man zehn neue von ihnen verlangen! (...) So scheint es mir völlig nutzlos, die ›Science Community‹ dazu bringen zu wollen, harte UFO-Fakten ernst zu nehmen – nicht einmal solche, für welche die Beweise sehr gut geführt werden können. So lange nicht, bis einmal der Tag gekommen ist, an dem unsere Wissenschaft hinreichend fortgeschritten ist, einen Platz für UFOs in ihr zu finden!«

Daß tatsächlich längst nicht alle Streitkräfte dieser Erde so offen über ihre Erfahrungen mit derartigen Erscheinungen sprechen wie die Belgier dies taten, zeigt sich am Problemfall Schweiz sehr deutlich.

8 Verschlußsache EMD

Herr N. aus Basel erhielt am 31. März 1955 vom Schweizer Nachrichtendienst der »Abteilung für Flugwesen und Fliegerabwehr« folgendes Antwortschreiben: »Wir verdanken Ihren Brief vom 28. März bestens, müssen Ihnen aber leider mitteilen, daß eine Einsichtnahme in die bei uns vorhandenen Unterlagen über fliegende Teller nicht möglich ist, weil die verschiedenen Personen, die uns ihre Mitteilungen jeweils zukommen lassen, in der Regel nicht wünschen, daß ihre Angaben an Drittpersonen bekannt gegeben werden. Sie werden verstehen, daß wir auch Ihnen gegenüber aus diesen Gründen keine Angaben machen dürfen.«

1956, ein Jahr später, bekam die inzwischen verstorbene Baslerin Lou Zinsstag vom »Nachrichtendienst der Abteilung für Flugwesen und Fliegerabwehr« nach einem vertraulichen Gespräch einen militärischen »Fragebogen für Beobachtungen von UFOs«. Im beigefügten Begleitbrief bat das Eidgenössische Militärdepartement (EMD) aber eindringlich darum, »diesen Fragebogen in keiner Weise der Öffentlichkeit (Presse etc.) bekannt geben zu wollen«. Ein Satz, der meine Neugier weckte. Ich beschloß, der Sache nachzugehen.

Am 30. August 1950 sahen die Einwohner von Arch in der Schweiz mehrere scheibenförmige UFOs. Unter den Zeugen befand sich auch die Familie Schwab. Frau Schwab be-

richtete ihr Erlebnis viele Jahre später der »Neuen Presse« (10. August 1968): »... kurze Zeit nach unserem Erlebnis erschienen zwei Herren vom Militärdepartement. Sie trugen Zivil, und ihren Namen oder Dienststelle habe ich vergessen, es ist auch schon lange her.« Die beiden Beamten legten dem Schweizer Ehepaar über 100 UFO-Photographien vor und baten die Familie darum, diejenigen darunter zu bezeichnen, welche den beobachteten Objekten am ähnlichsten zu sein schienen.
Zehn Jahre später stießen interessierte Leser in einer Bieler Zeitung vom 16. März 1978 auf folgende Notiz: »... daß jedoch im Schoße des Generalstabes der Luftwaffe eines kleinen Landes wie der Schweiz ein Offizier damit beauftragt ist, das Dossier ›Fliegende Untertassen‹ zu führen, müßte eigentlich auch den größten Skeptiker aufhorchen lassen!«

Es war im Juni 1987, als ich erstmals an das »Kommando der Flieger und Fliegerabwehrtruppen« schrieb (wie sich die Abteilung heute nennt) und nähere Informationen über etwaige UFO-Untersuchungen innerhalb des EMD erbat, nebst einer kleinen Zwischenbemerkung, einmal flüchtig von einem »militärischen UFO-Fragebogen« gehört zu haben.
Der Informationsdienst des »Kommando der Flieger- und Fliegerabwehrtruppen« meldete sich am 10. Juni 1987: »... müssen wir Ihnen mitteilen, daß Sie leider bezüglich der Information über UFOs bei der Schweizer Luftwaffe falsch informiert wurden. Wir führen nicht nur kein diesbezügliches Archiv, wir haben auch noch nie eine konkrete Meldung unserer Piloten über die Sichtung oder Begegnung mit einem UFO erhalten. (...) Wir haben lediglich einige Zeitungsartikel aus früheren Jahren, die eigenartiger-

weise meistens zur Sommer- und Ferienzeit erschienen sind. Bei uns wird also dieses Problem nicht besonders verfolgt.«

Die Sache war nicht schlüssig. Ein militärischer UFO-Fragebogen wird nicht einfach so ausgearbeitet. Viel eher dürften der ganzen Sache bereits Sichtungen eigener Piloten vorangegangen sein. Andere Augenzeugenberichte waren damals jedenfalls auch vorhanden, dies bestätigt uns das eingangs erwähnte EMD-Schreiben aus dem Jahre 1955. Unterzeichnet hatte es – ebenso wie all die anderen Briefe, die mir aus jener Zeit vorliegen – J. R. Lécher, der damals im Nachrichtendienst der Flugwaffe tätig war. In einem seiner Briefe an die bereits genannte Lou Zinsstag bekundete er ausdrückliches Interesse am UFO-Phänomen und erschien auch mindestens einmal auf einer Zusammenkunft der »UFO-Interessengemeinschaft Basel«. In einem anderen Schreiben bedankte sich Lécher explizit für die Zustellung der von Frau Zinsstag regelmäßig herausgegebenen UFO-Informationsblätter.

Grund genug, um beim »Kommando der Flieger- und Fliegerabwehrtruppen« einmal die Adresse dieses sicherlich längst pensionierten Herrn anzufordern. Um es kurz zu machen – ich erhielt sie nicht. Statt dessen aber einen höflichen Brief: »... in diesem Sinne ist auch Ihre Information über die angeblich seinerzeitige Zuständigkeit des längst pensionierten Herrn Lécher falsch. In der Tat erschien vor vielen Jahren einmal sein Name in einer Publikation in diesem Zusammenhang, ohne daß er wußte warum. Herr Lécher hat sich aber immer geweigert, über diese – wie er sagte – ›utopische Angelegenheit‹ zu diskutieren. Somit ist dies sicher auch heute in seinen alten Tagen kein Thema mehr für ihn ...«

Seltsam. Die Briefe Léchers, die mir vorliegen, vermitteln

ein ganz anderes Bild: »Als Sachbearbeiter dieser Fragen – allerdings mehr vom militärischen Standpunkt aus gesehen – wird der Unterzeichnete mit Vergnügen an der Zusammenkunft der UFO-Interessengemeinschaft Basel teilnehmen!« (29. August 1956)

Und nach dem Treffen schrieb er: »Für die an mich gerichtete Einladung sowie für die gestrige interessante Zusammenkunft möchte ich Ihnen hiermit nochmals meinen besten Dank aussprechen. Ich ersuche Sie freundlichst, auch Herrn Dr. W. und Herrn Dr. Sch. für ihre anregende Unterhaltung zu danken ...« (8. Oktober 1956)

Also ganz konkret: Lécher war damals »Sachbearbeiter« der UFO-Untersuchungen im EMD und hatte anscheinend reges Interesse an dieser Thematik. Der Gegensatz zwischen dem offiziellen Antwortschreiben und den effektiven Tatsachen ist offensichtlich.

Es galt nun unbedingt, Léchers aktuelle Adresse in Erfahrung zu bringen, und so schrieb ich erneut an das »Kommando für Flieger und Fliegerabwehrtruppen«, erhielt aber keine Antwort. Auch verschiedene weitere Briefe zeigten keine Resonanz.

Endlich hatte ein erneutes – diesmal eingeschriebenes – Schreiben Erfolg. Im Grunde genommen stand im Antwortschreiben aus Bern kaum Neues. Wieder dieselbe höfliche Floskel: »Wir sind deshalb nicht befugt, Ihnen die heutige Adresse von Herrn Lécher zu vermitteln ...« Auch ein verschlossener Brief ans EMD, der von dort angeblich an Herrn Lécher weitergeleitet wurde, zeigte keinen Erfolg.

Meine Briefe beantwortet hatte meistens Oberst Hans-Rudolf Häberli, seines Zeichens Chef des Pressedienstes im »Kommando für Flieger und Fliegerabwehrtruppen«. Wie

Häberli 1979 in einem Interview gegenüber der »Weltwoche« verlauten ließ, sind für ihn Berichte über eine »geheime Akte« des Schweizer Militärs in Sachen UFOs »reine Unterstellung«. Während seiner Amtszeit im Pressedienst der Luftwaffe (bis heute rund 30 Jahre) sei angeblich noch keine einzige UFO-Sichtung eingegangen. Die »Weltwoche« weiter: »Selbst ein Aufruf, den Häberli im Rahmen einer Fernsehsendung an das Publikum richtete, brachte kein Resultat ...« Allerdings:

- Als das Schweizer Fernsehen 1978 einen Aufruf lancierte, trafen innerhalb weniger Tage über hundert Briefe ein. Gemeldet wurden UFO-Sichtungen aus allen Landesteilen.
- Eine Telephonaktion erbrachte 217 Anrufe, bei denen weitere 67 Sichtungen gemeldet wurden.
- Bereits ein Jahr zuvor hatte das Radiostudio Bern einen ähnlichen Aufruf formuliert. Auch hier wurden weit über hundert Sichtungen gemeldet, die zum Teil Jahrzehnte zurücklagen.

Am 6. September 1949 hatte Oberst Eggenberger, ein Instruktionsoffizier der Schweizer Luftwaffe, deutlich ein scheibenförmiges UFO beobachtet. Der Fall ging durch die Presse. Und am 11. November 1954 wurden in Grandvillard zahlreiche Soldaten der Fliegerabwehr Zeugen einer UFO-Erscheinung.

Besitzt das EMD Dossiers zu diesen Fällen? Offiziell wird dies dementiert, andererseits liest man da in einer Schweizer Zeitungsnotiz vom 16. August 1954 im Zusammenhang mit einer UFO-Sichtung: »Diese ebenso erstaunlichen wie präzisen Angaben sind in einem Bericht enthalten, den soeben ein in Zürich wohnhafter Beamter, im militärischen Grad Oberstleutnant der Schweizerischen Fliegertruppen, unter dem Titel ›Betrifft Beobachtung eines unbe-

kannten Flugobjekts‹ an die Abteilung für Flugwesen und Fliegerwehr in Bern einsandte ...«
Will man Häberlis Aussagen glauben, dann muß dieser Bericht irgendwo in einem Papierberg im EMD untergegangen sein, denn man besitzt im Informationsdienst ja »lediglich einige Presseartikel, die eigenartigerweise meist zur Sommer- und Ferienzeit erschienen sind«, wie der Berner auf Anfragen galant zu erklären pflegt.

Im Frühjahr 1988 strahlte das Westschweizer Fernsehen eine Dokumentation über UFO-Phänomene aus. In dieser Sendung machte Richard Gautier, ein Sprecher aus Häberlis Abteilung, folgende Aussage: »Die Armee unterhält tatsächlich sehr enge Kontakte zu Leuten, die uns UFO-Beobachtungen melden. Diese Berichte beunruhigen uns in neuerer Zeit sehr. Die Beobachtungen sind verzeichnet, registriert und klassiert. Für diese Arbeit verantwortlich ist der Nachrichtendienst der Fliegertruppen.«
Die Überraschung saß. Um so mehr, als sich die Aussagen Gautiers so gar nicht in Einklang bringen ließen mit jenen netten Formbriefen, die ich von Häberli erhalten hatte. Und immer neue Fragen begannen sich abzuzeichnen: Was würde uns der 1980 in den Ruhestand versetzte Lécher heute zur ganzen Angelegenheit sagen? Wo hält er sich auf? Und wieviel wußte Oberst Häberli, inzwischen zum Major befördert, effektiv über die ganze Angelegenheit? (Wir sollten überdies nicht vergessen, daß der Informationschef der Schweizer Luftwaffe Ende 1990 eigentlich zur Talksendung eines Basler Radiosenders zum Thema UFOs eingeladen war. Als er aber vernahm, daß unter anderem auch der Autor bei besagter Sendung zugegen sein würde, sagte der Berner seine Teilnahme leider kurzfristig ab.)

Bezeichnend ist auf alle Fälle, daß sich – glaubt man den offiziellen Stellungnahmen – keine amtliche Behörde der Schweiz mit UFOs auseinandersetzt. Während Häberli in seinem Schreiben vom 10. Oktober 1991 erwähnt, »daß in der Friedenszeit primär die zivilen Flugsicherungsinstanzen für die Überwachung des schweizerischen Luftraumes zuständig sind« (man beachte das Wörtchen »primär«), besitzen auch Institutionen wie die »Swisscontrol«, das »Bundesamt für Militärflugplätze« oder das »Bundesamt für Zivilluftfahrt« nach eigenen Angaben keinerlei Unterlagen über UFOs. Andererseits gab eben dieses »Bundesamt für Zivilluftfahrt« 1981 eine Pressemeldung heraus, nachdem es jährlich immerhin ein bis zwei UFO-Meldungen erhält: »Geht mehr als ein Hinweis ein, das ist in 90 Prozent der Erscheinungen nicht der Fall, dann wird auch schon mal nachgeforscht.« Wer um Himmels willen ist nun wirklich zuständig für die UFO-Beobachtungen der Eidgenossen?

Eine andere Aussage, die Häberli am 5. Dezember 1990 gegenüber einem Bekannten des Autors machte, widerspricht den Fakten erneut: »Nachdem wir in den vergangenen Jahren nie eine konkrete oder belegbare UFO-Sichtung von unseren Piloten oder Radarspezialisten gemeldet erhielten, können wir auch diesbezüglich keine Unterlagen aufbringen.«
Der UFO-Experte Adolf Schneider widerspricht dem energisch: »Wie ich selbst aus internen Informationen weiß, wurden UFOs auch in der Schweiz schon auf militärischen Radars gesehen und von Düsenjägern verfolgt. Manchmal lösten sich die Objekte in der Luft auf oder verschwanden mit extremer Beschleunigung ...« Schneider erklärte mir außerdem, von der verstorbenen Lou Zinsstag einst einen

internen EMD-Bericht vom 15. August 1975 erhalten zu haben, der sich auf UFO-Erscheinungen bezog. Diese Schrift bezweckte anscheinend die Orientierung der Leser über den gegenwärtigen Erkenntnisstand über UFOs und wollte aufgeworfene Fragen zum Thema beantworten. Ein Schreiben also, das nach Häberlis Amtsantritt im Jahre 1962 zirkulierte. Zumindest dieser Bericht sollte ihm, dem Informationschef, doch eigentlich bekannt sein!

Am 1. Januar 1992 ratterte der fragliche Bericht aus meinem Fax. Das siebenseitige EMD-Dokument war »Nur für den dienstlichen Gebrauch« bestimmt und trug den internen Vermerk »Nachrichtenbulletin 248-0«. Es informiert Interessenten des Nachrichtendienstes sachlich über den Erkenntnisstand der internationalen UFO-Forschung im Jahre 1975 und ist für die damalige Zeit bemerkenswert informativ, wenn auch recht kritisch, abgefaßt. Veröffentlicht hatte es J. R. Lécher persönlich, ausgearbeitet worden war es von einem nicht näher bezeichneten Nachrichtenoffizier.

Nun, soweit waren die Informationen bereits mehr als aufschlußreich. Ein eigentlicher Paukenschlag ereignete sich dann aber am 6. Januar 1992. Major Häberli rief aus Bern an und begann sich lauthals zu beklagen. Er habe es satt, sich ständig mit UFOs herumschlagen zu müssen, denn er habe momentan ganz andere Sorgen wie beispielsweise den Streit um die F-18-Beschaffung oder den P-26-Skandal.

Ich witterte meine Chance und begann den behäbigen Berner auszufragen. Häberli zeigte sich dann auch recht gesprächig und konnte mir in der Folge immerhin einige recht interessante Infos vermitteln. Plötzlich wurde sein Ton aber erregter: Kürzlich habe ihn doch tatsächlich ein sichtlich aufgebrachter Lécher persönlich kontaktiert und sich bitter beklagt. Worüber es ging, wollte mir der EMD-Beamte nicht sagen, ließ aber ansatzweise durchblicken, daß sich das Gespräch um UFO-Phänomene und meine Person gedreht haben mußte. Im weiteren wisse er außerdem, daß ich ja zwischenzeitlich an Bundesrat Kaspar Villiger, den Vorsteher des EMD, geschrieben hätte, und nun – er schnappte nach Luft – stehe er gewissermaßen von allen Seiten unter Druck.

Als ich ihn auf die von Lécher unterzeichneten Briefe ansprach, blockte Häberli ab: »Davon höre ich heute zum ersten Mal«, meinte er unwirsch. Auch von dem von Lécher verbreiteten Fragebogen hatte er anscheinend keine Ahnung. Nun gut, dies alles waren schließlich Dinge, die vor seiner Amtszeit geschahen, und es ist immerhin möglich – wenn auch recht unverständlich –, daß Häberli über diese Vorgänge nicht informiert wurde. Das siebenseitige Dokument von 1975 aber, das hätte er eigentlich kennen müssen, informierte es doch bereits während seiner Amtszeit darüber, was auf Anfragen zum UFO-Phänomen geantwortet werden sollte.

Häberli sprach unaufhörlich. Als ich ihn kurz auf die UFO-Welle in Belgien hinwies, wo das belgische Militär während einer offiziellen Pressekonferenz den nichtirdischen Ursprung der beobachteten Flugkörper bestätigte, blockte er erneut ab: »Davon weiß ich gar nichts. Ich habe auch nicht die Zeit, mich mit dieser ganzen Materie zu befassen. Von meinen Attachés habe ich jedenfalls keine diesbezüglichen Berichte bekommen …« (Vielleicht sollte mal irgend jemand dem EMD diskret das Pressecommuniqué der belgischen Luftwaffe zukommen lassen?)

Ich sprach den Berner im weiteren auch auf Richard Gautiers Rolle an. Jenen Herrn, der in der Westschweizer TV-

Sendung 1988 offizielle Aussagen gemacht hatte, die den Äußerungen Häberlis so beträchtlich widersprachen.
»Hören Sie mir auf mit diesem Gautier«, zischte Häberli erbost. »Der war doch nur ein paar Monate bei uns und wußte gar nicht, über was er sprach. Die wollten einfach einen, der ihre Fragen auf Französisch beantwortete, und so machte er ohne Kenntnis der Sachlage eben die wildesten Behauptungen.«
Häberlis Ton war wieder sehr emotionsgeladen, und ich konnte mir ein Lächeln nicht verkneifen. So unkompetent, wie ihn der Berner beschrieb, konnte Gautier nun ganz einfach nicht gewesen sein.
Außerdem habe es nach der Ausstrahlung von Gautiers Statement »einigen Wirbel im EMD gegeben«, erinnerte sich Häberli schließlich, und der klagende Ton in seiner Stimme verstärkte sich noch einmal merklich.
Weiteres pikantes Detail: Nach eigenen Angaben hat der Berner die damalige TV-Sendung selbst gesehen, von den darin gezeigten Briefen Léchers will er aber allerdings keine Kenntnis haben! Und: Auf meinen Wunsch hin, mit Lécher doch einmal persönlich sprechen zu können, um vielleicht bestehende Mißverständnisse auszuräumen, stotterte Häberli nur verlegen herum. Er wisse weder Léchers Adresse noch seine Telephonnummer. Aber noch am 9. September 1987 hatte er mir in einem mustergültigen Schreiben mitgeteilt, daß er meinen Brief direkt an Lécher weitergeleitet habe.
Ein Telephongespräch also, das schließlich mehr Fragen aufwarf, als es letztendlich beantwortete:
– Warum weiß Häberli – als verantwortlicher Chef des Informationsdienstes der Luftwaffe – trotz Rücksprache mit nachrichtendienstlichen Informanten und Luftaufklärungs-Instanzen nichts von Léchers Aktivitäten in der UFO-Fra-

ge? Und wie lassen sich all die Widersprüche in seinen Aussagen erklären?

– Woher nahm Richard Gautier seine Kenntnisse?

– Welche Rolle spielte Lécher im EMD in der UFO-Angelegenheit?

– Was würde mir der Chef der Schweizer Fliegertruppen zur ganzen Angelegenheit sagen, und wer ist nun heute im EMD wirklich zuständig für UFO-Erscheinungen?

Es ist vielleicht ganz aufschlußreich, sich in diesem Zusammenhang noch einmal den Schweizer »Fichen-Skandal« aus dem Jahr 1990 in Erinnerung zu rufen: Am 14. Februar 1990 erklärte Bundesrat Kaspar Villiger auf einer Pressekonferenz eindringlich und mit erhobenem Zeigefinger, im EMD würden im Gegensatz zur Bundespolizei keine Personenkarteien geführt, und eine »Schnüffelorganisation« – wie dies Armeegegner vermuteten – gebe es innerhalb des EMDs schon gar nicht. Kurz darauf mußte er auf Druck der inzwischen klar dokumentierten Fakten seine Aussagen kleinlaut widerrufen, sie hatten nicht der Wahrheit entsprochen.

Wiederholt sich hier ein ähnliches Informationsdebakel erneut? Immerhin liegen uns klare Informationen vor, die besagen, daß im EMD Informationen über UFOs gesammelt werden und der Öffentlichkeit nicht zugänglich sind. Villiger aber, höchste Instanz im EMD, verneint in einem persönlichen Brief vom 11. Mai 1990 an Adolf und Inge Schneider die Existenz geheimgehaltener UFO-Informationen, »weil es nichts geheimzuhalten gibt!«.

Vor einiger Zeit schon hatte ich Herrn Villiger einen Brief geschrieben und ihn um nähere Informationen zur ganzen Angelegenheit gebeten. Der EMD-Chef antwortete am 9. Januar 1992 persönlich: »Vielen Dank für Ihren Brief. Herr J. R. Lécher lebt. Er ist ein früherer Beamter, der jedoch, auf die strikte Wahrung seiner Privatsphäre bedacht, nicht kontaktiert zu werden wünscht. Herr Lécher hat meinem mit den Abklärungen beauftragten Mitarbeiter gesagt, er habe der öffentlich zugänglichen Literatur nichts beizufügen.«

Auch Villiger teilte mir also Léchers Adresse nicht mit, obwohl ich ihn extra darum gebeten hatte. Der Witz an der Sache: Einige Tage später hatte mir ein Kollege Léchers aktuelle Anschrift ausgemacht. Simpel und einfach über den Zentralcomputer der Schweizerischen Post-Betriebe.

In der Zwischenzeit lagen mir zwei weitere Briefe Léchers vor. Der eine war mit dem 26. Januar 1955 datiert und begann mit einem bemerkenswerten Satz: »Es ist effektiv richtig, daß wir schon seit Jahren Informationen über UFOs erhalten und untersuchen.« Adressat war die Redaktion einer französischen Zeitung, die um genauere Informationen angefragt hatte. In seinem Antwortschreiben gab Lécher im weiteren ausführlich Auskunft über verschiedene Schweizer UFO-Fälle und schloß mit folgender Aussage: »In den letzten Jahren haben wir effektiv mehr oder weniger regelmäßig Informationen über Flugkörper erhalten, deren Herkunft sich die Beobachter nicht erklären konnten. Wir können uns darüber aber nicht äußern. (...) Wir denken tatsächlich, daß eine internationale Zusammenarbeit in dieser Sache auf ein gewisses Interesse stoßen könnte, obwohl ich wenig Hoffnung habe, daß diese effizient organisiert werden könnte.«

In einem zweiten Brief vom 7. Februar 1955 präzisierte der Nachrichtenchef seine Aussagen, gab aber auch zu bedenken, daß man von einer extraterrestrischen Herkunft der UFOs nicht unbedingt ausgehen dürfe.

Ebenso lagen nun die Originalunterlagen über den eingangs erwähnten Vorfall vom 11. November 1954 in

Grandvillard auf meinem Schreibtisch, wo eine ganze Kompanie Schweizer Soldaten Zeugen eines UFO-Vorfalles geworden war. Hauptmann Joos, der damalige Schießplatzkommandant, faßte die Geschehnisse in seinem Dienstrapport nüchtern und präzise zusammen. Er selbst wurde um 15.27 Uhr auf das fremde Objekt am Himmel aufmerksam gemacht. Joos schreibt: »Im ersten Moment glaubte ich, es handle sich um ein Flugzeug in sehr großer Höhe. Mit dem Fernglas stellte ich fest, daß sich das fliegende ›Etwas‹ nicht fortbewegte, rund und von silber-weißer Farbe war.«
Anfänglich glaubte der Hauptmann an eine Verwechslung mit einem Ballon, wurde aber bald eines besseren belehrt: »Kurz vor 15.30 Uhr bemerkte ich in Intervallen von drei bis vier Sekunden in nord-östlicher Richtung (...) drei grelle Blitze. Plötzlich beobachtete ich durch das Fernglas einwandfrei, daß sich dieser runde Ballon in eine liegende Ellipse verwandelte und mit großer Geschwindigkeit in nordwestlicher Richtung verschwand. Dieses Verschwinden vom Moment der Formveränderung an dauerte drei Sekunden!«
Trotz verschiedenster Erklärungsversuche blieb dieser Vorfall bis heute unerklärt, und ich kann mir kaum vorstellen, daß Häberli nichts von diesem internen Rapport weiß. Um so mehr, als bis heute noch Kopien davon existieren.

Am 24. Februar 1992 rief ich Lécher an. Der frühere Nachrichtenchef war zwar nicht unfreundlich, aber doch recht zurückhaltend mit Informationen. »Telephonisch gebe ich keine Auskünfte«, meinte er nach einigem Zögern. »Höchstens schriftlich!« In einem späteren Antwortschreiben vom 28. Februar 1992 wies er dann immerhin auf drei interessante Dinge hin:

– Das UFO-Interesse sei im EMD angeblich stark zurück gegangen, als man feststellte, daß sich keine militärischen Aktivitäten hinter dem Phänomen verbargen.
– Da er seit über zehn Jahren pensioniert sei, könne er mir über die letzten zehn Jahre keinerlei Angaben machen.
– Dritte Aussage: »Sie irren übrigens, wenn Sie annehmen, ich sei ›UFO-Sachbearbeiter‹ gewesen. UFO-Sachbearbeiter war ›damals‹ (vor meiner Pensionierung) ein Mitarbeiter, der sich mit der Auswertung ›Technik‹ befaßte. Als Chef des Nachrichtendienstes hatte ich Wichtigeres zu tun, als mich mit der Auswertung zu befassen, welche auf Sachbearbeiterebene erfolgte.«

Zum ersten Mal lag mir also eine schriftliche Bestätigung vor, die besagte, daß es zumindest zu gewissen Zeiten UFO-Sachbearbeiter im Nachrichtendienst gab, auch wenn Häberli dies energisch abstreitet. Offensichtlich hatte diesen Posten Anfang der achtziger Jahre ein spezieller Mitarbeiter inne. In den fünfziger Jahren war Lécher jedenfalls selbst noch Sachbearbeiter, wie aus seinen damaligen Briefen hervorgeht. (Weitere Anfragen des Autors beantwortet der frühere Nachrichtenchef übrigens bis auf den heutigen Tag nicht.)

Eine andere Frage blieb nach wie vor ungeklärt: Haben Schweizer Militärpiloten bereits UFOs verfolgt? Tatsächlich ist uns über diverse Quellen zu Ohren gekommen, daß unidentifizierbare Radarechos bereits mehrmals auf Schweizer Militärbildschirmen auftauchten und Jägereinsätze nach sich zogen. Die verschiedenen Informanten möchten ihre Identität aus diversen Gründen nicht nennen, der Autor verbürgt sich aber für ihre Aussagen.

Bestätigung erfahren diese Informanten außerdem durch den Bericht des ehemaligen Lausanner Stadtrates Jean Schaffer. In einem persönlichen Brief an den Autor hielt er folgenden Vorfall fest: »Auch ich war einst Zeuge einer UFO-Verfolgung durch zwei Venoms in den waadtländischen Voralpen. Bei klarem Himmel erschien das UFO in ungefähr 1000 Metern Höhe über dem Chamossaire, einem Gipfel des Voralpenmassivs, eingehüllt in eine dunkelbraun bis schwarze, langgezogene Wolke, welche im Tempo eines Sportflugzeuges gegen Osten flog. Nachdem das UFO schon im Dunstschleier der Walliser Alpen verschwand, brausten zwei Venoms über den Chamossaire und demonstrierten eine wilde, aber erfolglose Verfolgungsjagd. Daß das EMD über solche ›Schildbürgerstreiche‹ schweigt, ist begreiflich, wenn auch höchst undemokratisch.«

Tatsächlich gelang es dem Autor, eine weitere Person ausfindig zu machen, die obige Aussagen bestätigt, ja sie sogar um ein paar hochinteressante Details zu ergänzen weiß. Auch sie möchte aus beruflichen Gründen anonym bleiben: »1979 habe ich mich mit einem Bekannten über UFO-Phänomene unterhalten. Dieser Bekannte hat lange Jahre als ÜG-Pilot gearbeitet und ist heute Flugkapitän bei der Swissair. Er hat mir versichert, daß die Schweizerische Luftwaffe alle sogenannten UFO-Sichtungen über der Schweiz archivarisch verwaltet und daß auch Flugphotos und Filme über solche Begegnungen existieren. So seien Piloten, welche für Aufklärungsflüge in solchen Angelegenheiten beauftragt werden, sofort nach positiven Resultaten isoliert und einem strengen Rapportwesen unterworfen worden.

Alle Luftwaffenpiloten hätten jedoch ein streng gehandhabtes Schweigeverbot gegenüber der Öffentlichkeit zu wahren. Die Armee würde offizielle Aussagen von ihren Piloten immer dementieren und die Schuldigen, welche gegen das Schweigegebot verstießen, einem Disziplinarverfahren unterstellen. Dieses Verfahren würde unter dem Gesichtspunkt von ›Ausplaudern‹ militärischer Geheimnisse geführt! Es ist Ihnen wohl klar, daß ich niemandem den Namen der Auskunftsperson nennen werde, um die Person nicht zu gefährden.«

Zwischenzeitlich hatte ich endlich die aktuelle Anschrift Richard Gautiers ausgemacht (der seit seinem Weggang vom EMD unter anderem als Pressesprecher des erfolgreichen Schweizer Uhrenkonzerns »Swatch« fungiert hatte) und ihn in einem Brief nach seiner Meinung zur ganzen Angelegenheit befragt.
Kurz darauf rief mich Gautier an und nahm sehr freundlich und detailliert zu allen Fragen Stellung. Selbstverständlich gebe es innerhalb des EMDs tatsächlich eine Stelle, die sich sehr ernsthaft mit UFO-Erscheinungen beschäftigt, ihnen auch nachgeht und die Berichte anschließend auswertet und registriert, erklärte er bestimmt. Allerdings seien diese Berichte der Öffentlichkeit in der Tat nicht zugänglich. Die diesbezüglichen TV-Aussagen habe er damals ganz klar mit seinen Vorgesetzten abgesprochen, und wenn Häberli nun irgend etwas anderes behaupte, könne er darüber nur lachen. Gautier bot sogar von sich aus an, den an ihn gerichteten Brief direkt an Fernand Carrel, den neuen Fliegerchef, weiterzuleiten. Der könne mir womöglich noch bessere und detaillierte Auskünfte geben. Ein Angebot, das ich natürlich gerne annahm. Zusätzlich schrieb ich Carrel einige Tage später selbst und bat ihn um eine kurze Stellungnahme in der ganzen Angelegenheit.
Carrel antwortete am 24. November 1992: »Wie mir die Aktenlage zeigt, hat Ihnen mein Kommando, insbesondere mein Informationschef, Ihre jeweiligen Anfragen sachkonform beantwortet. Dabei wurden auch die in Ihrem er-

wähnten Schreiben festgehaltenen Fragen bereits mehrfach beantwortet.«

Der Schweizer Fliegerchef stellt sich also kompromißlos hinter die Aussagen Häberlis, daß weder die Schweizer Luftwaffe noch irgendeine andere Instanz innerhalb des EMDs sich mit derartigen Erscheinungen befassen würde. Dies ist um so bedauerlicher, als der Autor ja (wie schon erwähnt) aus seriöser Quelle weiß, daß UFOs bereits auf den Radars des Schweizer Militärs aufgetaucht sind, auch wenn Häberli dies nach wie vor energisch abstreitet.

Es ist wohl als Ironie des Schicksals zu verstehen, daß uns just zu dieser Zeit eine Pressemeldung auf den Tisch flattert, die davon spricht, daß die Spanische Luftwaffe auf Druck lokaler UFO-Forscher demnächst ihre seit 1962 gesammelten UFO-Berichte und Radarortungen (insgesamt 66 Akten) freigeben will. Ein spanischer UFO-Experte dazu: »Wir konnten die Verantwortlichen eben endlich davon überzeugen, daß das UFO-Phänomen hauptsächlich ein wissenschaftliches und weniger ein militärisches Problem darstellt.«

9 Die Swissair-Dokumente

Sehr viel aufgeschlossener als die Schweizer Militärbehörden begegnet die Schweizer Fluggesellschaft »Swissair« dem UFO-Problem. Sie läßt etwaige unerklärliche Beobachtungen oder Schilderungen ihrer Piloten regelmäßig verschiedenen Fachleuten zur Begutachtung zukommen. Einige der Berichte (sie liegen dem Autor im Original vor) harren nach wie vor einer Erklärung. (Im Interesse der betroffenen Piloten verzichten wir in den nachfolgenden fünf Beispielen auf Bezeichnung von Flugnummer oder Flugroute.)

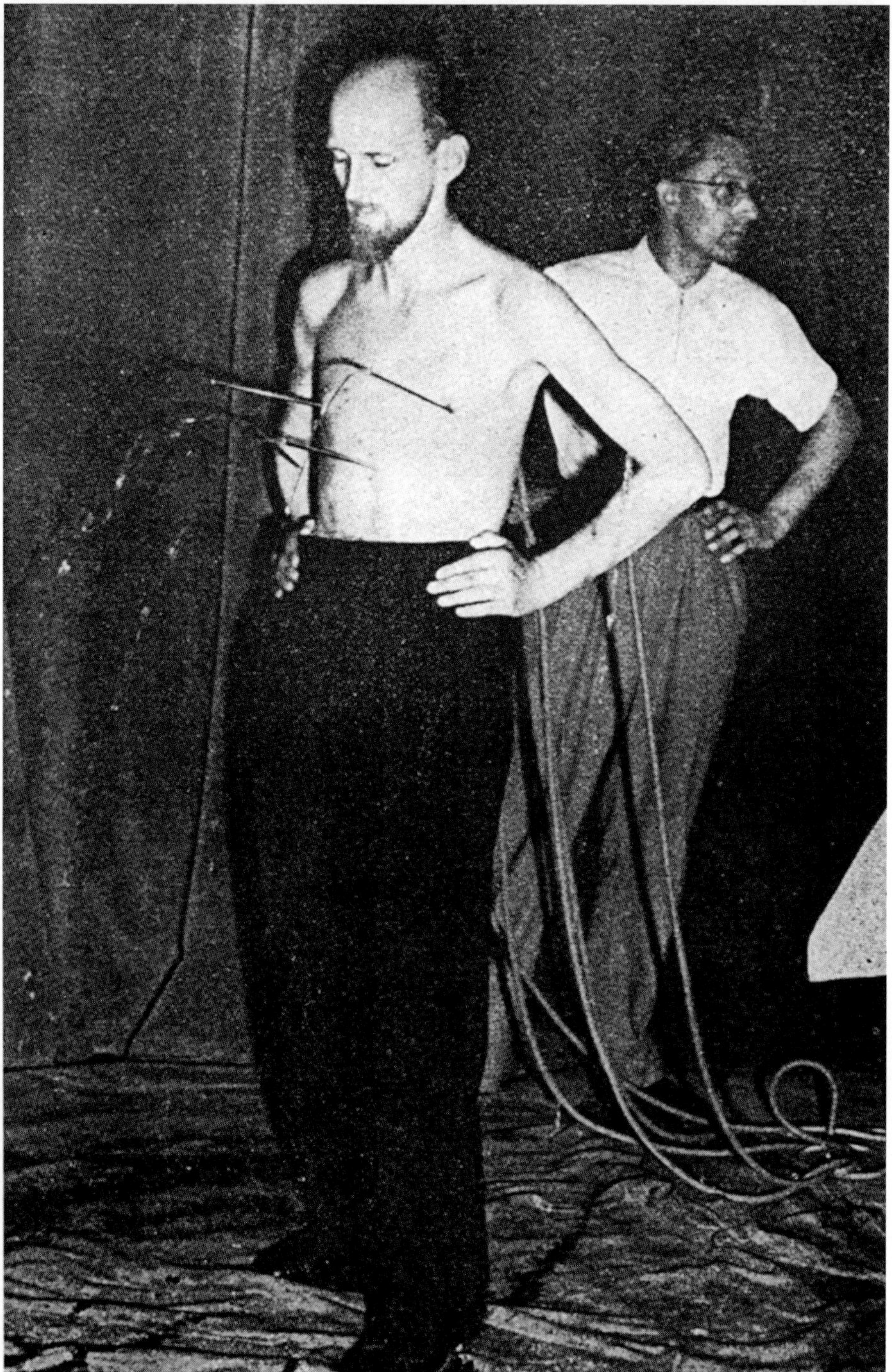

1 Der Mann war ein medizinisches Rätsel. Mirin Dajo ließ sich vor den Augen von Medizinern ein Florett durch den Oberleib stechen, ohne daß dabei auch nur ein Tropfen Blut floß.

2 und 3 Bisher unveröffentlichte UFO-Aufnahmen, die einem Schweizer Schüler aus Uster am 3. Juni 1978 gelangen. Nähere Untersuchungen zum Vorfall liegen bisher nicht vor.

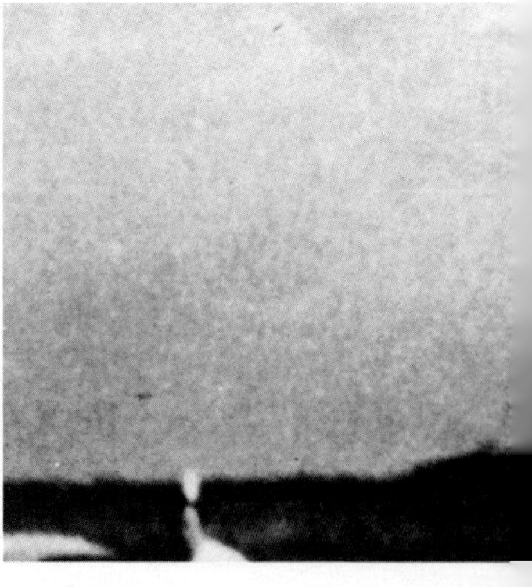

4 Entwicklungsfehler oder UFO? Diese seltsame Erscheinung über dem Flughafen Zürich-Kloten erschien erst nach Entwicklung der Aufnahme vom 6. Februar 1979 auf dem Bild.

5 und 6 Hannah McRoberts nahm dieses mysteriöse Flugobjekt am 8. Oktober 1981 über Vancouver Island in British Columbia auf. Umfangreiche Untersuchungen ergaben keinerlei Hinweise auf Manipulation oder Fälschung.

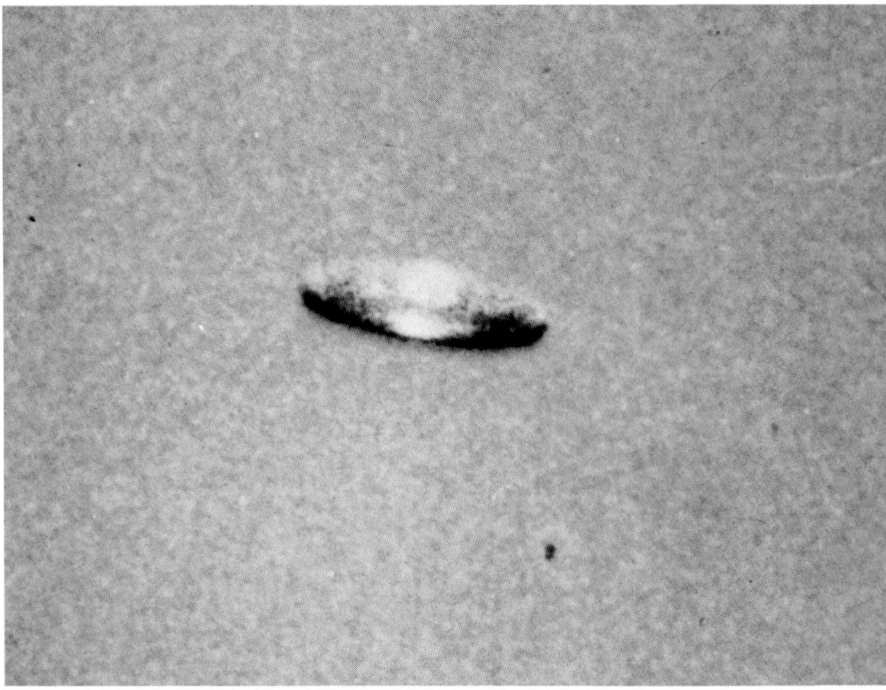

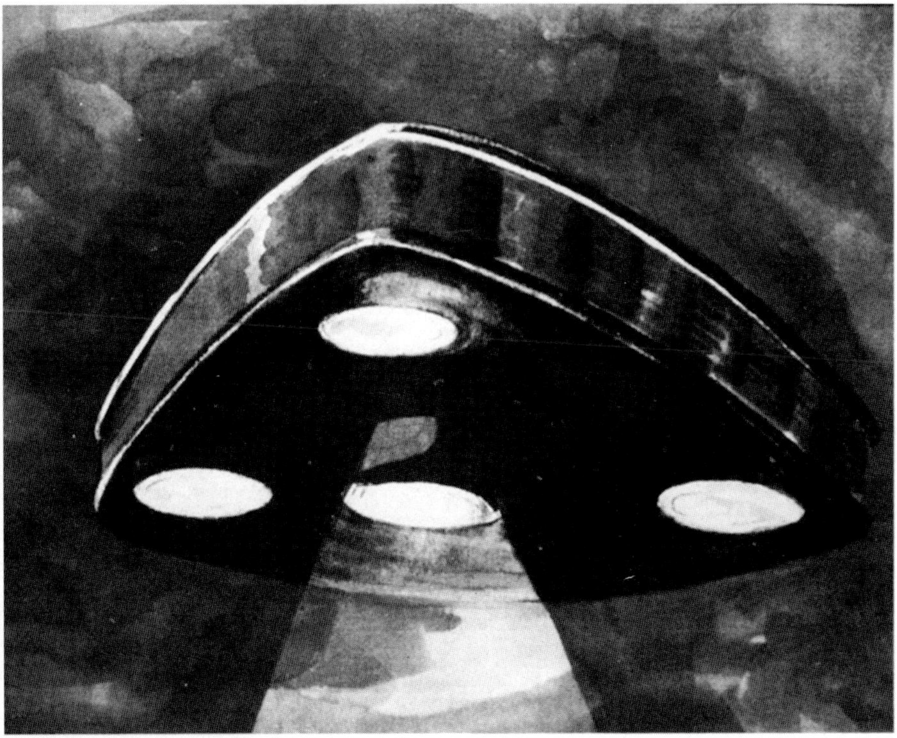

7 und 8 *Riesige dreieckige UFOs hätten am Himmel geschwebt, berichteten unzählige Belgier 1989 und 1990 aufgeregt. Ihre Skizzen glichen sich oft bis ins Detail.*

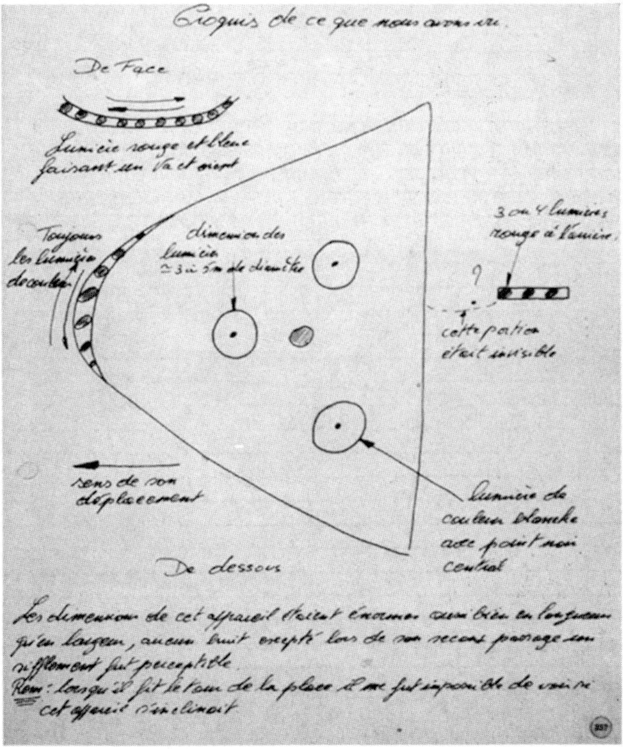

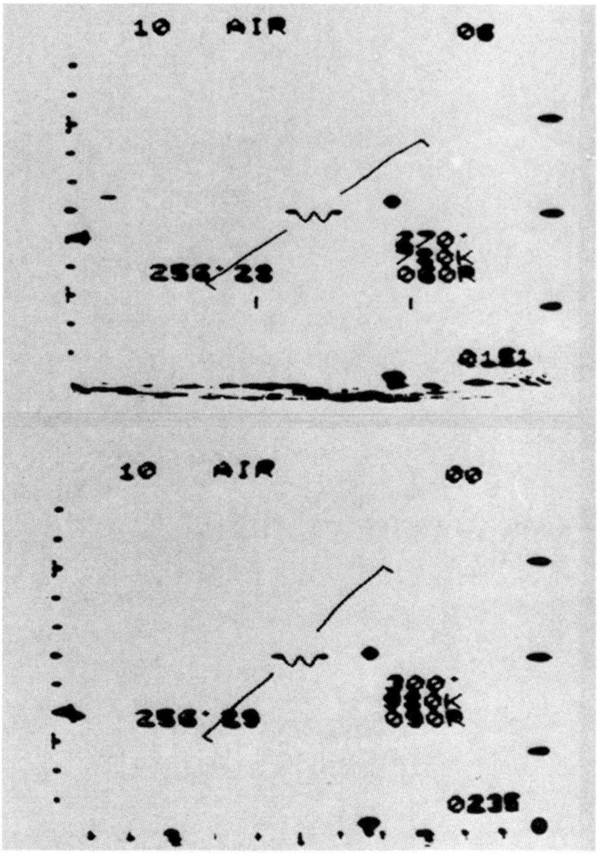

9 Original-Radar-Aufnahme der belgischen Luftwaffe, die am 30. März 1990 ein UFO verfolgte, dessen Flugverhalten sämtlichen konventionellen Erklärungsmöglichkeiten widersprach. (Der fremde Flugkörper wird auf dem Computerdisplay durch einen kleinen Rhombus symbolisiert.)

10 Sie arbeiteten während der Sichtungswelle eng mit der belgischen Luftwaffe zusammen: die UFO-Forscher von SOBEPS.

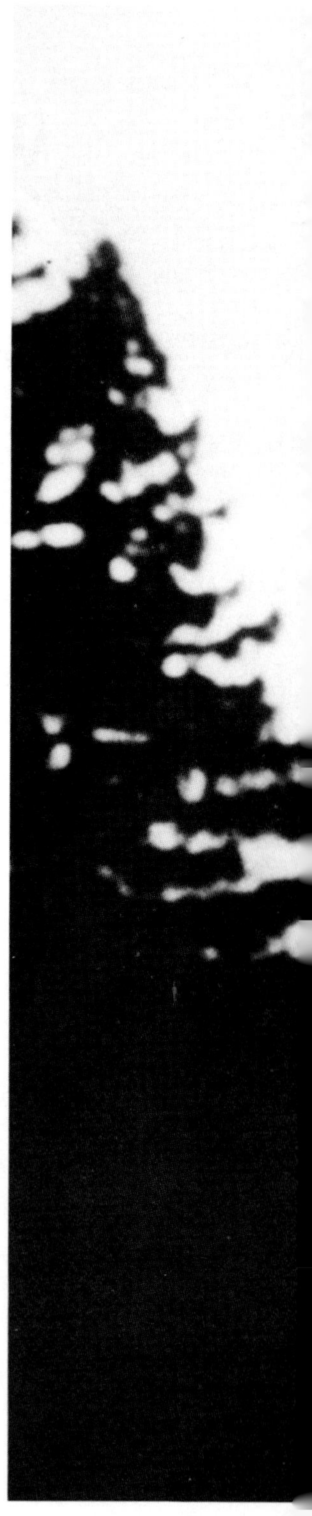

11 UFO-Aufnahme eines Holländers in Saas Fee (Schweiz) vom 26. Juli 1975. Die Photographie hielt detaillierten Computerüberprüfungen stand und gilt bis heute als authentisch.

12 Landete hier ein UFO? Seltsame Bodenmuster, die am 17. Mai 1977 in einem Feld bei Oberwil in der Nähe von Basel auftauchten.

13 Ludmilla Iwanowa, der am 24. August 1990 beeindruckende Filmaufnahmen der Himmelserscheinungen über Greifswald gelangen.

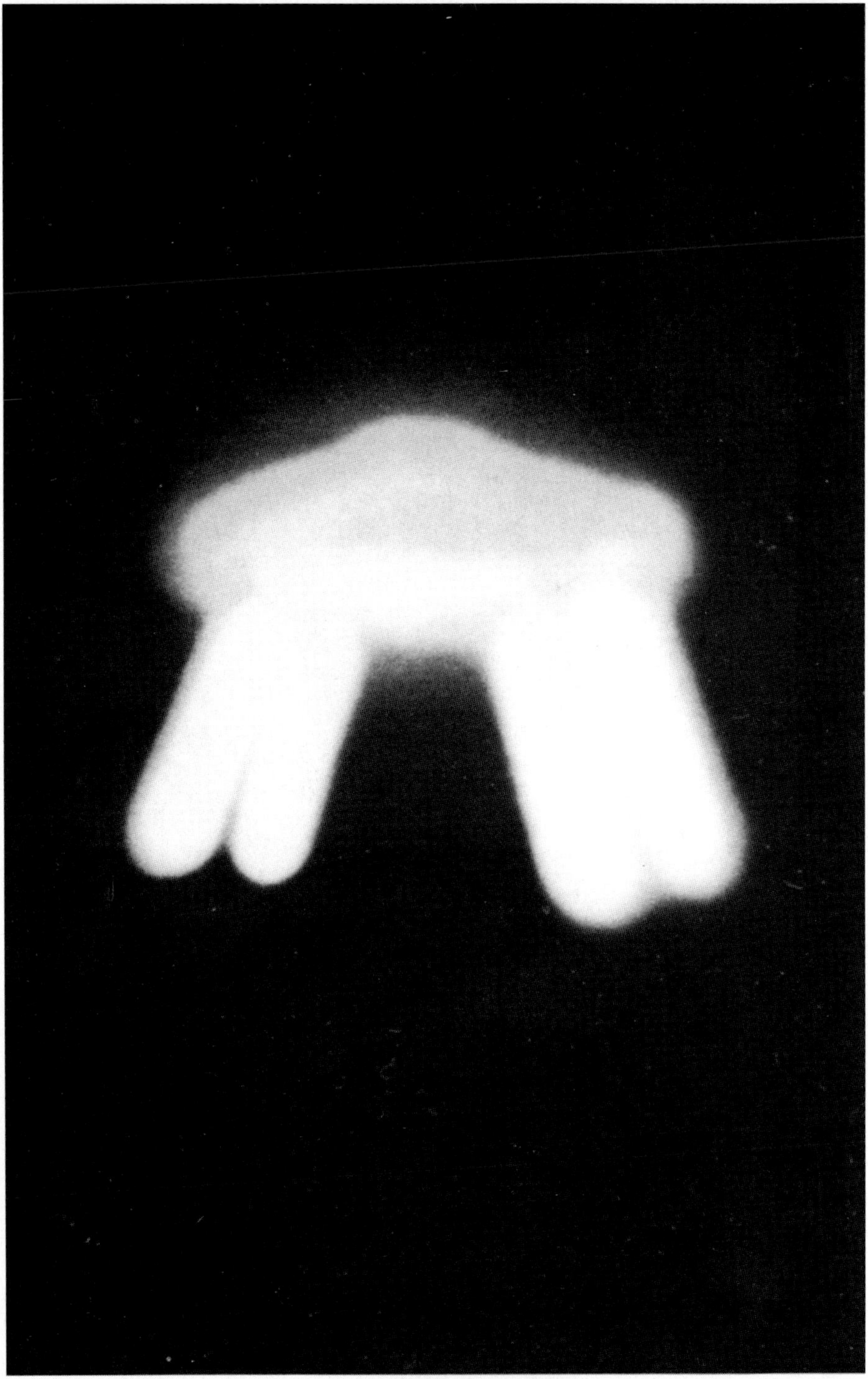

14 Dieses Flugobjekt wurde am 23. März 1974 über Albiosc (Frankreich) photographiert. Es ist dies eine der wenigen Aufnahmen, auf denen zusätzliche Strahlenphänomene festgehalten werden konnten.

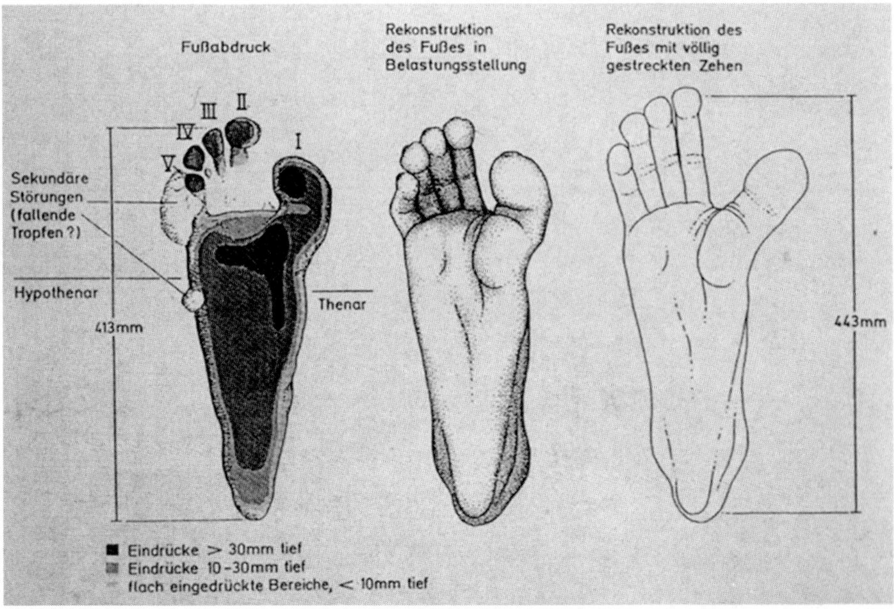

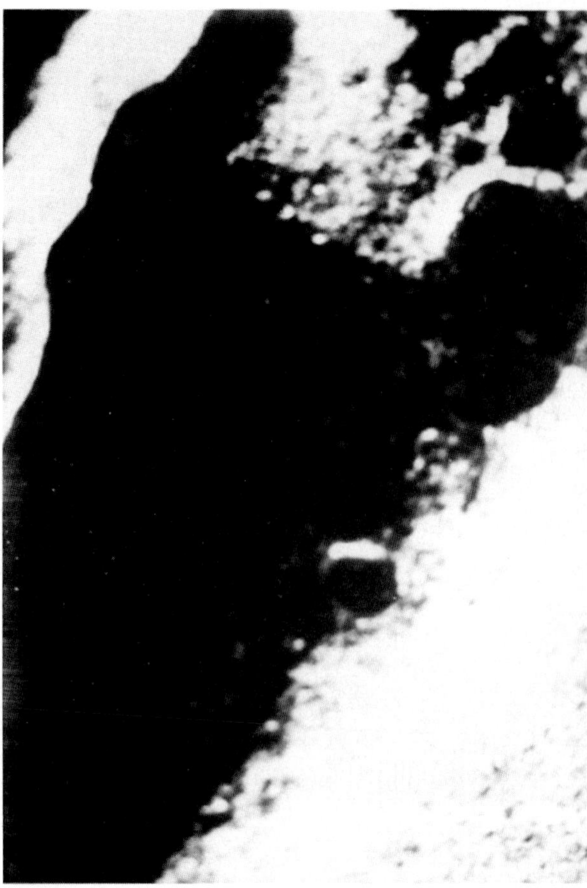

15, 16 und 17 Eine sensationelle paläontologische Entdeckung machte der Bochumer Professor Holger Preuschoft 1986 in Japan: Dieser Abdruck eines unbekannten Riesenwesens ist sagenhafte 44 Zentimeter lang. Der rund 15 Millionen Jahre alte Fund paßt in kein Schema.

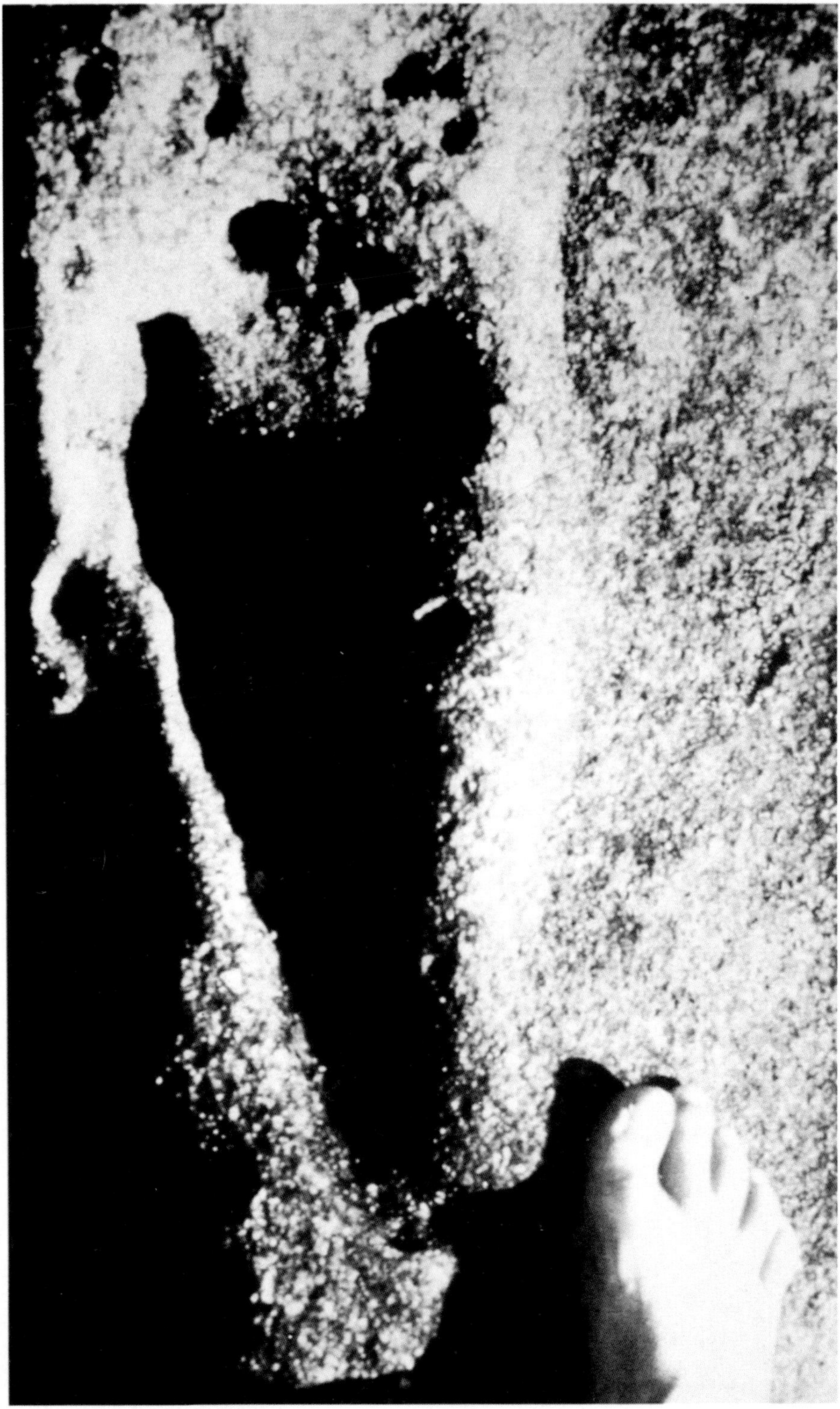

18 Illobrand von Ludwiger, Astrophysiker und Leiter der MUFON-CES, einer Gruppe von Wissenschaftlern, die sich der Erforschung unerklärlicher Himmelserscheinungen verschrieben hat, ist von der Existenz des UFO-Phänomens überzeugt.

19 Er glaubt, daß wir schon seit Jahrtausenden von einer überlegenen Intelligenz manipuliert werden: Johannes Fiebag, Vater der Mimikry-Hypothese.

20 und 21 Nach wie vor gibt das heilige Tuch von Guadalupe unseren Gelehrten Rätsel auf. Hat das Tuch tatsächlich photographischen Charakter wie verschiedene Wissenschaftler glauben? Sie wollen in den Augen Marias bei starker Vergrößerung unter anderem das Gesicht eines bärtigen Mannes entdeckt haben.

22 Gewaltige Steinquader prägen die monumentale Anlage unter dem ägyptischen Tempel von Abydos.

23 »Auch der Schnee von gestern wird oft zum Glatteis von morgen«, meint der Schweizer Schriftsteller Erich von Däniken und plädiert seit Jahrzehnten engagiert dafür, die alten Götterüberlieferungen beim Wort zu nehmen.

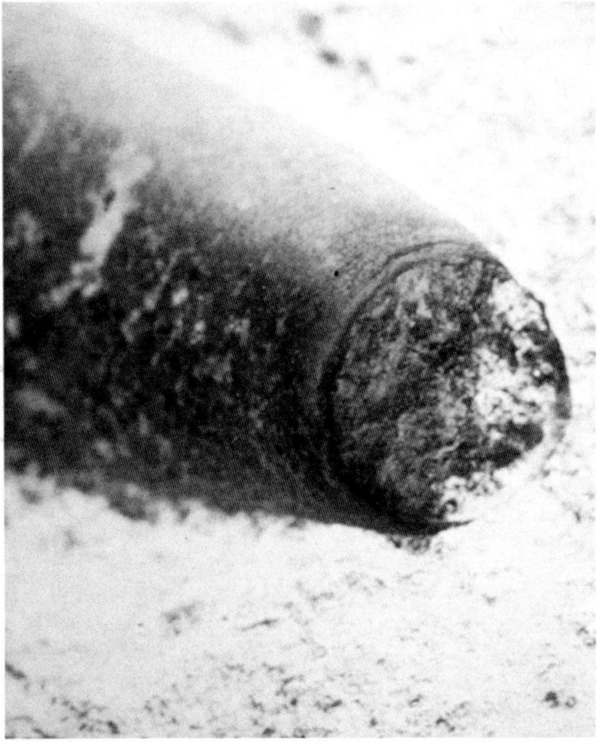

24 und 25 Kannten die alten Ägypter das Prinzip moderner Kernbohrungen? Umstrittene Bearbeitungen an jahrtausendealten Dioritblöcken in Abusir sorgten erst kürzlich für beträchtliche Verwirrung unter den Experten.

26 und 27 Das einzige Weltwunder, das der Zeit erfolgreich widerstanden hat: die Pyramiden von Gizeh. Sinn und Zweck der gigantischen Bauten sind nach wie vor umstritten.

- *14. April 1977*

»... plötzlich sah ich vor uns ein blitzlichtartiges Licht, doch als weder Cap. S. noch die nun anwesende Hosteß etwas sagten, dachte ich, ich hätte mich getäuscht. Etwas später fragte uns Maastricht nach unseren Flugbedingungen. Nachdem wir unsere Anwesenheit (...) bestätigt hatten, informierte uns der Controller über ein seltsames Radarecho (...), Entfernung: 15 Meilen. Wir hatten negativen Kontakt, sahen aber für kurze Zeit zwei Echos auf dem Radarschirm, ungefähr 15 Meilen (...) entfernt. Kurz danach sahen wir alle drei geradeaus ein weiteres, entferntes, blitzlichtartiges Licht. Maastricht informierte uns während der nächsten Minuten über den ungefähren Standort der Ziele (...)
Gemäß Maastricht blieb das Echo für kurze Zeit in der gegenwärtigen Position, bewegte sich danach mit sehr hoher Geschwindigkeit nach Norden, um danach wieder in einer Position von drei Meilen Entfernung (...) zu erscheinen, immer noch ohne visuellen Kontakt.
Etwas später bemerkten wir noch einmal ein sehr, sehr helles Licht – direkt vor uns –, Distanz nicht abschätzbar, vollkommen geräuschlos. Gemäß Maastricht bewegte sich das Echo dann nach Süden und schien – wie uns der Controller mitteilte – mit uns zu ›spielen‹, hinter uns und östlich unseres rechten Flügels. Maastricht hatte unterdessen auch Kontakt mit einer militärischen Radarstelle. Man schätzte die Höchstgeschwindigkeit des Objektes auf vier- bis fünffache Überschallgeschwindigkeit. Ich sah danach ein viertes und letztes blitzlichtartiges Licht in einer gewissen Distanz hinter unserem rechten Flügel, unfähig zu sagen, was auch immer es tatsächlich war. (...) Maastricht informierte uns noch, daß sie einen ähnlichen Zwischenfall hatten mit ei-

ner LTU-Maschine, vor einigen Wochen in derselben Gegend, ohne daß sie eine logische Erklärung dafür gefunden hätten ...«

● *Bericht des damaligen Radar-Controller von Maastricht zum Vorfall vom 14. April 1977*

»... die Geschehnisse wurden von der Crew in ihrem Report ziemlich korrekt beschrieben. Von meinem Platz am Boden erinnere ich mich daran, ein fixiertes Primärsignal gesehen zu haben.
Wir arbeiten in Maastricht mit makellosen synthetischen Displays und Multi-Radar-Tracking. Das heißt, daß ein Echo immer von mehr als einer Radarantenne registriert wird. Die Position wird berechnet, dann auf dem Display als Symbol angezeigt (damals war das ein Kreuz). Wenn sich das Echo nun bewegt (und sie bewegen sich immer), werden die früheren Positionen mit Punkten gekennzeichnet.
Es war übrigens nicht ungewöhnlich, fixierte Echos zu sehen, dies von Zeit zu Zeit. Aber sie hatten ihren Ursprung im Computer und verschwanden in der Regel nach fünf bis zehn Sekunden.
In dieser Nacht erwartete ich nur ein Flugzeug im besagten Sektor (die Swissair DC-9) und beobachtete den Radarschirm deshalb vielleicht etwas gründlicher. Ich bemerkte ein fixiertes Echo in der Nähe von Luxemburg, das sich für Minuten nicht bewegte. Als die DC-9 dann das Objekt passierte (10 bis 15 Meilen östlich davon) meldete ich dies. Der Rest ist Ihnen bekannt. Das Echo schien sich plötzlich (oder innerhalb der nächsten fünf Sekunden) um das Flugzeug herum zu bewegen, als sich dieses annäherte. An-

schließend bewegte es sich in drei oder vier ›Sprüngen‹ Richtung England.
Mein Bildschirm hatte in der besagten Nacht eine Ausdehnung von 120 Meilen und die Geschwindigkeit, die ich mit Mach 4 bis Mach 5 (vier- bis fünffache Schallgeschwindigkeit!) schätzte, war rein spekulativ. Jetzt würde ich sie auf Mach 10 bis 12 ansetzen.
Als ich nun den Flugreport noch einmal anschaute, erinnerte ich mich, von einem Fall gehört zu haben, der eine LTU-Tristar (L-1011) betraf, aber leider darf ich die Details nicht erwähnen, noch denjenigen, der mir dies erzählte ...«

- *22. August 1978*

»... Als wir das Objekt zum ersten Mal sahen, erschien es mehr oder weniger als eine Scheibe (in der Größe in etwa ein Drittel oder ein Viertel des Vollmondes) von blau-weißem, magnesiumartigem Aussehen und einem Schweif, der vielleicht viermal so lang wie das Objekt selbst war. Die Helligkeit des Feuerstrahls nahm mit zunehmender Länge ab. Als sich das Objekt gleichmäßig von rechts nach links bewegte, um dann abzusinken, wechselte es seine Form und verfärbte sich gelb, wobei die Helligkeit ständig abnahm. Kurz bevor es schließlich verschwand, erschien es noch einmal in Form zweier oranger Lichter sehr kleiner Größe (...)
Ich wäre sehr interessiert daran, zu erfahren, was es gewesen war. Sofern Sie es identifizieren können ...«

- *16. Juni 1981*

»... bemerkten wir während zehn bis zwölf Minuten etwa sechs bis acht Objekte (in Größe und Helligkeit der Venus sehr ähnlich) zwischen dem Flugzeug und der untergehenden Sonne, die mehrheitlich von Südwesten nach Nordosten flogen ...«

- *26. April 1986*

»... bemerkte ich plötzlich einen klaren schwarzen Punkt, der sich deutlich von den weißen Wolken abhob. Ich dachte anfänglich an ein Flugzeug, wenngleich mich die Distanz und die Höhe doch etwas irritierten. Für einen Moment wurde meine Aufmerksamkeit dann von den Instrumenten abgelenkt. Als ich das nächste Mal aus dem Cockpitfenster schaute, sah ich es erneut. Ich hatte den Eindruck, daß es an Höhe verlor und sich uns annäherte. Ich zog ein Ausweichmanöver ernsthaft in Betracht und informierte meinen Kollegen darüber. Aber plötzlich war das Objekt vor uns. Es zog in einer Entfernung von rund 50 Metern über die Flugzeugnase hinweg und sah folgendermaßen aus: grau, zigarrenförmig, außerordentlich klein (60 bis 100 Zentimeter, mit einem Durchmesser von ungefähr 15 bis 25 Zentimetern). Hinweise auf etwaige Antriebsmechanismen konnte ich keine erkennen. Meiner Meinung nach war das Objekt auf einer parabelähnlichen Umlaufbahn oder aber es befand sich im freien Fall. Der Approach-Controller wurde informiert. Er hatte keine Erklärung. Meteo-Ballone werden in diesem Sektor nicht verwendet. Als einzige Möglichkeit kam seiner Meinung nach noch vielleicht ein Kinderballon in Frage. Das war aber ganz sicherlich nicht der Fall.«

- *4. Januar 1988*

»Beim ersten Kontakt schaute ich aus dem Cockpit-Fenster, sah das Objekt, dachte aber, daß wir wohl gerade ein

Kehrmanöver durchführen würden, da es sich rasch nach unten bewegte. Ein Blick auf die Geräte bewies mir aber das Gegenteil. In diesem Augenblick verharrte es für einige Augenblicke am Horizont, beschrieb einige kleine Bewegungen und flog dann in rapidem Tempo aufwärts (ich betone: aufwärts!) in die Höhe. Wir waren anschließend nicht mehr in der Lage, das Ziel noch einmal zu lokalisieren.«

Wie wir gesehen haben, geraten örtliche Luftstreitkräfte durch UFO-Sichtungen in arge Bedrängnis, sind doch gerade sie eigentlich für die Wahrung und Sicherung ihres Luftraumes zuständig. Besonders in Amerika werden derartige Fälle von den Behörden in geradezu beunruhigendem Ausmaß verharmlost. Photo- und Videomaterial erstaunter Beobachter wird beschlagnahmt, Augenzeugen werden eingeschüchtert. Das Ganze ging sogar so weit, daß CIA und NSA während Jahrzehnten UFO-Berichte zurückhielten, die erst nach jahrelangen juristischen Streitereien das Licht der Öffentlichkeit erblickten. Zumindest ein kleiner Teil davon. Der große Rest bleibt nämlich nach wie vor unter Verschluß. Offizielle Begründung: »Gefährdung der nationalen Sicherheit«.

Die wahren Gründe für diese beängstigende Schweigepolitik beschäftigen die UFO-Forscher nach wie vor. Nun legten amerikanische Experten vor einiger Zeit eine provokante These auf den Tisch, die – sollte sie sich bewahrheiten – eine einleuchtende Antwort für derlei Aktivitäten aufzeigen könnte, gleichzeitig aber wohl auch die größte wissenschaftliche Sensation dieses Jahrhunderts bedeuten dürfte. Wir geben denn auch gerne zu, daß wir im folgenden in einem der wohl umstrittensten Teilgebiete innerhalb der UFO-Forschung wühlen werden …

10 Havarie in Neu-Mexiko

Die These der beiden amerikanischen UFO-Forscher Stanton Friedman und Leonard Stringfield ist provokant, wenn auch durch zahlreiche Indizien einleuchtend begründet: Im Sommer 1947 sei in der Wüste von Neu-Mexiko ein UFO abgestürzt, das von den amerikanischen Militärs unter höchster Geheimhaltung geborgen und abtransportiert wurde. Ihre Behauptung unterlegen die beiden mit zahlreichen Augenzeugenberichten.

Tatsächlich kursierten bereits in den fünfziger Jahren erste Gerüchte um dieses Ereignis, das bis heute unter höchster Geheimstufe gehalten wird. Erst in den achtziger Jahren aber, begannen findige UFO-Forscher aufgrund immer häufiger auftauchender Geheimberichte von NSA, CIA und FBI der Sache nachzugehen und kamen zu ganz erstaunlichen Resultaten. Denn trotz ihrer überlegenen Flugcharakteristika – wie sie uns die Zeugen immer wieder beschreiben – kann ja nicht ausgeschlossen werden, daß gerade auch UFOs (unter der Annahme, daß es sich um physikalisch reale Flugmaschinen handelt) technischen Havarien unterliegen könnten.

Effektiv teilte die amerikanische Air-Force am 8. Juli 1947 in einer offiziellen Presseerklärung mit, »daß die zahlreichen im Umlauf befindlichen Gerüchte über eine fliegende Untertasse gestern bestätigt wurden, als die nachrichtendienstliche Abteilung des 509. Bombengeschwaders der auf dem Militärflughafen Roswell stationierten Luftwaffeneinheit sich dank der Mithilfe eines Ranchers aus der Gegend und des für Chaves County zuständigen Sheriffs in den Besitz eines scheibenförmigen Flugkörpers setzen konnten.« Kurz danach war die Meldung schnell wieder dementiert worden. Ein simpler Wetterballon sei in der be-

sagten Gegend niedergegangen. Das Thema war – zumindest vorerst – abgehakt.
Bis heute aber traut so mancher Amerikaner diesen Worten nicht. Warum war das Gebiet unter großem Aufwand militärisch abgesperrt worden? Warum sprach der Sohn des Farmers später von »Material, das er nicht identifizieren konnte, und das nicht brennbar war«? Und woher stammten die »seltsamen Hieroglyphen«, die er auf den Bruchteilen bemerkt hatte?
Ende der achtziger Jahre trat der damalige Urheber der Dementimeldung an die Öffentlichkeit und erklärte nach einigem Zögern, daß er lediglich auf höhere Weisung von oben gehandelt habe. Es habe sich beim abgestürzten Objekt natürlich nie und nimmer um einen Wetterballon gehandelt. Auch diverse inzwischen freigegebene CIA-Akten sprechen von der Bergung einer »fliegenden Scheibe und ihren Insassen«. Ebenso ist bekannt, daß die NSA, ein anderer US-Geheimdienst, unzählige UFO-Dokumente unter Verschluß hält und dies rechtlich »mit dem Interesse der nationalen Sicherheit« begründet. Die restlichen Seiten der Begründung sind zwar öffentlich zugänglich, aber rigoros zensiert und eingeschwärzt. Die Geheimdienste gingen gar soweit, absichtlich gefälschte Dokumente in Umlauf zu bringen, die die ganze Sache diskreditieren sollten, um den Befürwortern der Absturzthese den Wind aus den Segeln zu nehmen.
Nun, immerhin hat man heute eine ganze Reihe von glaubwürdigen Zeugen (sowohl aus militärischen wie auch aus zivilen Kreisen) ausfindig gemacht, die alle hartnäckig an ihrer Darstellung festhalten, dem Absturz und der Bergung des untertassenförmigen Flugkörpers durch die Militärs beigewohnt zu haben, und wir sollten ihre Berichte nicht einfach so vom Tisch wischen, nur weil sich darunter nach-

weislich auch einige schwarze Schafe befinden. Wo Gras über eine Sache wächst, wuchert eben immer auch Unkraut. Die Untersucher unterscheiden denn auch heute penibel genau zwischen Berichten aus erster Hand (Schilderungen von Zeugen, die direkt in die Vorfälle verwickelt waren) und Berichten aus zweiter Hand (indirekte Schilderungen, beispielsweise von Verwandten der Betroffenen).

Nachdem sich über den Roswell-Vorfall bereits beachtliche Dokumentenberge auf den Tischen der Untersucher stapelten, kristallisierte sich immer mehr heraus, daß über Roswell wohl nur Teile eines Objektes niedergegangen waren, denn die Trümmer dort waren über das gesamte Gebiet verstreut. Ein eigentlicher, massiver Flugkörper war nicht gefunden worden. Erst das Jahr 1991 brachte neues Licht ins dunkle Absturz-Geschehen, als Gerald Anderson im Sommer an die Öffentlichkeit trat.
Anderson, ein ehemaliger Polizeichef aus Rockaway Beach und Taney County, gilt heute als wichtigster Zeuge für den zweiten Absturz, der sich im Juli 1947 ebenfalls in der Wüste von Neu Mexiko, diesmal aber in der Nähe von San Agustin, abgespielt haben soll. Auch seine Äußerungen verursachten einigen Wirbel, denn der Amerikaner berichtete unter anderem ausführlich über vier kleine Kreaturen, die neben der silbrigen Scheibe im Sterben lagen. Ging dort also der effektive Hauptkörper nieder?
Anderson schwieg 43 Jahre über sein Erlebnis. Von der hitzigen Diskussion, die sich unterdessen zwischen Befürwortern und Gegnern des Vorfalls abspielte, bekam er nach eigenen Worten nichts mit. Zufällig sah er aber im Fernsehen eine Folge aus der populären amerikanischen Fernsehserie »Unsolved Mysteries«, in welcher über die Untersuchungen zum Roswell-Ereignis berichtet wurde. Anderson

erschrak und stutzte zugleich: Nicht alles stimmte mit seiner Geschichte überein, da schien es beträchtliche Abweichungen zu geben. Als eine Telephonnummer eingeblendet wurde, zögerte er nicht lange und rief an.

»Ich war keineswegs auf der Suche nach ungelösten Problemen. Ich habe genug Probleme in meinem Leben, die ich noch nicht gelöst habe, und ich brauche nicht noch zusätzliche. Aber ich fühlte mich irgendwie verpflichtet zu berichten, denn die Leute, die da im Fernsehen über diese Sache fachsimpelten, wußten doch eigentlich gar nicht, über was sie sprachen!« meinte er rückblickend.

Die beschriebene Form des Objektes sei völlig falsch, erklärte Anderson dem verdutzten Moderator. Dieser war ziemlich perplex: »Woher wissen Sie das?« fragte er zögernd.

»Ganz einfach. Ich habe es gesehen!« tönte es ihm aus dem Hörer entgegen.

Die Telephondrähte liefen heiß an jenem Abend. Stanton Friedman und andere UFO-Untersucher begannen der Sache nachzugehen. Je länger sie sich mit Gerald Anderson über seine Erlebnisse unterhielten, um so überzeugter wurden sie. Dieser Mann hatte anscheinend wirklich etwas Unglaubliches erlebt.

Der von Anderson beschriebene Absturzort liegt in einer Wüstenlandschaft, 75 Luftmeilen südwestlich von Albuquerque. Die Anderson-Familie war damals im Juli 1947 gerade in Albuquerque angekommen und wohnte im Haus von Geralds Onkel. Eines Tages entschloß man sich spontan zu einem Ausflug. Irgendwo in der Wüste stellten die Amerikaner ihr Auto ab und spazierten in die besagte Gegend. Plötzlich blieben sie wie angewurzelt stehen. Etwas vor ihnen steckte eine riesige metallische Scheibe im Boden! Und dann sahen sie die herumliegenden Wesen. Sie

waren ungefähr 1,20 Meter groß, hatten riesige unbehaarte Köpfe und ebensolche Augen. Von vier hatten zwei überlebt, wobei das eine heftig röchelte. Das vierte saß einfach da und schreckte verängstigt und verzweifelt vor den neugierigen Beobachtern zurück. Nach einigen Minuten kamen weitere Schaulustige dazu, fünf Studenten und ihr Lehrer. Sie hatten in der Nacht etwas abstürzen gesehen und wollten der Sache vor Ort nachgehen.
Der Lehrer sprach das überlebende Wesen in verschiedenen Sprachen an, es reagierte nicht. Der fünfjährige Gerald trat unterdessen näher heran. Im Gegensatz zum Rest der Umgebung herrschte in der Nähe des UFOs eine angenehme Kälte. Er berührte eines der beiden liegenden Wesen. Es war kalt. Einige Minuten vergingen. Da drehte eine der Kreaturen auf einmal ihren Kopf: Gerald Anderson war wie gelähmt. Und für Sekunden fand eine Kommunikation statt. Eine Kommunikation, wie er sie noch nie erlebt hatte. Er spürte die Angst und die Verzweiflung des Wesens, seine Einsamkeit und seine Hoffnungslosigkeit, als er in die großen dunklen Augen blickte.
Die Begegnung zwischen zwei Welten wurde rüde unterbrochen. Bewaffnete Militärs tauchten auf. Das Wesen geriet in Panik, als es die Soldaten sah. Anderson denkt mit Schrecken an dieses Erlebnis zurück: »Seine Situation war hoffnungslos. Es hatte gerade einen Alptraum hinter sich. Es hatte mitansehen müssen, wie zwei seiner Freunde starben. Ein weiterer lag todkrank da. Und es wußte, daß es keine Chance auf ein Entrinnen gab, als das Militär auftauchte!«
Schreie hallten durch die Wüste. Soldaten rannten durch das Gelände, drängten die Zivilpersonen zurück und begannen das Gebiet abzuriegeln. Anderson weiß noch ganz genau, wie einer der Militärs auf seinen Vater zuging und

ihm erklärte, daß dies ein geheimes Testprojekt der Amerikaner sei und jeder, der irgend etwas davon in die Öffentlichkeit trüge, mit unangenehmen Folgen zu rechnen habe. Ein Blick auf die geladenen Waffen ließ die Augenzeugen verstummen. Derweil tauchten immer mehr Soldaten auf. Lastwagen kämpften sich durch das Gelände, die Straßen wurden abgesperrt, und Flugzeuge überflogen das Gelände. Objekt und Wesen wurden unter strenger Bewachung abtransportiert.

Seit Jahren sammelt die private UFO-Forschung Puzzlestein für Puzzlestein, um die amerikanische Regierung zur Freigabe der Akten über die Neu-Mexiko-Vorfälle zu zwingen. Das primäre Problem dabei ist vor allem die große Zeitspanne seit dem Vorfall, sind doch viele der damaligen Zeugen inzwischen bereits verstorben.
Jesse Marcel jr. ist der Sohn von Oberstleutnant Marcel, der damals in die Bergung der Roswell-Wrackteile involviert war. Zur Zeit des Vorfalles war er gerade 12 Jahre alt. Er kann sich heute noch gut an die Bergung erinnern: »Mein Vater hat mir die Wrackteile gezeigt. Und eines ist hundertprozentig sicher: Das war nie und nimmer ein Wetterballon!« Die Wrackteile, so Marcel weiter, seien alle mit seltsamen Hieroglyphen bedeckt gewesen sein. »Ich weiß, daß die Wrackteile irgendwo aufbewahrt werden, am wahrscheinlichsten in der Air-Force-Basis von Wright-Patterson«, hält er hartnäckig an seinen Ausführungen fest. Andere involvierte Militärs, die in den letzten Jahren noch interviewt werden konnten, bestätigten Marcels Bericht. Ihr Tenor: »Wir hatten Anweisung von oben, das Material sofort mit einem Spezialflugzeug in die Air-Force-Base nach Wright-Field zu bringen. Die Wetterballon-Story sollte die Presse ablenken!«

Zu Beginn der neunziger Jahre wurde Glenn Dennis, der ehemalige Leichenbestatter von Roswell ausfindig gemacht. Und auch seine Ausführungen decken sich bis ins Detail mit den Aussagen der übrigen Zeugen. Es war der 9. oder der 10. Juli 1947, und Dennis saß gerade in seinem Büro, als er einen seltsamen Anruf von einem Bestattungsoffizier der Air-Force erhielt, der sich nach möglichst kleinen Särgen erkundigte. »Sie sagten, sie hätten da drei tote Körper, die einige Zeit der Sonne ausgesetzt waren, und nun wollten sie wissen, wie man sie am besten behandeln könnte«, erinnert sich der Amerikaner noch gut an den Vorfall. »Später fuhr ich dann mit einem verletzten GI in das nahe gelegene Militär-Hospital. Es wimmelte dort geradezu von bewaffneten Soldaten und hochrangigen Militärs! Und dann sah ich zwei dieser alten Sanitätswagen. Ihr Laderaum war geöffnet, und dort lagen dann diese Wrack-überreste mit den merkwürdigen Hieroglyphen auf ihrer Oberseite.«
Plötzlich wurden die Militärs auf Dennis aufmerksam: »Sie bedrohten mich mit ihren Waffen und wollten wissen, was ich hier zu suchen hätte. Schließlich trugen sie mich aufgeregt hinaus, denn ich machte keine Anstalten zu gehen. Zu Hause angekommen, klingelte erneut das Telephon, und man riet mir, nur ja mein Maul zu halten, sonst könne man für gar nichts mehr garantieren ...«

Auch Kevin Randle und Donald Schmitt haben sich sehr intensiv mit den Vorfällen um Roswell beschäftigt. In ihrer 1991 publizierten Studie »UFO Crash at Roswell« listen die beiden Amerikaner Dutzende von Zeugen namentlich auf, mit denen sie gesprochen haben. All diese Personen – einige unter ihnen hochrangige Militärs – waren irgendwie in die damaligen Vorfälle verwickelt. Anhand dieser Ausführungen rekonstruierten Randle und Schmitt minutiös den gesamten Ablauf der Geschehnisse – vom Absturz bis zur Bergung. Als sie schließlich sowohl dem Verteidigungsministerium als auch der zentralen Veteranen-Organisation Amerikas eine Liste mit den Namen von weit über 20 ehemaligen Air-Force-Leuten übergaben, die 1947 nachweislich auf der Luftwaffenbasis von Roswell stationiert gewesen waren, zuckte man dort nur mit den Schultern. Die lapidare Antwort: »Offizielle Aufzeichnungen über diese Personen existieren nicht.«

Im Verlauf ihrer Untersuchungen wurden Randle und Schmitt offiziellen Aussagen der US-Behörden gegenüber denn auch zusehends mißtrauischer: Wenn der Absturz lediglich auf ein geheimes Testprojekt der Amerikaner zurückzuführen war, wie einige Kritiker heute lamentieren, warum dauerte es dann volle vier Tage, bis die Militärs (erst aufgrund des Hinweises des betroffenen Farmers!) auf den Absturz aufmerksam wurden? Und warum wurden extra Photographen aus Washington eingeflogen, um die Absturzstelle zu photographieren, wo doch auf der nahe gelegenen Luftwaffenbasis ein spezielles Expertenteam zur Verfügung gestanden hätte?

Weiteres Indiz dafür, daß in Roswell einiges vertuscht wurde, ist »Project Bluebook«, jenes offizielle UFO-Forschungsprogramm der amerikanischen Luftwaffe, das jahrzehntelang alle eingehenden UFO-Berichte einer genaueren Überprüfung unterzog. Randle schreibt: »Tatsächlich finden wir in den ›Bluebook‹-Akten nicht den Hauch eines Hinweises auf Roswell. Während für die vorigen Monate des Jahres 1947 haufenweise Berichte aufgelistet werden, hat irgend jemand anscheinend alle Referenzen zum Roswell-Vorfall entfernt. Daß damals effektiv ein geheimes Untersuchungsprojekt existiert haben muß, zeigt sich übrigens auch am Beispiel der Filmaufnahmen, die Air-Force-Piloten von UFOs machten. In den ›Bluebook‹-Akten finden wir beinahe zwanzig derartige Einträge. Niemand aber hat die Filme je zu Gesicht bekommen, obwohl alle Akten heute längst frei zugänglich sind!«

Zu den wichtigsten Dokumenten, die sich heute in den Aktenschränken der UFO-Forscher befinden, gehört mittlerweile ein handgeschriebenes Transkript des kanadischen Wissenschaftlers Wilbert Smith, der 1950 anläßlich einer Sitzung in Washington den Harvard-Professor Dr. Robert I. Sarbacher, Mitglied des Forschungs- und Entwicklungsausschusses im Verteidigungsministerium, interviewte und ihn dabei unter anderem auch auf den Realitätsgehalt der Absturz-Gerüchte ansprach. Wir geben hier eine Übersetzung des Originaltranskripts wieder:
Smith: »Zur Zeit arbeite ich gerade an der Frage, wie man das Magnetfeld der Erde als Energiequelle erschließen könnte, und ich denke, daß diese Arbeit durchaus auch im Zusammenhang zu den fliegenden Untertassen gesehen werden muß.«
Sarbacher: »Was möchten Sie wissen?«
Smith: »Nun, ich habe Scullys Buch über die fliegenden Untertassen gelesen, und mich würde wundernehmen, was davon wahr ist.«
Sarbacher: »Die dort dargestellten Fakten sind im wesentlichen korrekt wiedergegeben.«
Smith: »Dann gibt es die UFOs also?«
Sarbacher: »Ja, es gibt sie.«
Smith: »Und funktionieren sie auch nach magnetischen Prinzipien, wie Scully schreibt?«
Sarbacher: »Bisher ist es uns nicht gelungen, ihre Leistungen nachzuvollziehen.«

Smith: »Kommen sie von einem fremden Planeten zu uns?«
Sarbacher: »Alles, was wir wissen, ist, daß sie nicht auf der Erde entwickelt wurden.«
Smith: »Ich nehme an, die ganze Sache unterliegt höchster Geheimhaltung?«
Sarbacher: »Ja. Sie ist sogar noch zwei Klassen höher eingestuft als die Wasserstoffbombe. Derzeit gibt es tatsächlich keine andere Angelegenheit, die mit einer derart hohen Geheimhaltungsstufe versehen ist.«
Smith: »Darf ich fragen, wo der Grund für diese Geheimhaltung liegt?«
Sarbacher: »Fragen dürfen Sie. Aber ich werde es Ihnen nicht sagen.«
Smith: »Gibt es eine Möglichkeit, wie ich an weitere Informationen gelangen könnte? Die ganze Sache könnte uns möglicherweise wertvolle Anregungen für unsere Arbeiten liefern.«
Sarbacher: »Vielleicht könnte Ihnen das kanadische Verteidigungsministerium eine Sicherheitsbescheinigung ausstellen. Ein Informationsaustausch mit uns ließe sich dann vermutlich arrangieren. Mehr kann ich Ihnen zu diesem Zeitpunkt allerdings nicht versprechen …«
Kurz bevor Sarbacher Mitte der achtziger Jahre starb, drückte er noch einmal sein Unverständnis darüber aus, daß der Vorfall immer noch geheimgehalten wird.

Sollten sich die US-Militärs tatsächlich im Besitz eines abgestürzten außerirdischen Flugkörpers befinden, so ist es durchaus möglich, daß die Spezialisten dort bis heute erst kleinste Teile der erbeuteten außerirdischen Technik beherrschen, werden sie doch vermutlich mit einer Technologie konfrontiert, die der unseren weit überlegen sein dürfte. Etwaigen Testflügen scheint bis heute jedenfalls noch kein allzu großer Erfolg beschieden gewesen zu sein, wie uns ein Blick auf den berühmten Cash/Landrum-Fall aus dem Jahre 1980 zeigt. Damals kamen drei Amerikaner beinahe ums Leben, als sie aus heiterem Himmel mit einem mysteriösen, militärischen Flugkörper konfrontiert wurden.

Betty Cash, Vickie Landrum und der kleine Colby fuhren am 29. Dezember von Dayton Richtung Norden. Es war 21.00 Uhr. Plötzlich bemerkten die drei eine starke Lichtquelle, die sich hinter den Bäumen auf und ab bewegte. Nach einigen Minuten schwebte ein seltsames, diamantenförmiges »Ding« Richtung Auto. Es verbreitete eine ungeheure Hitze und wies an seiner Unterseite eine Art Feuerstrahl auf, der von Zeit zu Zeit unter lautem Getöse aktiviert wurde.

Betty verließ die Straße, hielt an (inzwischen hatte sich die brütende Hitze überall ausgebreitet), und die drei stiegen aus. Entgeistert starrten sie – zitternd vor Angst – dieses seltsame Ding an, das dort am Himmel seine Kreise zog. Schließlich verlassen die Zeugen den Ort und fahren weiter. Doch plötzlich taucht das Flugobjekt erneut auf. Diesmal wird es von über 20 US-Kampfhelikoptern begleitet. »Der Himmel war voller Helikopter, manche flogen um das Ding herum, andere hielten sich dahinter auf, es war ein höllischer Lärm da draußen!« erinnert sich Vickie heute noch voller Entsetzen. (Die Helikopter wurden von den drei Beobachtern später in der Mehrzahl als CH-47-Chinooks identifiziert – zweirotorige Geräte amerikanischer Herkunft.) Endlich entfernten sich Objekt und Helikopter endgültig, und die verängstigten Zeugen fuhren nach Hause.

Um 21.50 Uhr setzte Betty ihre Mitfahrer in deren Wohnung ab. Sie fühlte sich schlecht. Schon bald wurde ihre Haut rot, der Hals schwoll an, und auf ihrem ganzen Gesicht bildeten sich unappetitliche Blasen, die später aufplatzten. Betty war einem Koma nahe. Unterdessen waren die gleichen Symptome auch bei Colby und Vickie aufgetreten, allerdings nicht in derselben Stärke.

Betty wurde ins nächste Krankenhaus gebracht, wo sie wie ein normales Verbrennungsopfer behandelt wurde. Über den eigentlichen Zwischenfall verlor sie selbst keine Worte. Schließlich platzte der kleine Colby aber vor einem Arzt mit der Wahrheit heraus und erzählte ihm stockend die ganze Geschichte.

Der Fall wurde in der Folge von erfahrenen UFO-Untersuchern behandelt, er gehört heute zu den glaubwürdigsten und bestrecherchierten Fällen überhaupt. Das Interessante: Das Militär bestreitet bis auf den heutigen Tag energisch jegliche Hubschraubereinsätze an besagtem Datum! Aber auch andere Zeugen hatten am genannten Abend Hubschrauberaktivitäten bemerkt, und so mußte sich dort draußen wohl tatsächlich etwas Seltsames ereignet haben.

Noch heute leiden Vickie und Colby zudem an permanenten Hauterkrankungen. Ihre Sehstärke nahm im Laufe der Zeit rapide ab, und Betty fielen die Haare nach dem Vorfall gleich büschelweise aus. (Ewig-Gestrige warfen den Opfern übrigens allen Ernstes vor, den Vorfall getürkt zu haben. Die gute Betty wird sich ihrer Haarpracht in einem Anflug von Masochismus dann halt wohl eigenhändig entledigt haben ...)

UFO-Forscher arrangierten schließlich ein Treffen mit den Militärs, wo die drei Zeugen einen Chinook-Helikopter genauestens anschauen konnten. Einer der Piloten erwähnte dabei zufällig das seltsame Flugobjekt. Ja, es seien damals viele Helikopter unterwegs gewesen, nickte er bei-

läufig. Als Vickie ergänzte, daß sie zu den damaligen Zeugen gehörte, erbleichte der Mann. Später bestritt er gegenüber dem UFO-Forscher John Schuessler hartnäckig, jemals solche Aussagen gemacht zu haben. (Nach Aussagen von UFO-Experte Illobrand von Ludwiger hat ein anderer Hubschrauberpilot den Zwischenfall inzwischen bezeugt, aber darauf hingewiesen, daß die ganze Angelegenheit die höchste Geheimhaltungsstufe erhalten habe.)
Die drei Opfer verklagten den amerikanischen Staat später auf Schadenersatz. Ihr Anliegen wurde kurz darauf in allen Punkten abgeschmettert.

»Die Wahrheit ist ein Kind der Zeit, nicht der Autorität«, schrieb einst Bert Brecht, und so hoffen wir weiter, daß uns die amerikanischen Geheimdienste irgendwann sämtliche Unterlagen auf den Tisch legen werden, die sie zum UFO-Thema gesammelt haben. Erst dann werden wir den geheimnisvollen Schleier, der über dem UFO-Phänomen liegt, vielleicht ein wenig lüften können.

III Kosmische Eingriffe

»Wunder fangen da an, wo die menschlichen Sinne unserem Verstehen Mauern setzen. Ein ›Wunder‹ ist immer die Kapitulation des menschlichen Verstandes vor dem Unerklärlichen.«

URSULA SPIELMANN, Journalistin

1 John Frum: Ein Gott steigt vom Himmel

Dumpf dröhnen Trommelschläge durch das Blätterdikkicht, sonore Laute schwirren durch die Lüfte, vermischen sich mit dem Gezwitscher unzähliger Vogelarten zu einem seltsamen Klang, der vom rhythmisch stapfenden Geräusch vieler Füße begleitet wird. Die Eingeborenen von Tanna, einer Insel der Hebriden, formieren sich zu exerzierenden Gruppen, schultern ihre Speere und bemalen sich mit dem Zeichen ihres Gottes. Auf ihren vom Schweiß glänzenden nackten Oberkörpern haben sie sich mit roter Farbe drei Buchstaben aufgepinselt, die uns wohlbekannt sind: U.S.A.

Die Einwohner praktizieren ihren John-Frum-Kult. John Frum, das war jenes göttliche Wesen, das vor Jahrzehnten unter Donnergrollen vom Himmel zu ihnen herunterstieg. John Frum, das war jenes Wesen aus einer fremden Welt, das magische Zauberkräfte besaß.

Frum muß Amerikaner gewesen sein, genauer gesagt amerikanischer Soldat, und landete wohl während des Zweiten Weltkriegs auf Tanna, als US-Militärs auf den nahe gelegenen Inseln überall technische Stützpunkte einrichteten, Funkverbindungen legten, Fertighäuser aufbauten und dazu Hunderte von Jeeps einsetzten. Die Eingeborenen schauten diesen Aktivitäten verstört zu: Die Götter mußten zurückgekehrt sein! Jene Götter, die damals unter James Cook die Insel 1774 entdeckt hatten. Götter, die ihre Nahrung aus riesigen Kisten hervorzauberten, Götter, die Gewalt über das Feuer hatten, Götter, die »sprechende Kästchen« mit sich trugen. Aber irgendwann verschwanden die US-Soldaten wieder und mit ihnen die so heiß begehrten Waren – »cargo«, wie sie die Einheimischen nannten.

In der Folge entwickelte sich auf Tanna etwas, was Ethnologen als »Cargo-Kult« bezeichnen: Die Eingeborenen versuchen – indem sie Sitten und Gegenstände ihrer »Götter« nachahmen –, die Cargo-Quelle wieder zum Sprudeln zu bringen. Sie bemalen sich dazu mit den Buchstaben des »göttlichen Landes«, exerzieren wie einst die Soldaten im Kreis und beten christliche Kreuze an. Aber nichts passiert. Man mußte die Götter verärgert haben. Also nimmt der Kult immer groteskere Formen an.

Noch Ende der siebziger Jahre glaubte wohl jeder der 12 000 Einwohner Tannas irgendwie an Gott John Frum. An jährlichen rituellen Festen meditierte man vor zerknitterten Photographien amerikanischer Soldaten. Kleidungsstücke und vereinzelte Münzen oder Dollarnoten, die die Fremden den Eingeborenen vermacht hatten, wurden ebenso stolz als heilige Reliquien verehrt wie der Helm, den ein unbekannter US-Soldat auf der Insel vergaß.

Die Verehrung von John Frum hatte aber auch ihre Schattenseiten. Davon überzeugt, daß ihre Götter in den USA leben, verweigerten die Einwohner Tannas jegliche Einmischung lokaler Behörden. Die Angst, John Frums Gnade zu verlieren, war größer als wirtschaftliche Nöte. Und als behördliche Vermittler den Einwohnern ihren Cargo-Kult zu untersagen versuchten, verstärkte das die Bewohner Tannas nur in ihrer Überzeugung, daß ihnen die Europäer das Cargo nicht gönnten, der Kult wurde trotzig weiter betrieben.

Wie würden wir vorgehen, wenn uns bei der Besiedlung eines fernen Planeten Wesen begegnen würden, die sich noch in der Steinzeit befinden? Würden auch wir uns stolz als Götter vom Himmel verehren lassen? Oder würden wir einen Kontakt mit diesen Wesen absichtlich vermeiden, um uns so nicht in ihre sozio-kulturellen Vorstellungen einzumischen? Könnten wir es verantworten, den unterlegenen Bewohnern technische Geräte oder gar Waffen zu überlassen?
Wir würden die Fremden anfänglich wohl mit ferngesteuerten Sonden beobachten, ihren Tagesablauf studieren und auswerten. Und vielleicht würden wir einmal eines der Wesen »kidnappen«, um es medizinischen Untersuchungen zu unterziehen.
Umgekehrt verhält es sich vermutlich ähnlich. Sollten wir von fremden Wesen besucht werden, dann müßten diese uns zwangsläufig sehr überlegen sein und hätten möglicherweise gar kein Interesse daran, konkreten Kontakt zu uns aufzunehmen. Die wissenschaftlichen, soziologischen, philosophischen, ethisch-moralischen und religiösen Gegensätze könnten viel zu groß sein und somit eine akute Gefahr für den Weltfrieden darstellen.
Vor der institutionellen Einrichtung der Raumfahrt hätte ein offener Kontakt sowieso wenig Sinn, da die intellektu-

elle und geistige Entwicklung, die sich parallel zur technischen bewegt, noch zu unausgereift für die Verarbeitung eines solchen Vorgangs wäre. Allerdings darf natürlich auch die Möglichkeit nicht ausgeschlossen werden, daß wir vielleicht von ganz verschiedenen Rassen besucht und beobachtet werden könnten, deren Technik, Interessen und Moralvorstellungen auch untereinander beträchtlich differieren mögen.

Andere Forscher gehen in ihren Überlegungen noch weiter. Sie stellen die Hypothese in den Raum, daß die heutigen UFO-Sichtungen möglicherweise nur eine aktuelle Erscheinungsform verschiedenster Manifestationsmöglichkeiten hochentwickelter Wesen sind. Wesen, die uns seit Jahrtausenden beobachten und uns bereits derart überlegen sind, daß uns ihr Wirken als reine Magie vorkommen muß, da wir es zum jetzigen Zeitpunkt wohl gar nicht verstehen können ...

2 Die Mimikry-Hypothese

Machen wir einen Zeitsprung in die Welt des 24. Jahrhunderts, so wie sie uns die amerikanische Science-fiction-Serie »Raumschiff Enterprise – Die nächste Generation« präsentiert. Besatzung und Mitglieder des Raumkreuzers »Enterprise« vertreiben sich ihre spärliche Freizeit auf einem sogenannten »Holodeck«, einem Ort, der vom Computer je nach Wunsch und Vorstellung in die unterschiedlichsten holographischen Scheinwelten mitsamt deren jeweiliger Bevölkerung verwandelt werden kann.
In der 28. Episode dieser futuristischen TV-Serie (»Ele-

mentary, Dear Data«) begeben sich zwei Crew-Mitglieder, unter ihnen ein Androide, mittels eines gigantischen Hologramm-Spiels zur Abwechslung in das London des letzten Jahrhunderts, um als Sherlock Holmes und Dr. Watson gegen (holographisch erzeugte) Schurken und Gauner zu ermitteln.
Die beiden Crew-Mitglieder befehlen dem Computer in der Folge, einen dem Androiden ebenbürtigen Gegner zu kreieren, der in der Lage wäre, diesen zu besiegen. Der Computer aber, mit dieser Aufgabe nicht vertraut und gleichermaßen überfordert, stattet den holographischen Gegenspieler von Sherlock Holmes, einen hochintelligenten Verbrecher, mit Intelligenz aus. Die neugeschaffene Figur besteht aus reiner Energie, kann ihre Umgebung, die holographische Scheinwelt, aber nicht verlassen. In der Folge stößt der künstlich erzeugte Verbrecher in seiner vertrauten Welt plötzlich auf seltsam überlegene Gäste: Die Crew-Mitglieder sind für ihn fremde Wesen, für deren Auftauchen er anfänglich keine Erklärung finden kann. Den zentralen Steuerungscomputer hält er bezeichnenderweise für eine gottähnliche Intelligenz, und erst nach und nach erkennt er, daß tatsächlich er es ist, der sich in einer Scheinwelt befindet. Die wiederum ist nur Bestandteil einer viel größeren (für ihn gänzlich unverständlichen) Welt, in welcher der Raumkreuzer quer durch Raum und Zeit jagt. Vorstellungen und Informationen also, die er letztendlich trotz seiner hohen Intelligenz und Überlegenheit nur mühsam einordnen und verstehen kann, wenngleich er ihren wahren Hintergrund dennoch einigermaßen zu erahnen glaubt.
Warum diese Vorgeschichte? Dr. Johannes Fiebag, der sich in seinen Arbeiten intensiv mit den verschiedensten Aspekten über potentielle Eingriffe außerirdischer Besucher aus-

einandergesetzt hat, stellte 1990 eine interessante Theorie auf. Geht man von einer extrem weit entwickelten extraterrestrischen Intelligenz aus, die möglicherweise bereits seit Jahrtausenden unsere Evolution steuert und beobachtet, so vermutet er, daß sich eine solche wohl kaum mehr in Raumschiffen fortbewegen wird, wie wir sie kennen. Der Deutsche dazu: »Eine Intelligenz, die auf eine mehr als vier Milliarden Jahre andauernde bewußte und bewußt selbst gesteuerte Evolution zurückblicken kann, dürfte nur noch wenig mit dem gemein haben, was wir unter ›biologischem Leben‹ verstehen.«

Diese Überlegung ließ Fiebag die »Mimikry-Hypothese« entwickeln. Mit Mimikry wird in der Biologie ein Verhalten von Pflanzen und Tieren bezeichnet, sich ihrer jeweiligen Umwelt optimal tarnend anzupassen. Auf unsere Fragestellung übertragen beinhaltet die Mimikry-Hypothese folgendes: Außerirdische Intelligenzen mit der Fähigkeit, interstellare Raumfahrt zu betreiben, besitzen einen derart hohen technologischen (»magischen«) Standard, daß sie ihr Erscheinen dem jeweiligen intellektuellen Niveau anderer Lebensformen anpassen können. Gleichzeitig schaffen sie es, den technologisch Unterentwickelten Hinweise auf ihre Existenz, ihre Besuchstätigkeit und ihre Möglichkeiten zu vermitteln.

Fiebag glaubt, daß die ETs diese Taktik auch uns gegenüber bereits zur Anwendung gebracht haben könnten: »Aufgrund ihrer Technologie ist es der fremden Intelligenz sicherlich auch bei uns möglich, zu verschiedenen Zeiten, an verschiedenen Orten und an das jeweilige Kulturniveau angepaßt, Eingriffe vorzunehmen. Diese Eingriffe bewirken zum einen eine als ›himmlisch‹ getarnte, in jedem Fall aber überlegene Offenbarung übergeordneter Mächte, die eine zielgerichtete Manipulation überhaupt erst ermöglicht. Zum anderen erlauben sie uns, die wir jetzt selber die Schwelle zum Technologie-Zeitalter überschritten haben, ein Erkennen, Interpretieren und Einordnen, das die Voraussetzung für einen bewußten zukünftigen Kontakt liefert.«

Möglicherweise manipuliert die fremde Intelligenz also mühelos unser Raum-Zeit-Kontinuum und operiert dabei in einem höchst komplexen mehrdimensionalen System, das wir uns vielleicht noch nicht einmal in unseren kühnsten Träumen vorstellen können. Denken wir dabei nur an die unzähligen UFO-Berichte, wo von Formveränderungen oder Teilung beziehungsweise Verschmelzung der beobachteten Flugkörper die Rede ist. Auch Schilderungen, die von Objekten sprechen, die plötzlich zu verblassen scheinen oder »wie auf Knopfdruck« verschwunden sind, deuten in eine ähnliche Richtung. Die Absicht der fremden Intelligenz, ihr Handeln und ihre Eingriffe können wir demnach nur erahnen, und wir werden ihr Tun zum heutigen Zeitpunkt wohl kaum endgültig verstehen.

Es gibt da das amüsante Beispiel mit der Ameise: Stellen wir uns einmal vor, wir seien eine kleine Ameise. Wir wohnen in unserem Ameisenhaufen – er liegt im Mittelpunkt eines weiten Waldes –, und wir gehen jeden Tag unserer Arbeit nach. Unsere Umgebung, der Wald, ist uns gut vertraut, was außerhalb liegt, wissen wir nicht. Und eines Tages kommt da plötzlich ein Mensch daher, stochert und wühlt eifrig in unserem Haufen herum (vielleicht aus Forschungseifer, vielleicht aus Langeweile) und nimmt schließlich einige unserer Mitbewohner zu Untersuchungszwecken mit. Er verursacht also allerlei Aufregung, um dann wieder spurlos zu verschwinden. Wir Ameisen werden in der Folge nie verstehen können, was überhaupt passiert ist, ganz einfach, weil wir dafür nicht über ein genügend ausgebildetes Gehirn, entsprechende Erfahrung oder ausreichende Kenntnisse verfügen.

Auf dem internationalen Weltkongreß der »Ancient Astronaut Society«, der am 23. und 24. August 1991 in Berlin stattfand, definierte und präzisierte Fiebag seine Überlegungen noch einmal. Die fremde Intelligenz sei weder allmächtig noch allwissend, hielt er fest. Ob es sich um »biologische Entitäten« im Sinne von an physische Organismen gebundene Wesen handelt, bleibe vorerst dahingestellt. Aber es sei sehr wahrscheinlich, daß sie ihre Evolution – genauso wie wir auf der Erde – in den Ozeanen eines fernen Planeten begannen, daß ihre tierischen Vorläufer eines Tages das Land eroberten, daß ihre noch primitiven Ahnen irgendwann das Feuer zu beherrschen lernten und Jahrhunderttausende später ins All aufbrachen.
Fiebag weiter: »Sie werden die Galaxis besiedelt haben, lange bevor unser Sonnensystem geboren war, das Leben über die Sterne ausgebreitet, neue und unbekannte Technologien entwickelt, fremdes Leben auf fremden Planeten geschützt und bewahrt, die dortigen Lebensformen zu einer eigenständigen Entwicklung angeleitet und sich vermutlich irgendwann nach Jahrmillionen von ihrer biologischen Existenz gelöst haben. Sie mögen für unsere Begriffe unsterblich geworden sein, unabhängig von der physikalischen Welt, und sie mögen Aufgaben an nachfolgende Rassen delegiert haben, die ihrerseits bereits wieder seit langem eigene Wege der Evolution gegangen sind. Sie dürften sehr mächtige Wesen sein, deren Ziele und Wege sich unserem Verständnis genauso entziehen wie das ›Verständnis‹ einer in einem Reagenzglas angesiedelten Bakterienkultur für die Forschungsaufgaben eines Biochemikers.«
Gut möglich also, daß UFO-Projektionen letztendlich tat-

sächlich nur zeitbezogene Hilfsmittel einer vorbereitenden Kontaktaufnahme darstellen könnten, entsprechen sie in Form und Aussehen doch seltsamerweise viel zu genau den Vorstellungen und Erwartungen, die sich die Menschheit im Laufe der Zeit von ihnen machte: Um die Jahrhundertwende berichteten verschiedene Beobachter von seltsamen »Luftschiffen«, die am Himmel herumkurvten. Das Aussehen dieser Objekte deckte sich in etwa mit den Vorstellungen, die sich Schriftsteller wie Jules Verne von solchen Vehikeln machten. In den fünfziger und sechziger Jahren – zur Zeit der Apollo-Raketen – beschrieben Beobachter neben den untertassenförmigen Objekten sogenannte »fliegende Zigarren« oder »Zylinder«, während die in Belgien beschriebenen Dreiecke wiederum auffällige Ähnlichkeiten mit modernsten Flugzeugentwicklungen und Space-Shuttles haben.

Auch der englische UFO-Forscher Hilary Evans machte sich über derartige Zusammenhänge Gedanken: »Tatsächlich gibt es viele Fälle, in denen UFOs gelandet sind und sich ihre Insassen offenbar mit Reparaturen beschäftigt haben, aber es ist etwas verdächtig daran, daß sie jedesmal rechtzeitig mit der Reparatur fertig werden. Die Pendler am nächsten Morgen fahren nie an gestrandeten Ufonauten mit ölverschmierten Gesichtern und schmutzigen Händen vorbei, die immer noch nach einer versteckten Pannenursache suchen. Es gibt auch viele Fragen über die UFOs selber, auf die wir gerne eine Antwort hätten. Warum sieht man beispielsweise einen bestimmten Typ eine Zeitlang und dann nicht mehr?«

Nach Logik dürfen wir in den UFO-Berichten also gar nicht erst suchen. Die derzeit vor allem in Amerika grassierende Welle angeblicher Entführungsfälle macht da keine

Ausnahme. Im Gegenteil: Die Opfer berichten allesamt, nachts in ein fremdes Flugobjekt gehievt worden zu sein, wo ihnen mit chirurgischen Instrumenten allerlei Haut- oder Gewebeproben entnommen wurden. Selbst vor dem Abzapfen von Sperma-Proben schrecken die Wesen anscheinend nicht zurück.

Über die Absicht hinter derartigen Untersuchungen mag man sich streiten. Uns jedenfalls scheint kaum plausibel, daß es eine fremde Intelligenz nötig hat, mit simplen Operationsmessern an verängstigten Erdenbürgern herumzuschnipseln, während uns die UFOs gleichzeitig ihre irrwitzigen Technologien ständig aufs neue unter die Nase reiben. Die fremde Intelligenz ist sich natürlich sehr wohl bewußt, daß Soziologen und Psychologen genau diesen Umstand als Argument ausschlachten werden, all ihre Erscheinungsformen auf zeitbezogene menschliche Projektionen zurückzuführen, was sie andersherum aber gerade davor beschützt, allzu ernst genommen zu werden. (Jeder Wiederbelebungsversuch der psychologischen Erklärungshypothese muß übrigens alleine schon deshalb zwangsläufig scheitern, weil sich physikalische Sekundäreffekte und mehrfach bezeugte Radarortungen halt so gar nicht mit krankhaften Halluzinationsvorstellungen vertragen.) Nicht sie wollen uns von ihrer Existenz überzeugen, sondern der Mensch selbst soll sich von sich aus mit dem neuen Gedankengut vertraut machen. Oder wie es der amerikanische Physiker Professor James Deardorff einmal formulierte: Die Kontakte werden ganz bewußt mit »magischen« Handlungen angereichert, »um Wissenschaftler, Militärs und Politiker zunächst von einer näheren Beschäftigung mit dem Thema abzuhalten und lediglich die allgemeine Öffentlichkeit über Generationen hinweg auf das bevorstehende Ereignis vorzubereiten«.

Gegen den sozio-psychologischen Taschenspielertrick spricht auch die Tatsache, daß gewisse authentische Fälle in Form und Inhalt hin und wieder auffällig stark bestimmten zweitklassigen Science-fiction-Geschichten gleichen, die jeweils einige Jahre zuvor publiziert wurden. Zu diesem Schluß kam wenigstens der französische Autor Bertrand Méheust, nachdem er sich durch Hunderte von Berichten geackert hatte. So weist der Franzose beispielsweise auf einen modernen UFO-Bericht aus Argentinien hin, der sich in geradezu frappierender Art und Weise mit einer englischen Abenteurergeschichte aus dem Jahre 1911 deckt. Die wiederum konnte dem einfachen argentinischen Bauern aber nie und nimmer bekannt gewesen sein.
In die 1992 publik gewordenen Geschehnisse um Linda Cortile – dem eigentlichen Höhepunkt im derzeitigen Entführungsboom – waren sogar unzählige Augenzeugen verwickelt, die sich untereinander nicht kannten. Und nicht genug damit, daß die meisten der Beteiligten – von der angeblich ins UFO entführten Hausfrau bis hin zu den in den Vorfall verwickelten Geheimagenten – in einer kaum beachteten Science-fiction-Story auftauchen, die einige Jahre zuvor in den amerikanischen Buchläden auflag. Nein, der ganze Ablauf des Falles entspricht seltsamerweise ziemlich genau dem Verlauf der erwähnten Geschichte, die aber bis dato keinem der Beteiligten bekannt war.
Die frappierenden Übereinstimmungen zwischen der im April 1989 erschienenen Roman-Schilderung und den Vorfällen rund um die am 30. November 1989 in New York ins UFO verschleppte Amerikanerin wurden von verschiedenen Personen denn auch bald einmal als Argument gegen die Glaubwürdigkeit des ganzen Vorfalles ins Feld geführt. Eine unverständliche Argumentation. Denn damit wird den in die Cortile-Affaire verwickelten Augenzeugen und Un-

tersuchern unterschoben, die ganzen Geschehnisse bewußt oder unbewußt aus einem Roman geklaut, übernommen und als tatsächliches Ereignis ausgegeben zu haben. (Als Grund dafür führen Kritiker hauptsächlich Geltungsdrang und finanzielle Überlegungen der in den Vorfall verwickelten Personen an.)

Aber Hand aufs Herz, meine Herren: Abgesehen davon, daß die Glaubwürdigkeit von Linda und dem UFO-Experten Budd Hopkins, letzterer untersuchte die Sache gründlich, nicht angezweifelt werden sollte (davon überzeugt sind zumindest verschiedene dem Autor persönlich bekannte Leute, die mit den beiden ausführliche Gespräche führten), wäre es doch — unterschieben wir den Verantwortlichen tatsächlich einen Betrug — viel einfacher gewesen, eine von Grund auf erfundene Story als wahr auszugeben. Tatsächlich wird ja wohl kein UFO-Insider ernsthaft glauben, daß ein derart erfahrener Schriftsteller und Untersucher wie Budd Hopkins im Falle eines manipulativen Vorgehens nicht damit gerechnet hätte, daß die erwähnten Parallelen über kurz oder lang sowieso an die Öffentlichkeit gelangt wären.

Im Gegenteil: Die erwähnten Übereinstimmungen scheinen viel eher auf etwas anderes hinzudeuten, scheinen eine Schlußfolgerung zuzulassen, die in ihrer Brisanz nicht unterschätzt werden sollte. Die Möglichkeit nämlich, daß der ganze Vorfall bewußt von einer fremden Intelligenz inszeniert wurde. Inszeniert nach unseren eigenen Ideen und Vorstellungen, inszeniert nach den Erwartungen, wie wir uns selbst eine derartige Entführung möglicherweise vorstellen. Was wäre da einfacher, als dafür auf die in einem fiktiven Roman geschilderten Vorgänge zurückzugreifen? Um so mehr, als die beschriebenen Parallelen über kurz oder lang sowieso bekannt werden müßten, damit also

klare — wenn auch umstrittene — Hinweise auf ein derartiges Vorgehen liefern.
Solche Gedankenspiele mögen manchen zu phantastisch erscheinen, aber sie haben sehr wohl ihre Berechtigung, um so mehr, als nicht wenige der geschilderten UFO-Ereignisse eben einfach zu genau unseren eigenen Vorstellungen entsprechen. Da berichten glaubwürdige Zeugen von hochentwickelten Wesen, die UFOs entsteigen und — wie einst unsere Astronauten auf dem Mond — eifrig Steinchen sammeln oder munter elegante Schläuche und Rohre aus ihren Raumschiffen ausfahren, um Wasser hochzupumpen. Wieder andere Kreaturen beäugen nach Aussagen des in Brasilien lebenden UFO-Forschers Walter Bühler schon mal interessiert eine wiederkäuende Kuh oder photographieren gar gelegentlich verzückt brasilianische Erdenbürger.
Wer weiß, vielleicht wird hier also effektiv eine riesige Show inszeniert. Der bereits erwähnte Hilary Evans dazu: »Tatsächlich gibt es viele Merkmale im Verhalten der UFOs, das die nachdenklicheren unter den UFO-Forschern zu der Annahme gebracht hat, daß sich hinter ihnen wohl etwas schwerer Verständliches verbirgt. Sie meinen, daß die UFOs absichtlich eine Art Vorstellung geben, und daß sie das vielleicht aus dem gleichen Grund tun wie der Ausstatter eines Raumfahrtfilms, der die Kabine des Raumschiffs Enterprise mit einem Sammelsurium an bunten Blinklichtern ausrüstet, um damit zu sagen: ›Bestaunen Sie unsere komplizierten Maschinen!‹«
»Ich weiß, daß ich nichts weiß«, sagte einst der alte Sokrates, und so können auch wir über die Absichten und Ziele der UFO-Besatzungen letztendlich nur vage Vermutungen anstellen. Aber Fiebags Mimikry-Modell, das er ausführlich in seinem Buch »Die Anderen« beschreibt, vermag zu-

mindest viele Faktoren sinnvoll zu integrieren, und so sollte es bei künftigen Diskussionen nicht unbeachtet bleiben.

Eingriffe dieser Wesen in unser Erdsystem dürften natürlich vor allem früher oft mißverstanden worden sein. Übermächtige Gestalten, die vom Himmel stiegen, geheimnisvolle Himmelserscheinungen oder unerklärliche Geschehnisse, das konnten für die damaligen Leute nur »Wunderzeichen« oder »Götter« sein – John Frum läßt grüßen. Diese Hypothese wiederum wurde bereits vor Jahrzehnten vom Schweizer Erfolgsautor Erich von Däniken formuliert, der inzwischen in über 20 Büchern eine ganze Reihe von Hinweisen lieferte, die seine (zugegeben) sehr provokante These erhärten.
Däniken ist kein Wissenschaftler. Er stellt ganz einfach unbequeme Fragen und hat gegenüber der Wissenschaft den enormen Vorteil, nicht auf vorgegebenen, »gesicherten« Pfaden wandeln zu müssen. Seltsamerweise kreist die öffentliche Kritik um ihn meist nur um seine ersten Bücher, wo ihm einige Detailfehler nachgewiesen werden konnten. Andererseits finden wir natürlich in jedwelchem 25 Jahre alten Sachbuch Fakten oder Aussagen, die heute bereits wieder überholt sind. Die Kurve unseres Wissens wächst eben ständig nach oben. Wer ist schon perfekt.
Däniken kennt die Schwächen in seinen ersten Büchern, und er hat dazugelernt. So sind gerade seine letzten Werke regelrechte Herausforderungen für unsere Schulwissenschaftler. Der Schweizer Autor behauptet dabei nie, daß alles so gewesen sein muß, wie er es beschreibt, aber er liefert zumindest gewichtige Indizien, die zeigen, daß es immerhin so gewesen sein könnte. Gleichzeitig brachte er weltweit eine hitzige Diskussion in Gang, die klarmachen soll, daß unser Wissen so gesichert nicht ist, und so ist es wohl

hauptsächlich ihm zu verdanken, daß über all die ungelösten Rätsel unserer Erde und unserer Überlieferungen wieder laut nachgedacht wird. Denn der Schweizer bringt einen neuen Gedanken in all die Überlegungen ein, wenn er dafür plädiert, die alten Götter-Überlieferungen aus einer neuen, aufregenden Richtung zu betrachten, als reale Tatsachenberichte überforderter Augenzeugen nämlich.
Sicherlich eine kühne These, aber nur weil etwas phantastisch klingt, muß es eben noch lange nicht unmöglich sein. Dies wissen wir spätestens seit Immanuel Velikovsky, der die Mythen der Urvölker im Hinblick auf Flutberichte eingehend studiert hatte und zum Schluß kam, das sie zum Teil doch recht brauchbare Fakten enthielten. Autor Robert Wilson dazu: »Übertriebene Fakten gewiß. Fakten, die durch die mündliche Überlieferung verfälscht, von Poeten entstellt waren. Aber auch Fakten, die immerhin mittels Deduktion unterschiedliche Mythensysteme auf einen gemeinsamen Nenner brachten.«
Tatsächlich berichten uns alte religiöse Texte, uralte Mythen und historische Überlieferungen immer wieder über geheimnisvolle »Götter«, die einst vor langer Zeit vom Himmel »herabstiegen« und in »fliegenden Körben« oder schwebenden »Nüssen« übers Firmament brausten. Manche bedienten dabei »Blitzrohre«, und wieder andere bewegten sich – so beschreiben es uns wortwörtlich uralte indische Sanskrit-Texte – in regelrechten »Flugzeugen« durch die Lüfte. Sogar in der altehrwürdigen Bibel füllt die Beschreibung eines »fliegenden Wagens«, in welchem sich der Allmächtige unter Feuer und Rauch genüßlich der Erde nähert, ganze Kapitel. Ist es da nicht einfach naheliegend, daß wir tatsächlich schon einmal Besuch bekamen? Könnte es nicht sein, daß unsere Vorfahren hundert Mal mehr erlebt haben, als wir heute zu wissen glauben?

Hier einige Beispiele:

– Keltischen Überlieferungen zufolge ist das Volk der Göttin Dana in grauer Vorzeit auf einer »fliegenden Wolke« vom Himmel herniedergestiegen.

– Die Bewohner von Malekula, der zweitgrößten Insel der Neuen Hebriden, behaupten, ihre hellhäutigen Götter seien einst in »fliegenden Steinen« zur Erde herabgeschwebt.

– Die Tungusen wissen von einer alten Überlieferung zu berichten, in welcher es heißt, das erste Götterpaar sei in einer »silbernen Gondel« vom Himmel herniedergesegelt.

– Die Überlieferungen der Eskimos sprechen von »riesenhaften eisernen Vögeln«, in welchen ihre Vorfahren einst durch die Lüfte getragen wurden.

– »Fliegende Schilde« zerschmettern mit ihren Blitzen die Mauer von Tyrus, als dieses von Alexander bedrängt wird.

– Der römische Schriftsteller Titus Livius berichtet uns im 22. Buch seines berühmten Werkes »Ab urbe condita« ebenfalls von seltsamen Ereignissen, die am römischen Firmament beobachtet werden konnten. So seien unter anderem »am Himmel von Arpi runde Schilde aufgetaucht«. Schriftstellerkollege Plinius weiß im Buch »Kosmologie« seines Naturkundewerkes ähnliches zu berichten: »Ein brennender Schild fuhr unter den Konsuln L. Valerius und C. Marius (100 v. Chr.) Funken sprühend von Westen nach Osten ...« (Bemerkenswert übrigens, daß Livius nicht den allgemein gebräuchlichen lateinischen Ausdruck für »Schild« – »scutum« – benützt, sondern explizit von einem »parma«, einem »Rundschild mit Kuppel«, spricht.)

– Als Karl der Große 776 n. Chr. die Sigiburg der Sachsen einnehmen will, bringen ihn zwei rötliche leuchtende Schilde, die über der Stadt ihre Kreise ziehen, davon ab. So erzählen es uns jedenfalls die alten Überlieferungen.

– Ein deutscher Einblattdruck vom 25. Januar 1630 berichtet über eine am Himmel schwebende »leuchtende Scheibe«, die den Leuten Angst und Schrecken eingejagt haben soll.

– »Ein äußerst seltenes Naturereignis, dessen Erklärung noch abzuwarten ist«, hat sich gemäß einem Zeitungsbericht im »Solothurner-Blatt« vom 22. August 1855 bei Morteau in Frankreich abgespielt. Der Zeitung zufolge sei dort »eine Waldabteilung, ungefähr 200 Schritte breit und in einer Länge von einigen Stunden gänzlich umgeworfen« worden. Die Baumstämme lagen im ganzen Umkreis zerbrochen herum. Augenzeugen zufolge, die sich in der Nähe aufgehalten hatten, »habe der ganze Wald wie im Feuer stehend ausgesehen, was vermuten läßt, daß ein elektrisches Ereignis stattgefunden hat ...«

– Gemäß Aussagen seiner Schwester beobachtet der deutsche Kunstmaler Hans Thoma um 1860 zusammen mit einigen Freunden eines Abends ein sehr helles, fliegendes Dreieck, das am Firmament von Bernau seine Kreise zieht.

Im deutschen Sprachraum wiesen vor allem Autoren wie Ulrich Magin auf die immanente Logik in Berichten über das Unerklärliche hin. Magin, Folklorist und Volkskundler, hält fest, daß all diese Erzählungen und Schilderungen bis in die heutige Zeit immer eigenen erzählerischen Gesetzen folgen. Das wollen wir auch gar nicht in Abrede stellen. Im Gegenteil. Auch durch den Prozeß der mündlichen Überlieferung oder der schriftlichen Fixierung fällt wohl so manche Information unter den Tisch, während der Bericht an anderer Stelle vielleicht wieder mit dem einen oder anderen Detail zusätzlich angereichert wird. Wir müssen aber trennen zwischen Rahmen und Motiv. Denn all dies schließt ja nicht aus, daß durchaus auch Geschehnisse oder Erfahrungen Eingang in derartiges Erzählgut finden konnten (beziehungsweise letztlich vielleicht sogar als eigentlicher Ausgangspunkt fungiert haben könnten), die selbst nach unserem heutigen Naturverständnis unerklärbar bleiben.

Wieder andere Skeptiker werfen das oft sehr menschliche Aussehen der »Götter« in die Diskussion ein und argumentieren damit, es sei doch nur ganz logisch, daß die menschliche Psyche in erster Linie einmal Wesen kreieren werde, die uns im Grunde genommen irgendwie ähnlich sind. Andererseits werden die alten Überlieferungen gerade hier wieder einmal durch modernste Erkenntnisse bestätigt, besagen diese doch eindeutig, daß extraterrestrische Wesen – sollte es sie tatsächlich geben – uns ganz einfach ähnlich sein müssen! Völlig andersgeartete Organismen sind nach Meinung der Experten schon alleine deswegen nicht sehr wahrscheinlich, weil unsere gesamte Milchstraße schlußendlich auf denselben vier Grundelementen basiert, die 99 Prozent der irdischen Materie ausmachen: Kohlenstoff, Wasserstoff, Stickstoff und Sauerstoff.

3 Rückkehr der Götter

Von den alten mittelamerikanischen Hochkulturen sind uns besonders viele Götter-Überlieferungen erhalten geblieben. Und so erstaunt es kaum, wenn wir da lesen, daß auch die Maya von Wesen zu berichten wußten, die einst vor vielen Generationen vom Himmel herniedergestiegen waren. So erzählen ihre farbigen Legenden unter anderem von einem »riesigen Adler, der mit dem Brüllen eines Löwen vom Himmel herabstieß«. Der Schnabel öffnete sich und »vier fremde Gestalten« entstiegen dem Riesenmonster. (Vielleicht sollten wir dabei kurz erwähnen, daß auch in Tibet für einige Jahre seltsame Erzählungen kursierten, die von einem riesigen »Silbervogel« berichteten, der einst vom Himmel kam. Dort schleppten die Einheimischen ehrfurchtsvoll Stroh heran, um das Ungetüm zu füttern. Das aber wollte partout kein Futter akzeptieren. Kunststück: Die Tibeter standen gerade staunend vor dem ersten Flugzeug, das in Ladakh gelandet war!)

Auch das Nachbarvolk der Maya, die Azteken, bewahrte und pflegte unzählige Berichte und Schilderungen über die Götter. Ihre Vorfahren, die Tolteken, wurden den Überlieferungen zufolge Anfang des 10. Jahrhunderts von ihrem Herrscher Mixcoatl nach Colhuacan (südlich des heutigen Mexico-City) geführt, wo sie sich niederließen. Während sich um Mixcoatl nur vage Überlieferungen ranken, ging sein Sohn Tolpitzin später als erste leibhaftige Persönlichkeit in die mexikanische Geschichte ein. Dieser Tolpitzin war in seiner Jugend zum Priester ausgebildet worden und nahm dann das Amt des Hohepriesters des verehrten Gottes Quetzalcoatl ein. Bei seiner Thronbesteigung übernahm er einem alten Brauch folgend selbst den Namen seines Gottes, was später allerhand Verwirrung stiftete, denn von den damaligen Dichtern bis zu den heutigen Historikern verwechselten nicht wenige Herrscher und Gott. So ist noch heute nicht immer ganz sicher, wo genau die aztekischen Überlieferungen vom Herrscher Tolpitzin sprechen und wo sie sich auf Gott Quetzalcoatl beziehen.

950 n. Chr. verlegte Tolpitzin-Quetzalcoatl die toltekische Hauptstadt in das im Norden des Tales von Mexiko gelegene Tula, wo er lange Zeit verehrt regierte. Nach und nach aber entbrannte im Volk ein wütender Streit: Anhänger der grausamen toltekischen Kriegsgötter stritten sich mit den Anhängern der alten Götter von Teotihuacan. Tolpitzin-Quetzalcoatl zog sich schließlich zurück und ver-

ließ Tula. Der Tolteken-Herrscher – und wieder vermischen sich hier wohl historische Fakten und alte Überlieferungen über Quetzalcoatl – begab sich auf eine weite Reise. Auf seiner Wanderung schreiben ihm die Überlieferungen viele wundersame Taten zu: So legte er unter anderem einen Ballspielplatz an, der ganz aus Steinen bestand. Die Mittellinie war in den Boden eingegraben und reichte tief hinab. An einem anderen Ort soll er »ein Haus unter Erde« erbaut haben, und wieder an einer anderen Stelle errichtete er einen riesigen phallischen Stein, »der sich bewegte, wurde er schon mit dem kleinen Finger berührt, den aber niemand bewegen konnte, wenn viele ihn bewegen wollten«.
20 Jahre verbrachte Tolpitzin-Quetzalcoatl in der Folge in Cholula, von wo er schließlich zur Meeresküste aufbrach. Einem Bericht zufolge soll er dort auf einem Floß aus ineinander verschlungenen Schlangen in die See hinaus aufgebrochen sein, nach einer anderen Überlieferung erhob er sich zum Himmel und verwandelte sich in den Morgenstern. Wie auch immer, er versprach wiederzukommen und zwar exakt im Jahr 1519 nach Christus.

Die Azteken stießen um 1200 n. Chr. nach Mexiko vor, das sie bald darauf beherrschten. Auch sie verehrten Quetzalcoatl, mit ihm aber auch diverse andere Götter.
Im ominösen Jahr 1519 schließlich war Montezuma Herrscher der Azteken, er hatte 1502 den Thron bestiegen. Und der sehr religiös veranlagte Montezuma war besorgt: Die angekündigte Rückkehr von Tolpitzin-Quetzalcoatl stand bevor. Was würde geschehen? Wie wir heute wissen, begannen die Spanier zufälligerweise in exakt diesem Jahr mit ihrer grausamen Kolonialisierung unter Cortez. Und Montezuma wagte den spanischen Eroberer aus religiösen Überzeugungen nicht an seinen Greueltaten zu hindern,

glaubte er es doch, mit dem zurückgekehrten Gott höchstpersönlich zu tun zu haben.
Eine andere Tatsache wird in der offiziellen Geschichtsschreibung meist nur am Rande erwähnt: Seit Jahren häuften sich damals Beschreibungen über seltsame »Zeichen« und »Himmelserscheinungen«. Dic Berichte darüber sind uns in einigen wenigen aztekischen Handschriften überliefert. Spanische Missionare lehrten die Überlebenden, ihren Nahuatl-Dialekt in lateinischer Sprache niederzuschreiben, und so blieben uns lebendige Schilderungen überliefert, die die damaligen Ereignisse wenige Jahrzehnte später wohl noch recht authentisch und kaum verfälscht beschrieben.
1517 sah das Volk eine unheimliche Erscheinung: Eine große »Feuersäule« brannte da Nacht für Nacht am Himmel. Sie strahlte so glänzende Blitze und Funken aus, »daß es aussah, als ob aus glühendem Morgenrot Feuer auf die Erde regnete«. Die »Feuersäule« hatte die Form einer riesigen glühenden Pyramide, ihre Spitze soll die Wolken berührt haben. Jeweils um Mitternacht erschien sie und war noch in der Morgendämmerung zu sehen. Am Tag wurde sie durch den Sonnenschein »ausgelöscht«. Die Azteken gerieten darob in große Furcht und wußten das »Zeichen« nicht zu deuten. Stand es in Übereinkunft mit der Rückkehr der Götter?
Unglaubliche Dinge gingen vor. Der Tempel des Gottes Huitzilopochtli fing von einer Sekunde auf die andere Feuer und brannte lichterloh. Das Feuer ließ sich nicht löschen: »Wenn sie Wasser auf das Feuer schütteten, loderte es nur mit noch größerer Heftigkeit!«
Ein anderes Unglück ereignete sich: Ein Feuerstrahl traf den Tempel von Xiuhtecuhtli. Zwar regnete es leicht, ein Gewitter war aber weit und breit nicht zu sehen. Später zog »Feuer über den Himmel«. Drei Lichter sausten nach-

einander mit feurigem Schweif am hellichten Tag übers Firmament. (Ein Komet?) Wieder brach Furcht und Panik unter den Azteken aus.
Die unerklärlichen Geschehnisse gingen weiter. Der Mexiko-See schäumte und kochte und überspülte die halbe Stadt, aber: Nicht der geringste Lufthauch regte sich. Nächtelang hörte man danach »eine Frau weinen und klagen«.
Eines Tages arbeiteten Fischer und Vogelsteller in ihren Kanus auf dem Mexiko-See. Da fingen sie einen dunkelgefiederten Vogel ein (er ähnelte entfernt einem Kranich) und brachten ihn Montezuma, ihrem Herrscher. Die Azteken waren aufgeregt. Einen solch wunderbaren und einzigartigen Vogel hatten sie noch nie gesehen! Auf seinem Kopf befand sich ein »rundes Diadem in Form eines klaren durchscheinenden Spiegels«, in dem man den Sternenhimmel »mit den drei Sternen des Taurus und den Sternen der Zwillinge« sehen konnte. Als der aztekische Herrscher ein zweites Mal in den Spiegel schaute, sah er zu seiner Verblüffung auf einmal ein bewaffnetes Heer, das auf seltsamen »Hirschen« ritt. Aber ebenso plötzlich war der »Vogel« mitsamt seinem Wunderspiegel wieder verschwunden.
Kurz danach erschien ein seltsames Wesen in Mexiko. Die Azteken beschrieben es ehrfürchtig als »zwei Männer, die in einen Körper gepreßt waren«, und nannten es »tlacantzolli«, was soviel heißt wie »zusammengepreßte Männer«. Die Kreatur wurde ebenso vor den aztekischen Herrscher gezerrt, und genau so plötzlich wie der fremde Vogel verschwand auch sie wieder. Darauf seien »auch alle anderen Zeichen plötzlich verschwunden.«
Der Mestize Diego Munoz Camargo weist in seinen nach 1550 entstandenen Überlieferungen ebenfalls auf die seltsamen Himmelserscheinungen hin: »Kurz vor der Ankunft

der Spanier gab es hier in der Provinz Tlaxacala noch andere Zeichen. Das erste Zeichen war ein Strahlenkranz, der jeden Morgen, drei Stunden vor Sonnenaufgang, im Osten erschien. Dieser Strahlenkranz schwebte als glänzende weiße Wolke zum Himmel auf, und die Leute waren verwundert und furchtsam und wußten nicht, was das bedeuten könnte.« Des weiteren spricht Camargo auch von einem »Wirbelwind aus Staub«, der während der Dauer eines Jahres immer wieder beschrieben wurde. Seltsame Dinge gingen vor.

Eines Tages kam ein einfacher Mann aus Mictlancuauthla in die Stadt und trat verstört vor den aztekischen Herrscher: »Herr und König, vergib mir meine Kühnheit. Aber als ich an die Küste des großen Meeres ging, schwamm da eine Reihe von Bergen mitten auf dem Wasser und bewegte sich hierhin und dorthin, ohne ans Ufer zu kommen. Mein Herr, nie zuvor haben wir so etwas gesehen, obwohl wir die Küsten ständig beobachten und immer wachsam sind.« Montezuma schickte aufgeregt Kundschafter aus, und ihre Botschaft war nicht gerade ermutigend. Auch sie hatten zwei Türme oder kleine Berge gesehen, die auf den Wellen des Meeres schwammen.

Was sich nun ereignet, ist allgemein bekannt. Die »Berge« entpuppen sich als die Flotte des spanischen Eroberers Cortez, der in grausamer Art und Weise beginnt, die Azteken auszurotten und sich ihres Reichtums zu bemächtigen. Ein ungleicher Kampf: Den »Donnerwaffen« und »eisernen Kleidern« der Cortez-Truppen haben die Azteken außer ihrem unermüdlichen Siegeswillen nicht viel entgegenzusetzen. Auch Montezuma, der in den Spaniern immer noch Brüder des zurückgekehrten Quetzalcoatls sah, versuchte sein Volk wieder und wieder zu besänftigen, riet ihm eindringlich vom Kampf gegen die Spanier ab. Das

aber zögerte nicht mehr länger und griff die fremden Eindringlinge wagemutig mit Pfeilen und Geschossen an.
Daraufhin erstieg Montezuma das Dach des von den Angreifern besetzten Palastes und versuchte noch einmal sein Volk friedlich zu stimmen. Die Eroberer verstummten und ließen ihn sprechen. Die Indianer aber, blind in ihrer Not und Verzweiflung, überschütteten ihren König mit Steinen und Pfeilen. Schwer verwundet fiel Montezuma zu Boden und lehnte es ab, gepflegt zu werden. Kurz darauf erlag er seinen Verletzungen.
In dieser Nacht – sie ging als »Noche Triste« (traurige Nacht) in die mexikanische Geschichte ein – flohen die Spanier überstürzt und unter großen materiellen Verlusten aus der Stadt. Sofort aber verbündeten sie sich in den den Azteken feindlich gesonnenen Gebieten mit den dort ansässigen Nachbarvölkern und marschierten anschließend mit einer noch größeren Streitmacht erneut auf Tenochtitlan zu. Die zugleich einsetzende Pockenepidemie kam Cortez da nur gelegen. Tenochtitlan wurde gnadenlos vernichtet, das Reich der Azteken war endgültig auseinandergebrochen.
Die geheimnisvollen Vorzeichen – insbesondere die glühende Pyramide oder das Erscheinen des fremden Wesens – konnten in der Folge nie ganz befriedigend erklärt werden, wenngleich Gelehrte auch einige nette Einfälle hatten und von möglichen »Nordlichtern« oder »ausgeschmückten Erzählungen« sprachen. Die Sache hatte nur einen kleinen Haken. Sie war zu schön, um wahr zu sein. Welches Nordlicht manifestiert sich schon Nacht für Nacht in Form einer glühenden Pyramide. Und so machten all die Erklärungsversuche nur ein weiteres Mal auf die alte Sache mit dem unzulänglichen menschlichen Realismus aufmerksam. Denn offensichtlich scheint es der Mensch manchmal gera-

dezu zu lieben, das Reale abzulehnen, sobald es zu phantastisch wird.

Vergessen wir dabei auch nicht, daß das angeführte Beispiel mit den Azteken nur ein Bericht unter vielen ist. Vielleicht sogar einer der unspektakulärsten. Andere Autoren haben jedenfalls schon lange vor uns auf ganze Bündel phantastischer Ereignisberichte unserer Altvorderen hingewiesen, die sich quer durch unsere Geschichte ziehen und mit regelmäßiger Konstanz in knarrenden Schubladen zu verschwinden pflegen, wo sie als erzählerischer »Zierat« allmählich verrotten. Gäben wir all den Zierat, der sich so im Laufe der Jahrtausende angesammelt und angehäuft hat, einmal in einen Computer ein, er würde uns wohl Stories ausspucken, von denen selbst abgebrühte Science-fiction-Autoren kaum zu träumen wagten ...

4 Guadalupe – Die Fachwelt staunt

1521 waren die Azteken unterworfen und besiegt. Die Spanier begannen damit, das neugewonnene Territorium aufzuteilen, erließen Gesetze und setzten Steuern fest. Vom Festland her erschienen Missionare, die dem überrumpelten Volk treuherzig vom biblischen Gott zu berichten begannen und damit heftige Kontroversen unter den Besiegten auslösten, die überhaupt nicht bereit waren, ihre alten Götter einfach so aufzugeben. Mitten in diesem Streit ereignete sich 1531 ein weiterer Vorfall, der uns bis heute Rätsel aufgibt: die Marienerscheinung von Guadalupe. Sie paßte den christlichen Missionaren anfänglich überhaupt nicht in den Kram, um so mehr als die geheimnisvolle Erscheinung, die ihre Botschaften in der alten Nahuatl-Sprache verkündete, ganz in der Nähe eines ehemaligen azteki-

schen Heiligtums aufzutauchen pflegte. Schließlich akzeptierten die Kirchenoberen sie dann aber trotzdem, lieferte sie doch gleichzeitig auch eine willkommene Bestätigung christlicher Lehren.
Was hatte sich damals genau ereignet? Am 9. Dezember 1531 erblickt der Azteke Juan Diego in der Nähe des Berges Tepeyac »die Gestalt der Jungfrau Maria«, die von einem hellen Schein umgeben ist. Sie äußert den Wunsch nach der Errichtung eines Heiligtums und bittet ihn darum, dieses Anliegen dem Bischof kundzutun. Verschiedene Male trägt Juan sein Anliegen in der Folge dem Bischof vor, stößt aber auf taube Ohren: Der Bischof glaubt ihm ganz einfach nicht und fordert ein persönliches Zeichen der »Himmelskönigin«. Dieses bekommt Juan Diego von der Erscheinung dann auch prompt zugesichert, allerdings soll er sie erst am nächsten Tag wieder aufsuchen.
Am folgenden Tag trägt ihm die Jungfrau auf, Blumen zu sammeln und sie in seine Tilma, sein tuchartiges Gewand, einzuwickeln. Die Blumenpracht solle er als Zeichen vor dem Bischof ausschütten. Diego tut wie ihm befohlen und breitet in Gegenwart des Bischofs und einiger anderer Würdenträger seine Tilma aus. Die Überlieferungen berichten uns folgendermaßen darüber: »Und sobald die verschiedenen kostbaren Blumen zu Boden fielen, da verwandelte sich die Tilma dort in ein Zeichen, es erschien plötzlich das geliebte Bild der Vollkommenen, der heiligen Jungfrau Maria, der Mutter Gottes, in der Form und der Gestalt, wie es jetzt ist.«

Bis heute zählt Guadalupe zu den größten Marienheiligtümern dieser Erde. Das Einzigartige am ganzen Vorfall ist vor allem die Tatsache, daß uns die sagenumwobene Tilma bis auf den heutigen Tag als Original vorliegt. In den

letzten Jahrzehnten wurden zahlreiche wissenschaftliche Untersuchungen und Analysen in dieser Sache angefertigt. Die Ergebnisse sind erschütternd: Das Tuch ist aus groben Agavefasern gewebt. Gewöhnlich halten solche Fasern 20 Jahre. Die Tilma Juan Diegos aber ist bereits 450 Jahre alt. Bis heute sind die Farben frisch und lebendig geblieben!
Professor Philip Callahan von der Universität Florida maß 1979 die Energiemenge des ultravioletten Lichts der Votivkerzen, denen die Tilma Tag für Tag ausgesetzt ist. Warum die Farben bis heute nicht verblaßt oder verblichen sind, ist auch für ihn absolut unverständlich. Um so mehr, als es sich beim Tuch erwiesenermaßen nicht um eine Fälschung handelt.
Chemie-Nobelpreisträger Professor Richard Kuhn von der Universität Heidelberg stellte nach der Untersuchung je einer roten und einer gelben Faser bereits 1936 fest, daß sich in Wirklichkeit keine Farbe auf oder in den Fasern befindet. Spätere Untersuchungen bestätigten seine Ergebnisse: Die Verwendung von synthetischen Fasern kann eindeutig ausgeschlossen werden. Pinselstriche sind ebenso nicht festzustellen!
Fotoexperten der Firma Kodak, die das Tuch 1963 unter die Lupe nahmen, meinten außerdem, das Bild habe wohl eher »den Charakter einer Photographie«. Und der Augenarzt Dr. Rafael Lavoignet bestätigte dies einige Jahre später: »Auch ich untersuchte das Tuch mit größter Sorgfalt und bemerkte bei starker Vergrößerung, daß das Brustbild eines Mannes in der Hornhaut beider Augen zu sehen ist. Die Verzerrung und die Stelle des optischen Bildes stimmen mit der Spiegelung überein, wie sie in einem normalen Auge produziert würde.«
Bei zusätzlichen Untersuchungen und Vergrößerungen der Augenpartien stieß man in der Folge auf weitere Gestalten

und Gesichter. Und so kamen auch Wissenschaftler aus Guadalupe, die das Tuch 1986 mit modernsten Geräten wie Elektronenmikroskop und Computer erneut einer minutiösen Prüfung unterzogen, zur selben, beinahe schon sensationellen Schlußfolgerung: »Mit Hilfe modernster Technik können wir heute nachweisen, daß sich in den Pupillen des Bildes der heiligen Jungfrau die Szene widerspiegelt, die sich vor 450 Jahren im Haus des Bischofs ereignet haben muß, als Juan Diego seine Tilma entrollte.«

Im Zusammenhang mit seinen Überlegungen über Marienerscheinungen, die er als gezielt verschleierte Manifestationen einer außerirdischen Intelligenz interpretiert, kommt Dr. Johannes Fiebag zusammen mit seinem Bruder Peter zum Schluß, daß es sich beim Tuch von Guadalupe um ein außerirdisches Relikt im Sinne der Mimikry-Hypothese handeln könnte. In ihrem äußerst lesenswerten Buch »Himmelszeichen« weisen die Fiebags außerdem nach, daß eine ganze Reihe von frappierenden Parallelen zwischen UFO-Berichten und Marienerscheinungen existieren, die nicht übersehen werden sollten. Hin und wieder tauchen nach Ankündigung durch die Mutter Gottes sogar eigentliche Flugobjekte am Himmel auf, die dort eigentlich gar nichts zu suchen haben, denn wir würden sie sonst ohne zu zögern als UFOs kategorisieren! Verdeutlichen wir uns dies an einem Präzedenzfall aus jüngster Zeit, einer Erscheinung, die sich am 30. Mai 1987 in Italien abgespielt hat.
Das Ereignis begann eigentlich bereits am 23. Mai 1987: In der kleinen Stadt Crosia wird das Phänomen einer weinenden Marienstatue beobachtet. Zwei Tage später haben zwei Kinder des Ortes Visionen und erhalten Botschaften der »heiligen Jungfrau«, wobei auch Himmelsphänomene

wie beispielsweise eine »tanzende Sonne« beschrieben werden. Am späten Abend des 30. Mai 1987 haben sich dann mehr als hundert Personen in der kleinen Kirche von Crosia versammelt. Unter ihnen befindet sich auch ein Zeuge, der eine Videokamera dabei hat.
Während der Andacht ruft eines der Seherkinder, Vincenzo Fullone, plötzlich erregt aus, die »heilige Jungfrau« habe ihm mitgeteilt, sie würde sich außerhalb der Kirche manifestieren! Die Menge strömt daraufhin aufgeregt nach draußen. Tatsächlich taucht unmittelbar danach eine leuchtende Kugel am Himmel auf, die sich rasch nähert und sich dann langsam in ein scheibenförmiges Flugobjekt zu verformen beginnt. Minutenlang wird der Vorfall gefilmt, der Film später für echt befunden und vom italienischen Fernsehsender RAI ausgestrahlt.
Also: UFO oder Marienerscheinung? Wir wissen es nicht. Johannes und Peter Fiebag jedenfalls sind davon überzeugt, daß eine uns überlegene Intelligenz sowohl mittels UFO-Erscheinungen als auch über Marienerscheinungen indirekt in unsere sozio-kulturelle Vorstellungswelt eingreift. Die beiden Autoren zerpflücken das althergebrachte religiöse Gedankengut in ihrer faszinierenden Studie gründlich: »Es ist an der Zeit, Abschied von der Vorstellung zu nehmen, Gott selbst würde über Maria, die Mutter des Jesus von Nazareth, beständig Eingriffe in unsere Welt vornehmen. Ein solches Bild reduziert Gott auf die Ebene eines Dilettanten, der vordringlich seine Zeit damit verbringt, sein eigenes Werk zu reparieren, zu restaurieren und zu manipulieren.«

Berichte über seltsame Himmelsphänomene durchziehen das ganze 16. Jahrhundert: Nur 30 Jahre nach der Erscheinung von Guadalupe, am 14. April 1561, erscheinen über

Nürnberg seltsame Kugeln und zigarrenförmige Flugobjekte, die die Bevölkerung in Angst und Schrecken versetzen. Der Vorfall bleibt ungeklärt.
Einige Jahre später, am 7. August 1566, taucht diesmal über Basel plötzlich eine ganze Meute »fliegender Kugeln« auf, die in horrendem Tempo über den Himmel flitzt.
Alleine zwischen 1500 und 1543 liegen uns mindestens 26 Berichte über »Kometen« am mittelalterlichen Himmel vor, zwischen 1556 und 1597 sind es immerhin noch über 15. Selbstverständlich sind verschiedene dieser Berichte auf ganz natürliche Himmelserscheinungen zurückzuführen. In einigen Fällen sind die Beschreibungen aber derart detailliert und ausgefallen, daß wir die Kometenhypothese wohl kaum als sinnvolle Erklärung akzeptieren können. (Interessanterweise ist rund um Pestausbrüche quer durch die Jahrhunderte von ähnlichen Himmelsphänomenen die Rede. Zwischen 1298 und 1314 zogen beispielsweise sieben »Kometen« übers Firmament. Und ein Jahr vor dem Ausbruch der Pestepidemie in Europa wurde über dem päpstlichen Palast in Avignon eine »Feuersäule« beobachtet. Kurz zuvor sprachen Beobachter in Paris von einem fliegenden »Feuerball«.)
1568 erscheint über Wien ein »feuriger Balken« über der Kirche der heiligen Stephanie, »worauf in vielen Orten Menschen und Vieh umgekommen sein sollen«.
Aus England liegt uns ein ähnlicher Bericht aus dem Jahre 1664 vor. Der Historiker Walter George Bell faßte die Ereignisse folgendermaßen zusammen: »In einer Dezembernacht des Jahres 1664 blieben die Bürger von London auf, um einen neuen helleuchtenden Stern zu beobachten, der ›Stadtgespräch‹ war. König Karl II. und die Königin schauten in Whitehall aus dem Fenster. Er ging im Osten auf, erreichte aber keine große Höhe und ging zwischen 02.00

und 03.00 Uhr am südwestlichen Horizont unter. Nach einer oder zwei Wochen war er verschwunden. Dann kamen Briefe aus Wien, die den gleichen Anblick eines leuchtenden Kometen meldeten und ›in der Luft das Erscheinen eines Sarges, was unter den Leuten große Angst auslöste‹. Erfurt sah ihn zusammen mit anderen schrecklichen Erscheinungen und die Augenzeugen vernahmen Geräusche in der Luft wie von Feuern und den Lärm von Kanonen und Musketenschützen. Es ging das Gerücht, daß in einer Nacht im darauffolgenden Februar Hunderte von Personen insgesamt eine Stunde lang Feuerflammen gesehen hätten, die von Whitehall nach St. James schossen und dann wieder zurück nach Whitehall, wo sie wieder verschwanden. Auch im März erschien erneut ein leuchtender Komet am Himmel, der zwei Stunden nach Mitternacht sichtbar war bis zum Ausbruch des Tages. Mit solchen unheilvollen Vorzeichen wurde die große Pest in London eingeläutet.«

5 Himmlische Zeiten

Auch um das Nachbarvolk der Azteken, die Maya, ranken sich heute noch ganze Bündel von Fragen. Das mittelamerikanische Volk verfügte nämlich bereits über hochentwickelte mathematische und astronomische Kenntnisse, und ihr Kalender war exakter und genauer als unser heutiger. Selbstverständlich sind uns auch von den Maya heilige Schriften und Berichte überliefert, wenngleich spanische Missionare in ihrem unermüdlichen Eifer solche historischen Dokumente gleich reihenweise vernichteten: Nur gerade drei Maya-Handschriften sind heute noch übrig. Der Dresdner Codex, der Madrider Codex und der Pariser Codex.

Trotz dieser blinden Zerstörungswut sind uns verschiedene Berichte immerhin noch mündlich erhalten geblieben. Von regelrechten »Entführungen«, die die Götter durchführten, berichtet uns so beispielsweise eine uralte Überlieferung der Lakandonen-Indianer, der eigentlichen Nachfahren der Maya. Wenige Lakandonen sind heute noch übrig, sie verteilen sich über drei Dörfer, von denen nur gerade eines noch die traditionelle Lakandonenkultur pflegt.

Der Maya-Forscher Christian Rätsch lebte während einiger Zeit mit diesen letzten Lakandonen zusammen. Sie informierten ihn über ihre Bräuche und Sitten und stellten für ihn alle mündlichen Überlieferungen aus ihrem Dorf zusammen. Zu ihrer Herkunft vermerkt Rätsch: »Einige Archäologen glauben, daß sie aus Yucatan stammen und bei der Eroberung durch die Spanier nach Chiapas in den dichten Regenwald geflohen sind. Andere glauben, daß die Lakandonen schon immer in der Selva Lacandona gelebt haben, und daß sie die Nachkommen der Aristokratie von Palenque sind. Wie dem auch immer sei, die heutige Lakandonenkultur spinnt ihre geschichtlichen Fäden direkt bis Palenque und zur klassischen Mayakultur. Vieles, was wir aus den wenigen Manuskripten und Berichten aus der frühen Kolonialzeit über die Kulturen der Mayavölker erfahren, ist bei den Lakandonen noch lebendig.«

Rätsch verbürgt sich für die unverfälschte Wiedergabe der Lakandonen-Überlieferungen. Sie wurden ihm vom 98jährigen Stammesweisen Chan K'in Ma'ax, dem »kleinen Propheten«, mündlich erzählt. Der wiederum hat sie von seinem Vater übernommen und dieser wieder – in einer endlosen Stafette – von früheren Generationen.

Auch die Lakandonen-Indianer sind (wie viele andere Kulturen auf dieser Erde mit ihnen) davon überzeugt, daß sie von geheimnisvollen Göttern erschaffen wurden, die »im

Himmel leben«. Dieser »Himmel« ist konkret definiert: Er liege »weit oberhalb des sichtbaren Himmels«, eine Ausführung, die spontane Assoziationen zum Weltall weckt. Unter den zahlreichen Lakandonen-Überlieferungen befindet sich nun eine Erzählung, die in diesem Zusammenhang Bemerkenswertes erzählt. Sie berichtet von Göttervater Hachäkyum, der Äkinchob, dem Götterboten, einen Auftrag erteilt: Er soll Geschöpfe der Erde in den »Himmel« führen, da er mit ihnen zu sprechen beliebe. Äkinchob begibt sich auf die Erde und schnappt sich den erstbesten Lakandonen, er wird in der Erzählung »Urahn« genannt.
»Sie gingen ein wenig, der Urahn spürte nicht, ob es weit war. Ich glaube nicht, daß sie weit gingen, sie wanderten eine halbe Stunde. Dann kamen sie im Himmel an bei unserem wahren Herrn, bei Hachäkyum. Blick ihm nicht in sein Gesicht. Nur einen Augenblick kannst du ihn erschauen. Ihn, der euch erschaffen hat.«
Nach einem ausgedehnten Mahl muß der Urahn wieder auf die Erde zurückkehren: »Äkinchob war da mit dem Urahnen zurückgekehrt. Der Urahne hatte wieder nichts gespürt. Ich weiß nicht wieso, aber so erzählt man. Er wußte nicht, wie er zurückkam. Er fühlte es so, als wanderte er etwas im Wald.« Wieder zurück in der vertrauten Welt sagt der Götterbote Äkinchob zum Urahnen Seltsames: »Jetzt mein lieber Sohn, bist Du wieder auf der Erde angekommen (...) Du sollst aber noch nicht zu Deinem Haus gehen (...) Morgen gehst Du dann zu Deinem Haus, damit Du alles Deiner Frau, Deinen Verwandten und Deinen Kindern erzählst. Sie sollen es wissen (...) Ich meine, es wird sich eine Krankheit für Dich erheben. Vielleicht das Fieber oder eine andere. Vielleicht der Schüttelfrost. Dann werden Deine Söhne kommen. Wenn die Sonne gesunken ist, wenn der Tag vorbei ist, suchen sie Dich, denn sie wis-

sen nicht, wo Du hingegangen bist. Bemerktest Du es? Ich erzähle Dir, vor wie vielen Tagen Du gegangen bist.«
Der Urahne bemerkte etwas verunsichert, er habe doch wohl nicht mehr als einen Tag im Himmel verbracht. Die Antwort des Götterboten muß ihn aufs höchste verblüfft haben: »Nein, mein Sohn. Es dauerte einen Tag und eine Nacht und diesen Tag und zwei Nächte. Dort bei Deinem Haus, wo Du wohnst, dort dauerte es so lange, nur mein Sohn, Du bemerktest es nicht.«
Diese Antwort erscheint auf den ersten Blick recht rätselhaft. Effektiv hat sie aber ungeheuerliche Konsequenzen. Denn spätestens seit Albert Einsteins Relativitätstheorie wissen wir, daß die Zeit in einem sehr schnell bewegten Objekt langsamer fließt als auf der Erde. Würden wir mit einer konstanten Beschleunigung von 1 g starten und wären dann zwei Jahre im Weltall unterwegs, sind auf der Erde bereits 2,1 Jahre vergangen. Unglaublich, aber wahr. Und je länger wir unterwegs sind, desto größer wird der Unterschied: Nach 20 Jahren wären bereits 270 Jahre vergangen. Weitere 20 Jahre später sind es sogar sagenhafte 36 000. Und nach insgesamt 60 Jahren unglaubliche 5 000 000 Jahre!
Nun wird auch die Konsequenz der Lakandonen-Überlieferung klar. Ein Mensch wird von »göttlichen Wesen« in den »Himmel« entführt, nach seiner Rückkehr ist die Zeit auf der Erde schneller vergangen, und er zeigt Anzeichen einer Krankheit. Es fällt so nicht allzuschwer zu vermuten, wohin denn die Reise wirklich gegangen sein könnte. Um so mehr, als diese Erzählung kein Einzelfall ist. Nein, wir finden die Kernaussage des Zeitverschiebungseffektes bei den unterschiedlichsten Kulturen und Religionen rund um den Erdball. Immer wieder tritt er beim Eintritt in eine fremde Märchen- oder Götterwelt ein. (In Österreich bei-

spielsweise existieren Sagen über Berge, die von Zwergen bewohnt werden. Wer diese Welt betrat, mußte nach seiner Rückkehr entsetzt feststellen, daß auf der Erde ganze Jahrzehnte vergangen waren.)

Die apokryphe Erzählung über die »Vision Jesajas« berichtet ähnliches. Apokryph ist dieser Text deshalb, weil er den Kirchenvätern vor langer Zeit schon ein Dorn im Auge war und sie ihn aus der damals gebräuchlichen Form der Bibel wieder entfernten. Zu viele Widersprüche zwischen ihm und anderen Texten waren aufgetreten, also konnte er ganz einfach nicht echt sein. Die Geschichte aber deckt sich exakt mit der Lakandonen-Überlieferung. Der Prophet Jesaja, so heißt es dort, wurde aufgrund seiner aufkommenden Zweifel an Gott in den Himmel entführt, wo er wieder gläubig wurde. Als er wieder auf die Erde sollte, brach es aus ihm heraus: »Aber warum so bald schon? Ich bin doch erst zwei Stunden hier.«
»Nicht zwei Stunden, sondern zweiunddreißig Jahre«, entgegnet der Himmelsbote höflich.
Auch das Buch Henoch wurde wieder aus der Bibel entfernt – dies, obwohl das Alte Testament, insbesondere die Bücher Mose, konkreten Bezug auf Henoch nehmen. Wie Jesaja wurde auch Henoch für einige Zeit in den Himmel »entführt«. Und als auch er sich über die kurze Dauer seines Aufenthaltes wunderte, entgegnete ihm ein Engel Bekanntes: »Unsere Zeit ist nicht wie die, die Du kennst. Seit Du die Erde verlassen hast, ist dort eine ganze Generation geboren worden!«
Den Grund für die Entfernung des Buches Henoch mögen verschiedene Passagen bilden, die von ganz und gar »unsittlichem« Verhalten der Engel berichten: Diese seien einst auf die Erde herabgestiegen und hätten doch tatsächlich

die Menschentöchter begattet, woraus dann das Geschlecht der Riesen entstanden sei. So etwas widersprach der Moral der katholischen Kirchenväter gewaltig, das Buch wurde schnellstens wieder entfernt.
Hinweise auf hünenhafte Riesen, die von ihren Schöpfern, den geheimnisvollen »Göttern« selbst, wieder ausgerottet wurden, finden wir in den alten Überlieferungen der Azteken und der Maya ebenso. Und diese Berichte könnten provokante Antworten auf ungelöste architektonische Geheimnisse geben, denn archäologische Stätten wie Puma Punku, Tiahuanaco oder Machu Picchu bereiten unseren Archäologen bis heute Kopfschmerzen. Art und Weise ihrer Entstehung liegen entweder im Dunkeln oder stehen weit über den bautechnischen Möglichkeiten, die diesen Kulturen von unserer Wissenschaft heute zugebilligt werden.
Geben uns die alten Aufzeichnungen Hinweise zur Lösung des Rätsels? In den Überlieferungen der Azteken lesen wir: »Und was die ganz großen Pyramiden der Sonne und des Mondes in Teotihuacan betrifft, die sie bauten und die geradezu wie Berge aussehen, so erscheint es beinahe unglaublich, wenn berichtet wird, sie seien von Menschenhänden errichtet. Aber es gab dazumal noch Riesen vielerorten ...«
Gab es diese Wesen – den Überlieferungen zufolge direkte Abkömmlinge der »Götter« – also einst wirklich?

6 Gab es einst Riesen?

Spanische Chronisten hielten bei ihren Eroberungszügen überall Berichte über gewaltige Hünen fest. Indianer an der Küste von Tolu (Kolumbien) beschrieben den Eroberern Wesen, die dreimal so groß wie die Menschen waren. Die kräftigen Riesen seien aber plump, brutal und abstoßend gewesen und später von »Blitzen aus dem Himmel« endgültig vernichtet worden. Dieselben Berichte vernahm man von Eingeborenen an der Küste Ecuadors. Dort wurden die unbeliebten Titanen »unter mächtigem Donner und furchtbarem Feuer« vom Himmel verbrannt.

Zahlreiche Funde unserer Archäologen könnten durch die einstige Existenz riesenhafter Wesen zumindest unter einem neuen, frappierenden Blickwinkel gesehen werden. Ein paar Beispiele:

– In der Nähe von Carnac in der französischen Bretagne liegen die Überreste eines 350 Tonnen schweren megalithischen Steinriesen, der einst über rund 20 Kilometer transportiert worden sein muß (im Vergleich: ein vollbesetzter Jumbojet bringt es gerade mal auf 340 Tonnen).

– Die bearbeiteten Steinblöcke in Sacsayhuaman, einer Festung oberhalb der früheren Inka-Hauptstadt Cuzko, erreichen ein Gewicht von bis zu maximal 360 Tonnen.

– In Puma Punku stießen Archäologen auf bearbeitete Monolithen, die zum Teil über 1000 Tonnen wiegen. Bearbeitung und Transport dieser Giganten sind bis heute ein einziges Rätsel.

– Die legendäre Plattform von Baalbek im Libanon beinhaltet drei monumentale Steinquader, die jeweils weit über 1000 Tonnen wiegen. Das libanesische Fremdenverkehrsministerium dazu: »Vor dem Transport der gewaltigen Saturn V-Rakete waren diese Steinquader das Schwerste, was je durch Menschen fortbewegt werden mußte. Aber jeglicher Hinweis auf einen Transportweg zwischen dem Steinbruch und dem Tempelgelände fehlt. Es ist bis heute ein Rätsel, auf welche Weise die Monolithen hinbefördert wurden.«

– 1992 stießen israelische Archäologen bei Ultraschallmessungen auf einen weiteren monumentalen »Baustein«, diesmal in Jerusalem. Der 570 Tonnen schwere behauene Kalksteinquader liegt unter der berühmten Klagemauer, die einst Teil des Herodeanischen Tempels war, dürfte aber vermutlich noch aus weitaus älteren Zeiten stammen. Professor Dan Bahat, der zuständige Gelehrte, erklärte gegenüber der Presse, der Monolith sei damals wohl mittels riesigen Kränen etwa 9 Meter hochgehievt worden. Was der Gelehrte vergaß zu sagen: Solche Kräne stehen nicht einmal uns zur Verfügung. Einer der größten derzeit verfügbaren Pneu-Kräne beispielsweise (der B-25 der Firma Liebherr) besitzt lediglich eine Maximalkapazität von 250 Tonnen.

Es ist immer wieder dasselbe Kreuz mit den Riesenblökken: Unsere Vorfahren schafften es Jahrtausende vor Christi Geburt (!), monströse Steinquader über Hunderte von Kilometern zu transportieren, um sie anschließend in Höhen zu hieven, die heute nur mittels modernster Apparaturen zu bewerkstelligen wären.

Auch Ägypten ist voller derartiger Beispiele. Seit einiger Zeit können dort Touristen in Abydos die unterhalb der Tempelanlage erhaltene ältere Kultstätte besichtigen, die inzwischen teilweise freigelegt wurde. »Stonehenge ist ein Kinderspiel dagegen«, meinen Autoren wie Erich von Däniken beeindruckt, und sie haben Recht. Gewaltige Riesenquader liegen dort aufeinandergetürmt, als wäre es das einfachste der Welt. Reste eines überwältigenden Bauwerkes. Über 400 Kilometer mußten die gewaltigen Steinriesen von Assuan herantransportiert werden. Über die Art und Weise herrscht heute noch Uneinigkeit. Die Schlittentheorien werden selbst von einigen Ägyptologen leise angezweifelt. Nur einige Meter neben der Anlage von Abydos erstreckt sich ein gigantischer Steinwall, dessen Bauweise frappierend an Bauten der Inkas in Südamerika erinnert. Waren hier etwa dieselben Lehrmeister tätig? Wir wissen es nicht.

Auf die Transportfrage der gigantischen Steinmonolithen stoßen wir im alten Ägypten überall. Tatsächlich scheiterten bereits harmlose Versuche der Japaner, die 1978 vergeblich versuchten, zwei bis drei Tonnen schwere Quader, wie sie beim Bau der Cheopspyramide verwendet wurden, mit primitiven Holzschlitten fortzubewegen. Und es gibt ernstzunehmende Stimmen, die zu behaupten wagen, daß wir auch heute nicht in der Lage wären, Brocken wie die kolossalen Memnonstatuen oder Obelisken, wie denjenigen, der noch unfertig im Steinbruch von Assuan liegt (sein Gewicht wird auf unglaubliche 1000 bis 2000 Tonnen geschätzt!) ohne technische Hilfsmittel über Hunderte von Kilometern fortzubewegen. Ganz ähnlich verhält es sich mit den bearbeiteten Tausendtönnern von Baalbek im heutigen Libanon.

In einem archäologischen Band über Baalbek geht der Autor Friedrich Ragette eingehender auf mögliche Transportarten der damaligen Zeit ein. Ragette äußert darin die Vermutung, daß die steinerne Plattform, auf der noch heute ein römischer Tempel thront, ebenfalls von den Römern errichtet worden sein könnte, und stellt dabei Vergleiche mit überlieferten römischen Bautechniken an. Wie die Ungetüme aber letztendlich bewegt und hochgehievt wurden, weiß auch er nicht mit letzter Sicherheit zu berichten. Und so durchziehen altbekannte Worte wie »vielleicht«, »wenn« und »möglicherweise« seine sonst sehr fachkundige Abhandlung.

Ganz abgesehen davon gibt es auch Archäologen, die die Ansicht vertreten, daß die Plattform selbst viel älteren Ursprunges ist und die Römer ihren Tempel nur darauf errichteten. Dies würde auch erklären, warum wir auf den Baalbek-Monolithen (im Gegensatz zum Tempel) keine ausführlichen Inschriften finden, in welchen sich die Erbauer lobpreisen lassen. Wenn wir aber annehmen, daß die Plattform effektiv viel älter ist, läßt sich der Steintransport und vor allem das Hochheben der Quader überhaupt nicht mehr vernünftig erklären.

Auch ein anderer Ort sollte auf keinem Ägypten-Trip fehlen: die monumentale Anlage von Dendera. Wände und Säulen dort sind über und über mit Hieroglyphen und Darstellungen übersät. Die Fachleute sprechen mit großer Bewunderung von der großartigen künstlerischen Meisterleistung.

Ein einheimischer Ägyptologe, den der Autor 1992 dort traf, teilt diese Bewunderung: »Wir haben natürlich unzählige solcher Göttertempel in unserem Land, und alle sind mit Hieroglyphen und Darstellungen übersät. Aber wir haben bisher – abgesehen von einer rühmlichen Ausnahme in Abu Simbel – nirgends festgestellt, daß es fehlerhafte Reliefs gibt. Dazu sollte man sich in Erinnerung rufen, daß die Arbeit ja nicht vom Boden aus gemacht wurde. Zuerst wurde die ganze Tempelanlage aus grobbehauenem Stein angelegt, und erst nach der Fertigstellung glättete man die Oberfläche der Steine und versah sie mit den reichhaltigen Darstellungen. Es gab keine Möglichkeit, ein einmal fehlerhaftes Relief noch zu erneuern. Und wir stellen nirgends fehlerhafte Darstellungen fest!«

Der sympathische Ägypter setzte gleich noch eins drauf, als er erklärte, daß es neben Granit- auch Dioritbearbeitung gab. Diorit nämlich, so führte er weiter aus, zählt zum härtesten Gestein unseres Erdballs und kann heute nach dem aktuellen Stand der Technik nur mit Diamanten-

werkzeugen oder Instrumenten aus härtestem Stahl bearbeitet werden.
Daß die alten Ägypter effektiv schon sehr viel früher, als angenommen wird (am häufigsten sprechen die Experten vom Jahr 700 v. Chr.), Kenntnisse über die Eisenherstellung besessen haben müßten, darauf könnte – neben dem Pyramidenbau – auch ein Messer hindeuten, das im Grab Tut-ench-Amuns (er lebte ungefähr 1400 v. Chr.) gefunden wurde und heute im Kairoer Museum liegt. Es ist aus rostfreiem Stahl gefertigt und besitzt einen äußerst geringen Nickelgehalt, so daß Meteoriteneisen als Ursprungsmaterial vermutlich ausgeschlossen werden kann.
Andere Eisenfunde sind sogar noch weitaus älter. In zwei Pyramiden der vierten Dynastie fand man eiserne Werkzeuge, ebenso in Gräbern der sechsten, elften und achtzehnten Dynastie. Derartige Funde beschränken sich auch gar nicht auf Ägypten: In den Ruinen des früheren Mesopotamien fand man eiserne Gegenstände, die aus dem dritten vorchristlichen Jahrtausend stammen, und auch im syrischen Ras Schamra stieß man auf eine stählerne Axt aus der Mitte des 2. Jahrtausends v. Chr. Diese Funde sorgten für einige Aufregung unter den Gelehrten, die sich zum Teil noch heute nicht mit dem Gedanken anfreunden können, daß Eisen und Stahlherstellung schon so früh bekannt gewesen sein sollen. Daß sie es tatsächlich aber ganz einfach waren, meint der streitlustige Autor Immanuel Velikovsky, der sich in seinen Schriften des öfteren mit den konservativ-klassischen Strömungen innerhalb der Altertumsforschung anzulegen pflegte. In seinem Buch »Ramses II. und seine Zeit« schreibt er: »Die Steine für die Pyramiden wurden im Alten Reich rechtwinklig zugehauen – Kupfer- oder Bronzewerkzeuge hätten den Kalksteinfelsen nicht schneiden können. Granitsarkophage mit gemeißel-

ten scharfen Ecken in perfektem Winkel und mit messerscharfen Kanten und lotrechten Linien; Skulpturen mit fein geschnittenen Augenlidern und Lippen aus der vierten Dynastie; die mit spitzen Stichen in die sehr harten Steine Granit und Basalt und sogar in Diorit, das stählerne und härteste aller Gesteine, geschnittenen Hieroglyphen. Das alles deutet darauf hin, daß ein Material so hart wie Stahl verwendet wurde. Ein moderner Bildhauer würde sich über die Idee amüsieren, daß etwas weniger Hartes als Stahl diese Gesteine auch nur anzukratzen vermöchte, welche nach wenigen Hieben den Stahlmeißel stumpf werden lassen.«

Tatsächlich: Kupfermesser und Kupfersägen, wie sie unsere Ägyptologen häufig in Gräbern der vierten Dynastie (jener Zeitperiode, in der die Pyramiden gebaut worden sein sollen) gefunden haben, sind für die Bearbeitung superharten Gesteins denkbar ungeeignet. Innerhalb kürzester Zeit stumpfen sie ab und hinterlassen kaum einmal feinste Kratzer im Stein, das wird uns jeder Fachmann bestätigen.

Auch der Archäologe und renommierte Ägypten-Kenner Professor Dr. Georges Goyon machte sich in einer 1987 erschienenen Publikation Gedanken über diese Sache. »Sicherlich besaßen die alten Ägypter irgendein Werkzeug, ein Metall oder ein geheimnisvolles Verfahren, daß es ihnen ermöglichte, die Baustoffe scharfkantig zu schneiden und zu behauen und ihnen jene Weichheit des Schliffs zu geben, die man heute mit unseren Handwerkszeugen unmöglich erreichen kann«, ist er überzeugt.

Die Münchner Ägyptologin Rosemarie Klemm und ihr Mann, der Geologe Dietrich Klemm, hatten eine andere Idee. Sie vertreten in einem 1993 erschienenen Buch die Ansicht, daß die alten Ägypter dem steinharten Granitgestein, das sie zum Pyramiden- und Obeliskenbau benötigten, mit

speziellen Werkzeugen aus Dolerit, einem graugrünen Basaltstein, zuleibe rückten. Ob diese neuerliche Erklärung nun wirklich definitiv des Rätsels lang ersehnte Lösung ist, wagen wir dagegen höflich zu bezweifeln.
Daß unser Wissen über die Vorzeit jedenfalls noch einige beachtliche Lücken aufzuweisen scheint, zeigt sich auch in Abusir. Dort stößt der neugierige Besucher auf Spuren präziser Kernbohrungen, die einst mit modernen Geräten in das superharte Dioritgestein getrieben worden sein mußten. An und für sich nichts Spektakuläres. Bedenkt man allerdings, daß diese Spuren bereits 1883 in einem archäologischen Werk von Flinders Petrie erwähnt werden (»The Pyramids and Temples of Gizeh«), zu einer Zeit also, als die Kernbohrertechnik gerade erst mal erfunden worden war, wird die Sache mehr als spannend.

Es ist schon verrückt: Überall auf der Erde entwickelten sich in der Frühzeit unserer Geschichtsschreibung unabhängig voneinander Kulturen, die anscheinend über bemerkenswert hohe technische Fähigkeiten verfügt haben müssen. Sie schienen mit den gewaltigsten Steinbrocken nur so zu jonglieren, als wäre es ein einziges Kinderspiel, und fertigten für ihre vom Himmel herniedergestiegenen Götter in unbändigem Fleiß riesige, überwältigende Bauten, die uns noch heute in Erstaunen versetzen. Woher aber hatten die frühen Baumeister die erforderlichen technologischen Fertigkeiten, die plötzlich so unvermutet überall Spuren hinterließen? (Die Überlieferungen schweigen sich aus, und dies ist auch kaum verwunderlich: Alleine beim Brand der Alexandrinischen Bibliothek um 47 v. Chr. fielen an die 700 000 unersetzbare Rollen und Handschriften den vernichtenden Flammen des Feuers zum Opfer! Antonius stiftete der entsetzten Cleopatra in der Folge 200 000

neue Manuskripte, alles wertvollste Einzelstücke. Aber auch diese blieben den nachfolgenden Generationen nicht lange erhalten: Einfallende Herrscher ließen in blindem Zorn eines nach dem anderen zerstören.)
Einer, der wiederholt auf den Fragenkomplex der unerklärlichen Megalith-Bauten hinweist, ist der Schweizer Autor Erich von Däniken. »Wenn ich auf der Osterinsel Steinbearbeitungen sehe, die exakt den Steinverarbeitungen oberhalb von Sacsayhuaman (Peru) gleichen, und wenn ich der gleichen Bauweise in Malta, Catal Hüyük (Türkei) und Baalbek (Libanon) wiederbegegne, dann drängt sich doch die Frage nach einem gemeinsamen Motiv auf«, meint er und kritisiert dabei die allgemeine Ansicht einer technischen Evolution. »Tatsächlich sind vielfach gerade die ältesten Bauwerke die gigantischsten und perfektesten. Und das stellt die offiziellen Datierungen auf den Kopf!«
Däniken spekuliert außerdem, daß einige der geheimnisvollen Megalith-Bauten (sie überziehen unseren gesamten Erdball) noch weitaus älter sein könnten, als heute argumentiert wird, und weist darauf hin, daß beispielsweise in Malta Reste der megalithischen Anlagen zielstrebig ins Meer führen. Auch in Gavrinis oder Er Lannic in der Bretagne liegen diverse Menhire deutlich unter dem Wasserspiegel. Dies läßt den Schweizer vermuten, daß die Bauten in logischer Konsequenz bereits gegen Ende der letzten Eiszeit entstanden sein müßten. Das Klima erwärmte sich, das Polareis schmolz ein letztes Mal dahin, und der Meerespiegel hob sich. Eine Überlegung, die unter den Gelehrten aber nicht überall eitel Sonnenschein auslösen wird. Denn die letzte Eiszeit endete bekanntlich vor rund 10 700 Jahren!
Denis Saurat, ein französischer Professor, der sich bereits Ende der fünfziger Jahre mit diesen Fragen beschäftigt hat,

geht noch einen Schritt weiter, wenn er behauptet, daß die monumentalsten Megalith-Bauten womöglich »ein Werk der Riesen gewesen waren, das dann von den Menschen, die von deren Aussehen und Stärke beeindruckt waren, nachgeahmt wurde«. Saurat weist dabei auf den kultischen Hintergrund derartigen Vorgehens hin: »Als die Titanen schon verschwunden waren, versuchten die Menschen die Zeit und die Bilder der ›Götter‹ heraufzubeschwören und wieder zum Leben zu erwecken. Noch heute finden wir auf den Inseln bei Neu Guinea arme Wilde, die noch Dolmen und Menhire errichten, ohne zu wissen warum. Genau so, wie es unsere Vorfahren einst in der Bretagne, in England und an anderen Orten machten ...«

Himmlische Titanen tauchen in den altägyptischen Überlieferungen nicht auf, wohl aber beispielsweise in Südamerika oder Baalbek, wo die Hünen höchstpersönlich für den Bau der Stein-Monster verantwortlich gewesen sein sollen. Über die Möglichkeit eines derartigen Zusammenhangs vermögen wir nicht zu urteilen. Wir wissen nur, daß zumindest eine ganze Reihe von Hinweisen tatsächlich für die einstige Existenz jener mystischen Fleisch-Kolosse zu sprechen scheint. So stießen Archäologen unweit von Safita in Syrien auf Faustkeile, die satte 3,8 Kilogramm wogen. Übertroffen wurde dieser Fund nur noch von Entdeckungen, die in Ain Fritissa (Ostmarokko) gemacht wurden. Die dort gefundenen Faustkeile waren 32 Zentimeter lang, 22 Zentimeter breit und wogen 4,2 Kilogramm. Berechnungen zufolge müßten die Wesen, die mit diesen Werkzeugen gearbeitet hatten, um die vier Meter groß gewesen sein.
Bestätigt wurde die Brisanz dieser Funde durch eine geradezu sensationelle Entdeckung, die Professor Holger Preu-

schoft von der Ruhr-Universität Bochum 1986 gelang und bereits für einige Verwirrung unter der Gelehrtenzunft sorgte, als er sie auf dem Kongreß der »Gesellschaft für Anthropologie und Humangenetik«, der vom 10. bis 12. Oktober 1991 in Bochum abgehalten wurde, erstmals einer breiteren Öffentlichkeit vorstellte.
Preuschoft war während eines längeren Forschungsaufenthaltes auf der südlichen Hauptinsel Kyushu in Japan nämlich auf die versteinerte Fußspur eines fossilen Verwandten des Menschen gestoßen. Das Kuriose: Der Fußabdruck ist sage und schreibe 41,3 Zentimeter lang. Bei völlig gestreckter Zehe ergibt sich je nachdem sogar eine Gesamtfußlänge von 43,7 bis 44,3 Zentimeter! (Menschliche Fußspuren der Größe 43 erreichen im Vergleich gerade mal einen Durchschnitt von 28,5 Zentimeter.) Nach Preuschoft könnte diese Entdeckung einige gängige Theorien über den Haufen werfen, denn der Fund stammt aus dem mittleren Miozän, einer geologischen Schicht, die etwa 15 Millionen Jahre alt ist. Man führt das Riesenwesen inzwischen unter dem Namen »Pedimpressopithecus japonicus«, und die japanische Regierung erwägt gar, einen Nationalpark an der Fundstätte errichten zu lassen.
Der Bochumer Professor selbst bringt den geheimnisvollen Abdruck mit alten Überlieferungen und modernen Augenzeugenberichten über Yetis und Riesenaffen in Verbindung. Da die Zehen recht kurz sind, der Mittelfuß und die Fußwurzel hingegen sehr lang, vermutet Preuschoft, daß sich das Wesen damals auf zwei Beinen fortbewegt hat und eher am Boden als auf den Bäumen lebte. Er weist in seinem Untersuchungsbericht denn auch explizit darauf hin, daß gerade in den letzten Jahren vor allem in Rußland, Tibet und Kanada immer wieder internationale Yeti-Expeditionen tätig wurden: »Pedimpressopithecus dürfte in die-

sen Umkreis gehören. Das würde allerdings bedeuten, daß diese Riesenaffen auf eine wesentlich längere Stammeslinie zurückblicken können und weitere Verbindungen hatten, als bisher vermutet. Es stellt sich nun von neuem die Frage, in welcher Beziehung sie zur Entwicklungslinie der Hominiden stehen.«
Der Bochumer Professor will jetzt vor allem die Annahme des Amerikaners Weidenreich noch einmal überprüfen. Dieser hatte Mitte dieses Jahrhunderts für großes Aufsehen gesorgt, als er im 1946 erschienenen Buch »Apes, Giants and Man« seine Theorie von fünf Meter hohen »Riesen« als den menschlichen Vorfahren der Öffentlichkeit präsentiert hatte.

Franz Weidenreich war ein scharfsinniger Anthropologe. Als deutscher Emigrant arbeitete er zuerst an der Universität von Chicago und wurde dann ans Pekinger Institut abberufen, um die dortigen Forscher bei ihren Untersuchungen und Ausgrabungen zu unterstützen. Hier war er an der Fundstelle des Peking-Menschen beschäftigt, als er von einer Entdeckung hörte, die zu einer der größten paläontologischen Sensationen des Jahrhunderts werden sollte. Herbert Wendt dokumentierte die damaligen Ereignisse in seinem Buch »Ich suchte Adam«: »In einer umfangreichen Sammlung chinesischer Fossilien hatte der Javamenschenforscher von Königswald Zähne eines gigantischen Herrentieres festgestellt, eines Super-Gorillas oder vielleicht sogar eines menschlichen Ur-Riesen.«
Tatsächlich hatte der deutsche Paläontologe Gustav von Königswald in chinesischen Apotheken unter allerlei medizinischen Heilmitteln einen »Riesenzahn« gefunden, der sich letztlich perfekt in seine bisherigen archäologischen Funde integrieren ließ. Der Zahn war dreimal so groß wie

der eines »normalen« Menschen und mußte zu einem Unterkiefer von 18 Zentimetern Länge und 6 Zentimetern Höhe gehört haben. Als sich Königswald dieses Faktums bewußt wurde, schossen ihm ganze Gedankenbündel durch den Kopf. Gehörte der Zahn einem noch unbekannten Riesenaffen, oder gab es einst doch Riesen? In den nächsten Jahren grub man eine ganze Reihe weiterer Knochenstücke aus, die die ersten Funde nur unterstützten. Inzwischen lernte Königswald Franz Weidenreich kennen, und eine enge Freundschaft entwickelte sich unter den beiden Forschern, die immer überzeugter wurden, daß wohl doch mehr Wahrheit in den alten Überlieferungen steckte, als sie anfänglich dachten.

Während des Zweiten Weltkriegs verloren sich die beiden durch das Kriegsgeschehen aber vorerst aus den Augen, weswegen sich Weidenreich dazu veranlaßt sah, der Öffentlichkeit endlich ausführlich Kenntnis über ihre Entdekkungen und Vermutungen zu geben.

Als er am 9. Mai 1944 in einer brillanten Rede alle Indizien der Ethnologischen Gesellschaft in New York präsentierte, war die Verwirrung groß. Überhebliches Kopfschütteln machte sich unter den anwesenden Wissenschaftlern breit, die regelrecht vor den Kopf gestoßen waren. An den brillant recherchierten Fakten konnte dies aber nichts mehr ändern.

Nach dem Zweiten Weltkrieg tauchte dann der verschollen geglaubte Königswald wieder aus der Gefangenschaft auf, und die beiden Freunde arbeiteten unermüdlich weiter an der Auswertung ihrer spektakulären Funde. Sie kamen zur Schlußfolgerung, daß es sich bei den untersuchten Knochen wohl endgültig um Überreste früherer Riesenmenschen gehandelt haben mußte, die auch in anderen Ländern Verwandte gehabt haben könnten. Autor Herbert

Wendt dazu: »Wenn das zutraf, dann mochten sich vielleicht tatsächlich im frühen Pleistozän Titanenkämpfe abgespielt haben, wie die Göttersagen der Antike sie schildern.«

Auf Titanenkämpfe ganz anderer Art ging vor vielen Jahrzehnten bereits Eugen Georg ein. Auch wenn wir dabei Gefahr laufen, den Adrenalinspiegel der Gelehrten erneut beunruhigend zu strapazieren, möchten wir dieses Kapitel dennoch mit einem provozierenden Zitat jenes Herrn schließen, der sich in seinem Werk »Verschollene Kulturen« bereits 1930 Gedanken über das Unaussprechbare machte. Georg schreibt: »Im nördlichen Arizona wurden vor einigen Jahren Felszeichnungen entdeckt – der Archäologe Dr. Hrdlicka, Vorsitzender der Anthropological Association, hat darüber referiert. So phantastisch die von ihm mitgeteilten Tatsachen auch anmuten, sie verdienen höchste Aufmerksamkeit. Es handelt sich um nicht mehr und nicht weniger als um einen von Menschenhand in die Felswand geritzten Dinosaurier, der sich auf die Hinterbeine und den gewaltigen Schwanz aufstützt. Eine andere Zeichnung zeigt einen Saurier, der auf einen Menschen losstürzt – aber dieser Mensch ist (vorausgesetzt, daß die Größenverhältnisse stimmen) ein Riese von ungefähr fünf Metern Höhe! Und die Größenverhältnisse stimmen wirklich – das geht angeblich aus einer dritten Felszeichnung hervor, auf der eine menschliche Figur neben einem Mastodon steht. Die Größenverhältnisse auch dieser beiden Gestalten nun sollen derartige sein, daß die zunächst abenteuerlich klingende Hypothese vom fünf Meter hohen Menschen gerechtfertigt ist und es sich in der Tat zu bestätigen scheint, daß der damalige Mensch um vieles größer gewesen ist als der Mensch historischer Zeiten.«

IV Götterspuren: Auf der Suche nach der Botschaft

»Natürlich wird es immer Dummköpfe geben, die behaupten, neues Wissen sei gar nicht nötig, und das menschliche Gehirn drohe bereits zu platzen. Es mag nicht unnütz sein, diesen vollkommen unsinnigen Einwand zu widerlegen: Das menschliche Gehirn platzt schon deswegen nicht, weil niemand je versucht hat, all das vorhandene Wissen überhaupt zu bewältigen. Eine andere Gattung von Dummköpfen meint, Wissenschaft und Technik machten uns nur das Leben schwer, und wir sollten zu einer einfacheren Gesellschaft zurückfinden. Ich empfehle ihnen stets den Versuch, statt mit einem Kugelschreiber mit dem in Tinte getauchten Finger zu schreiben – sie sehen dann, ob es einfacher ist ...«

Jacques Bergier, Journalist

1 Das galaktische Phantom

Als 1976 ein Bodenanalysegerät der amerikanischen Viking-Sonde 56 Millionen Kilometer von der Erde entfernt ausfiel, seufzte Ingenieur John Casani vom Jet Propulsion Laboratory in Pasadena wieder einmal auf. Irgend etwas Unbekanntes schien seine Hand im Spiel zu haben. »Dieses

Ding scheint immer genau zu wissen, wann wir sein Gebiet durchqueren wollen!«

Effektiv fielen in einem ganz bestimmten Sektor im Weltraum bis dahin mindestens sieben Raumsonden aus: In drei Fällen handelte es sich um Totalschäden. Andere Objekte torkelten orientierungslos durchs All, als sie das betreffende Gebiet durchquerten. Nachher waren sie zumindest teilweise wieder funktionstüchtig. Kurioserweise ist ausgerechnet die Unfallzone ein sogenanntes galaktisches »Schönwettergebiet«. Dort gibt es weder kosmischen Staub noch Meteoritenschwärme, Magnetfelder oder Strahlungsgürtel.

Bereits 1963 beschäftigten sich US-Experten auf einer speziellen Konferenz in Blacksburg mit solchen mysteriösen Störungen. Damals waren ganz ähnliche Fälle aufgelistet worden:

– Der Firefly-Satellit wurde von einem Meteoriten getroffen, die Signale fielen aus. Kurze Zeit später funktionierte der Kontakt plötzlich wieder.

– Die beiden Telstar-Satelliten gaben gleich mehrmals ihren »Geist« auf. Dennoch begannen sie unerwartet wieder zu senden.

– Der Antrieb der Mariner-Venusrakete pausierte auf unerklärliche Weise für einige Zeit, um dann wieder normal zu arbeiten.

Richard Kershner von der Johns-Hopkins-Universität meinte damals, man könne nach dem derzeitigen Stand der Wissenschaft ruhig sagen, »Weltraumgeister« hätten die Satelliten repariert, denn diese Erklärung sei genausogut wie jede andere, die man zur Zeit geben könne. (Ähnliches hatte sich 1989 übrigens auch mit der zweiten sowjetischen Phobos-Sonde ereignet, die in der Nähe des Marsmondes unvermutet ausfiel und seitdem blind und taub durchs All treibt. Drei Tage vor der Panne hatte der Planetensensor von Phobos-2 nach Aussagen der sowjetischen Zeitung »Iswestija« vom 16. April 1989 noch ein »unbekanntes Objekt beträchtlichen Ausmaßes« registriert. Dann verstummte er.)

Nicht nur die Defekte und das Verschwinden verschiedener irdischer Satelliten beschäftigten die Fachleute hin und wieder, sondern auch so manches Objekt in der Erdumlaufbahn, das dort eigentlich gar nichts zu suchen hat.
Die deutsche Illustrierte »Lies mit« berichtete schon Mitte der fünfziger Jahre von einer seltsamen Entdeckung. Da hatten US-Behörden den weltbekannten Astronomen und Entdecker des Planeten Pluto, Clyde Tombaugh, damit beauftragt, einen zweiten Himmelskörper ausfindig zu machen, der die Erde womöglich umkreise. Kurze Zeit später war Tombaugh tatsächlich fündig geworden, als er zwei unbekannte Objekte ausmachen konnte, die sich um unseren Planeten bewegen.
Am 11. Februar 1960 gab auch das amerikanische Verteidigungsministerium offiziell bekannt, daß »ein nicht identifiziertes Objekt, dessen Gewicht auf 15 Tonnen geschätzt wird, die Erde umkreist«. Der fremde Flugkörper gebe aber keinerlei Funksignale von sich, was darauf schließen lasse, daß man es hier womöglich mit einem potentiellen sowjetischen Spionagesatelliten zu tun habe. Auch die Möglichkeit einer ausgebrannten Trägerrakete wollten die Sprecher nicht ausschließen. Beide Erklärungen blieben aber umstritten, zumal das Objekt ja anscheinend bereits Mitte der fünfziger Jahre geortet werden konnte. (Die Russen lancierten ihr Sputnik-Geschoß erst 1957!) Dies wußten auch die Journalisten von »Newsweek« und zitierten in ihrer Ausgabe vom 4. Juli 1960 ernstzunehmende

Stimmen, die die Vermutung geäußert hatten, daß es sich beim kosmischen Satelliten-Phantom vielleicht auch um ein unbemanntes extraterrestrisches Konstrukt handeln könnte, das von einer höheren Intelligenz gezielt in unserem Sonnensystem abgesetzt wurde.
Wieder andere Fachleute brachten derweil eine weitere Erklärungsmöglichkeit in die hitzige Diskussion ein: Hatten die Russen etwa bereits versucht, eine bemannte Kapsel zu starten, deren Mission fehlgeschlagen war? Eine gewagte Hypothese, wir geben es gerne zu. Sie basiert aber durchaus auf glaubwürdigen Fakten. So war der Schweizer Amateurfunker Walter Kunz 1960 aufgeregt an die Öffentlichkeit getreten und hatte erklärt, Funksprüche eines sowjetischen Kosmonauten aufgefangen zu haben. (Zur Erinnerung: Juri Gagarin, der erste Astronaut, den die Menschheit offiziell ins All entsandte, trat seinen historischen Flug erst am 12. April 1961 an!)
Kunz, der damals in Münchenstein bei Basel wohnte, war einer jener unzähligen passionierten Funkbegeisterten, die den Wellensalat Tag für Tag fasziniert auf mögliche Funksprüche hin abklopften. Am 17. Januar 1960 hatte der Schweizer 20 005 Megahertz gewählt, die russische Satellitenfrequenz. Er war zutiefst erstaunt, als er plötzlich und unerwartet metallische Geräusche wahrnahm, die von einer aufgeregten menschlichen Stimme begleitet wurden. Geistesgegenwärtig löste er ein Aufnahmegerät aus und war auf diese Art und Weise in der Lage, die Signale während rund zwei Minuten aufzuzeichnen.
Lou Zinsstag, die Basler UFO-Expertin, untersuchte die Sache und hörte sich auch das Band an. Sie glaubte dabei immer wieder russische Wortfetzen wahrnehmen zu können. Die fremde Stimme schien qualvoll verzerrt und schnappte dauernd nach Luft. (Frau Zinsstag beschrieb

den Hobbyfunker übrigens als eher scheuen und zurückhaltenden Menschen und bezeichnete ihn als äußerst glaubwürdig.)
Ein Jahr später, am 14. Januar 1961, meldete der Londoner »Observer« Dinge, die die Theorie der russischen Geheimversuche zu bestätigen schienen. Unter anderem zitierte die Zeitung Leutnant Paul Hickman mit der Aussage, daß mindestens einer oder sogar zwei Russen anscheinend beim Versuch ums Leben gekommen waren, die ersten Menschen im Weltall zu sein. Auf welche Quellen er sich dabei aber berief, wurde leider nicht erwähnt.
Waren tatsächlich russische Geheimversuche für die Existenz der unerklärbaren Erd-Trabanten verantwortlich? Wir wissen es nicht. Aber hatte man bisher nur von ein bis zwei Objekten gesprochen, waren es am 2. November 1966 gleich deren drei, wie NORAD (North Atlantic Air Defence) nun in einer offiziellen Pressemitteilung verlautbaren ließ!
Die Sowjets zogen nach. In einem Interview mit einer südafrikanischen Tageszeitung vom 20. August 1979 erklärte der Astrophysiker Professor Sergej P. Bozhich, ein »explodiertes, außerirdisches Raumschiff« kreise um unseren Planeten. Wie kam er dazu? Professor Bozhich erläuterte, die Sowjets hätten den erdnahen Raum seit Beginn des ersten Sputniks unter Radarkontrolle. Dabei seien ihnen verschiedene Objekte aufgefallen, die weder von ihnen selbst noch von den Amerikanern stammen könnten, weil sie bereits vor 1957 um die Erde kreisten. Sie hätten die Bahnen der einzelnen Stücke rechnerisch verfolgt und festgestellt, daß alle Bruchstücke von einem einzigen Objekt stammen müßten, das am 18. Dezember 1955 im Erdorbit explodierte. Ein Teil der Trümmer umkreise seither die Erde, andere Teile seien wohl in der Erdatmosphäre verglüht.

Diese verblüffende Auskunft der sowjetischen Gelehrten war wiederum für die amerikanischen Fachleute nichts Neues. Bereits im Oktober 1969 hatte der amerikanische Astronom John P. Bagby in der wissenschaftlichen Fachzeitschrift »Icarus« einen neunseitigen Artikel über dieselben kuriosen Objekte veröffentlicht. Auch Bagby hatte die unbekannten Satelliten verfolgt, ihre Bahnen zurückgerechnet und war zum gleichen Resultat gelangt wie die Sowjets. Am 18. Dezember 1955 mußte über der Erdatmosphäre etwas auseinandergebrochen sein, das nun in Bruchstücken um den Planeten kreiste. Aber: Bagby vertrat in seinem Bericht die Ansicht, es handle sich um natürliche Bruchstücke. Von einem explodierten Raumschiff war keine Rede.
Es ist allgemein bekannt, daß im Sonnensystem mehrere kleinere Meteoriten umherschwirren. Der Radioastronom Professor Dr. Frank Drake glaubt, ein derartiger Meteorit habe die sogenannte »Roche-Grenze« passiert und sei dabei auseinandergebrochen. (Die »Roche-Grenze« ist der Punkt, an welchem sowohl die Erd- als auch die Mondanziehung aufeinander einwirken.) Dies wiederum wissen auch die Sowjets. Sie beharren aber dennoch auf dem explodierten extraterrestrischen Raumschiff und wollen sogar die Größe des ursprünglichen Objektes mit einem Durchmesser von 80 Metern errechnet haben. Immerhin sind sich Sowjets und Amerikaner in zwei Punkten einig: Am 18. Dezember 1955 brach »etwas« im Erdorbit auseinander, und dieses »etwas« war außerirdisch. Auch Meteoriten stammen schließlich nicht von dieser Welt.
Viele dieser Meldungen wird man heute überdies gar nicht mehr so leicht verifizieren können, denn eine ungeheure Schrottansammlung aus defekten Satelliten, ausgebrannten Trägerraketen und anderem Müll kreist inzwischen um

unseren Erdball: Ein kosmischer Trümmerhaufen von über 70 000 Teilen treibt den NASA-Spezialisten die Sorgenfalten auf die Stirn. Und so trägt man sich dort bereits mit dem Gedanken, dereinst spezielle Shuttle-Missionen zu »Säuberungszwecken« hochzusenden. Schließlich stellt der rasende Weltraumschrott eine beachtliche Gefahrenquelle für unsere Raumfahrt dar.

Anfang der neunziger Jahre sorgte übrigens eine weitere Meldung für Verwirrung unter den Experten. Sie besagte, daß sich ein unbekanntes Objekt, dessen Umlaufbahn derjenigen unseres Planeten stark gleicht, am 5. Dezember 1991 der Erde vorübergehend bis auf 480 000 Kilometer angenähert hatte. Anfänglich glaubte man »1991 VG«, wie die Astronomen den Fremdkörper heute bezeichnen, ebenfalls als Raumschrott erklären zu können. Doch akribische Auswertungen aller verfügbaren Daten ließen diesen Schluß nicht zu. Mit Sicherheit ausgeschlossen wurde immerhin ein Meteorit, um so mehr als das Objekt auf einer extrem ungewöhnlichen Bahn durch den Raum treibt. In der Folge erhoffte man sich Klärung durch genaue Radarmessungen, erlebte dabei aber ein blaues Wunder: Obwohl modernste Radioantennen auf die Position des Fremdkörpers eingeschwenkt wurden, empfingen sie seltsamerweise nicht den Hauch eines Signals! Ein Vorgang, der bei den Gelehrten im Jet Propulsion Laboratory in Pasadena einiges Kopfschütteln verursachte, werden Radarstrahlen doch normalerweise von mehr oder weniger jedem Objekt reflektiert. »Die Situation ist alles andere als geklärt«, meinte dann am 13. Dezember 1991 auch D. Green, einer der zuständigen Astronomen, und die Frage nach der Natur von »1991 VG« verbleibt für den Moment ein ungelöstes Rätsel.

1968 ging eine Pressemeldung um die Welt. Irgendwo auf einem Planeten in den ungeheuren Weiten des Universums, so hieß es da, bemühe sich nach Angaben vieler Wissenschaftler möglicherweise eine hochentwickelte Zivilisation seit vielen Jahrzehnten fruchtlos, der Erdbevölkerung Kunde von ihrer Existenz zu geben. Vor der Konferenz der Amerikanischen Gesellschaft zur Förderung der Wissenschaft in New York meinte der Astronom Dr. Carl Sagan von der Harvard-Universität dazu, wenn solche Kontaktversuche tatsächlich unternommen würden, bedienten sich die extraterrestrischen Zivilisationen wahrscheinlich eines sehr einfachen Codes, den »jeder Dussel« verstehen müßte: »Die fremden Lebewesen würden erkennen, daß wir verhältnismäßig dumm sind und erst am Anfang ihres eigenen gewaltigen technischen Wissens stehen. Wenn wir mit den Eingeborenen einer kleinen Pazifikinsel in Verbindung treten wollten, würden wir ihnen ja auch kein Telegramm schicken.«
Auch der für seine unkonventionellen Ideen bekannte englische Astrophysiker Professor Fred Hoyle gab die Diskrepanz zwischen Suchmethode und möglicher Beschaffenheit einer fremden Nachricht bereits vor vielen Jahren zu bedenken: »Sie sind alle mit einem gewöhnlichen Telephonbuch vertraut. Wenn Sie mit jemandem sprechen wollen, so schauen Sie nach der betreffenden Nummer und wählen die entsprechende Vorwahl. Ich nehme an, daß in unserer Galaxie eine ähnliche Situation existiert und zu allen Zeiten bestand und daß wir darüber so ahnungslos sind wie die Pygmäen im afrikanischen Busch über die Radiomeldungen, die mit Lichtgeschwindigkeit um den Erdball herumjagen.«
Es mag denn auch nicht verwundern, daß bis auf den heutigen Tag nicht ein einziges außerirdisches Signal aus

den hochmodernen Computersystemen der NASA geratert ist.
Vielleicht sind unsere Suchstrategien tatsächlich falsch. Wer weiß denn, ob fremde Funksignale möglicherweise nicht auch ganz bewußt von uns ferngehalten werden, um uns in unserer Entwicklung nicht zu beeinflussen? Stellen wir uns nur die Aufregung vor, die der eindeutige Empfang einer fremden Botschaft 1938 ausgelöst hätte. Wären wir damals reif dafür gewesen? Wir wagen es zu bezweifeln. Müssen wir unsere Suche also vielleicht nach ganz anderen Strategien ausrichten? Nach Strategien, wie sie etwa die Mimikry-Hypothese propagiert?
Nehmen wir einmal an, die fremde Intelligenz, die sich hinter dem UFO-Phänomen verbirgt, sei – aus welchem Grund auch immer – auf unserem Planeten aktiv geworden und habe mittels verschiedener Tarnprojektionen Einfluß auf unsere Entwicklung ausgeübt. Sie ist sich dabei bewußt, daß es einmal einen Zeitpunkt geben wird, an dem sie sich der Menschheit offenbaren wird, einen Zeitpunkt, der von Anbeginn akribisch genau vorbereitet wurde. Hinsichtlich dieses Zeitpunktes herrscht unter Experten allgemeine Übereinstimmung. Der geeignetste Moment für eine Kontaktaufnahme ist die institutionelle Einrichtung der bemannten Raumfahrt. Erst dann sind wir technisch und geistig überhaupt annähernd in der Lage, uns allmählich mit dem Gedanken vertraut zu machen, daß wir nicht allein sind im Universum, und erst dann werden wir auch den kosmischen »Kulturschock« vermutlich relativ mühelos überwinden.
Eine konkret per Funk übermittelte Botschaft würde ihren Zweck wohl verfehlen, denn die Folgen einer unvorbereiteten offiziellen Kontaktaufnahme wären ihrerseits kaum absehbar: Militärs würden versuchen die fremde Technik für

kriegerische Aspekte zu mißbrauchen, ganze Industriezweige könnten durch die fremde Technologie auf der Strecke bleiben, gewisse Bodenschätze sind plötzlich wertlos, und die führenden Weltreligionen (fester und institutioneller Bestandteil vieler sozialer Systeme) würden gnadenlos erschüttert. Auch wir würden bei der Entdeckung eines Indianerstammes, der noch nie mit unserer Kultur konfrontiert wurde, schließlich nicht unvermittelt mit Helikoptern, Jeeps und Funkgeräten in die fremde Umgebung eindringen.

Die Überlegungen, die sich der berühmte Kommunikationsforscher Paul Watzlawick in seinem Werk »Wie wirklich ist die Wirklichkeit?« zur etwaigen Kontaktaufnahme der ETs mit uns machte, tendieren in eine ähnliche Richtung: »Die plötzliche Verfügbarkeit noch viel weiter fortgeschrittenen Wissens, das unser eigenes Denken unvermittelt Tausende von Jahren und ohne die Möglichkeit einer zusammenhängenden, schrittweisen Integration nach vorne katapultieren würde, hätte wahrhaft unvorstellbare Konsequenzen«, ist er sich sicher. Nach Watzlawick beweist die klinische Erfahrung nämlich klar, daß die plötzliche Konfrontation mit Information überwältigenden Ausmaßes hauptsächlich zwei Folgen hat: Entweder führt sie dazu, daß wir uns den neuen Tatsachen gegenüber verschließen und zu leben versuchen, als bestünden sie nicht, oder wir verlieren den Kontakt mit der Wirklichkeit. Beides aber liegt seiner Meinung nach im Wesen des Wahnsinns. Und so glaubt auch er nicht, daß die Fremden einfach so eines Tages in hochoffizieller Mission auf dem Rasen des weißen Hauses landen werden.

Die Mimikry-Hypothese Fiebags wiederum propagiert denn auch ganz bewußt technische Hinweise, wie sie beispielsweise bei der Untersuchung der heiligen Tilma von

Guadalupe zum Vorschein kamen, und interpretiert diese als gezielte, latente Mittler zwischen einer vorbereitenden-versteckten und einer offenen Kontaktaufnahme. Auch verschlüsselte Botschaften, die in alte religiöse Texte verpackt wurden, könnten weitere Hinweise in dieser Richtung sein.

2 Computercode im Alten Testament?

Eine sensationelle Entdeckung zweier israelischer Wissenschaftler sorgte 1988 weltweit für Schlagzeilen. Der bekannte Journalist Professor Wolfgang Altendorf faßte die zweiseitige Pressemeldung damals für die »Basler Zeitung« zusammen. Ihr zufolge waren der Bibelexperte Dr. Moshe Katz und der Computerfachmann Dr. Menachem Wiener vom Israel Institute of Technology (Technion) an der Universität in Haifa während ihrer mit Computerunterstützung vorgenommenen Textanalysen im Alten Testament auf seltsame mathematische Strukturen und Buchstabenmuster gestoßen. Diese Buchstabenmuster scheinen sich in allen (Ur-)Bibeltexten zu wiederholen und lassen (nach Meinung der beiden Gelehrten) auf einen einzigen Verfasser schließen, ganz im Gegensatz zur allgemein bekannten Überzeugung, die Bibel sei von mehreren Verfassern geschrieben worden.
Die Muster selbst sind verblüffend: Da taucht beispielsweise das Wort »thora« im Buch Genesis immer alle 50 Schriftzeichen auf, während der Gottes-Begriff »elohim« regelmäßig nach 26 Buchstaben wiederkehrt. Ebenfalls können im Text in regelmäßigen Abständen anscheinend »verschlüsselte Worte gefunden werden, die in direktem Zusammenhang mit der Textstelle stehen, in der diese Worte verborgen waren«.

Dr. Katz und Dr. Wiener wollen auf diese Weise auch festgestellt haben, wo sich die Grabstätte Adams und Evas (sie wird im Bibeltext nicht direkt erwähnt) befindet: »Durch dieses spezielle Buchstabenzählen erscheinen die Namen Adam und Eva an der Stelle, an der die Grabstätte von Abraham und Sara – das Grab der Erzväter, der Ursprung des jüdischen Volks also – beschrieben wird.«
Die beiden israelischen Wissenschaftler machten eine weitere Entdeckung, die für viel Wirbel sorgen könnte. Sie greifen dabei auf eine Passage aus dem Buch Esther zurück (9,1 ff.), die die historische Begründung des jüdischen Purim-Festes liefert:
»Am dreizehnten Tag im zwölften Monat, dem Monat Adar, sollte der Erlaß des Königs und sein Befehl ausgeführt werden. Es war der Tag, an dem die Gegner der Juden gehofft hatten, sie zu überwältigen. Doch nun überwältigten umgekehrt die Juden ihre Feinde. In allen Provinzen des Königs Artaxerxes taten sich die Juden in den Städten zusammen und überfielen die, die den Untergang der Juden geplant hatten. Niemand konnte ihnen standhalten, denn alle Völker hatte Schrecken vor ihnen befallen (...) So metzelten die Juden all ihre Feinde mit dem Schwert nieder, es gab ein großes Blutbad. Sie machten mit ihren Gegnern, was sie wollten. In der Burg Susa brachten die Juden fünfhundert Männer um, und auch Parschandata, Dalfon, Aspata, Porata, Adalja, Aridata, Parmaschta, Arisai, Aridai und Wajesata, die zehn Söhne des Judenfeindes Haman, des Sohnes Hammedatas, töteten sie, aber sie vergriffen sich nicht an ihrem Besitz.«
Man entnahm dieser Stelle die Erkenntnis, daß alle zehn Söhne des Judenfeindes Haman bei den Kämpfen umgebracht wurden. Dies wird einige Verse später denn auch noch einmal explizit betont: »Als man an jenem Tag dem

König meldete, wie viele Menschen in der Burg Susa erschlagen worden waren, sagte er zur Königin Esther: In der Burg Susa haben die Juden ein Blutbad angerichtet. Man hat fünfhundert Männer, auch die zehn Söhne Hamans, umgebracht.«

Der König – erfreut über diese Vorgänge – will seiner Frau in der Folge einen Wunsch erfüllen: »Hast Du einen Wunsch? Er wird Dir erfüllt werden. Hast Du eine Bitte? Sie soll erfüllt werden.«

Esther zögert nicht lange: »Wenn es dem König gefällt, soll den Juden in Susa erlaubt werden, auch morgen nach dem Gesetz von heute zu handeln. Außerdem soll man die zehn Söhne Hamans an den Galgen hängen ...«

Seltsam. Da wird der Königin soeben die Botschaft überbracht, die zehn Söhne ihres Erzfeindes seien umgebracht worden, und diese bittet nun darum, eben diese zehn Söhne noch einmal (!) töten zu lassen. Eine Stelle im Alten Testament, die beschlagenen Theologen schon lange Schweißperlen auf die Stirnen trieb.

Auch Wiener und Katz sinnierten lange Zeit über den Sinn dieser rätselhaften Passage, als sie unvermutet eine sensationelle Entdeckung machten: »Wir stellten plötzlich fest, daß in der Liste von Hamans zehn erhängten Söhnen drei hebräische Buchstaben erscheinen – nämlich ›taf‹, ›schin‹ und ›sajin‹ – die kleiner als die übrigen geschrieben, insofern also ›herausgehoben‹ sind«, berichteten die beiden in ihrer Presseerklärung. »Taf«, »schin« und »sajin« bedeuten aber gemäß der Tradition der hebräischen Zeitrechnung das Jahr 1946 des Gregorianischen Kalenders. Am 16. Oktober 1946 wurden exakt zehn der vom Internationalen Gerichtshof in Nürnberg zum Tode verurteilten deutschen Kriegsverbrecher hingerichtet. (Elf waren tatsächlich verurteilt worden, aber Göring entzog sich der

Vollstreckung durch Selbstmord.) Wie Zeugen berichteten, rief Julius Streicher noch Sekunden vor seiner Hinrichtung völlig unmotiviert: »Purim-Fest 1946!«. Dr. Katz dazu: »Zufälligerweise fiel der 16. Oktober 1946 genau auf den Feiertag ›Hoshana Raba‹, der als der ›letzte Tag des Gerichts‹ in der Reihe der hohen jüdischen Feiertage gilt, zu denen auch Neujahr und Jom Kippur zählen!«

Wie in der Bibel, so scheint auch im Koran, dem heiligen Buch der Araber, ein Zahlencode verborgen zu sein: »... und 19 Wächter haben wir über sie [die Hölle, L. B.] gesetzt. Und nur Engel haben wir über das Höllenfeuer gesetzt, und die Zahl derselben haben wir nur zur Prüfung der Ungläubigen bestimmt, damit die Schriftbesitzer sich von der Wahrheit dieses Buches überzeugen (...) Und die Ungläubigen sprechen: ›Was will Allah eigentlich andeuten mit dieser Zahl?‹ So entläßt Allah in Irrtum, wen er will, und leitet recht, wen er will.« (74. Sure, 31 ff.)
Die Facts sind verblüffend: Alle Suren des Korans beginnen mit den Worten »Bismillah al-Rahman al Rahim« (»Im Namen Allahs, des Gnädigen, des Barmherzigen«). Im Arabischen hat diese Wendung genau 19 Buchstaben. Die vier Begriffe »Name«, »Allah«, »der Gnädige« und »der Barmherzige« tauchen im gesamten Koran jeweils in einer Anzahl auf, die durch 19 teilbar ist. Der Koran weist 114 Suren auf. Auch diese Zahl ist durch 19 teilbar.
Die »Al-Muqatta'at« – kleinste arabische Buchstabengruppen, die vor 29 der 114 Suren stehen – gaben den Koranauslegern seit jeher Rätsel auf, da ihr Sinn und ihre Bedeutung im Dunkel lagen. Es sind 14 solche Buchstaben, die dann wiederum in 14 Kombinationen im Text auftauchen. Addiert man nun jeweils in allen Suren, vor welchen »Al-Muqatta'at«-Kombinationen stehen, exakt die jeweils vor-

kommenden Muquatta-Buchstaben zusammen, kommt man in 13 von 14 Fällen auf Zahlenwerte, die durch 19 teilbar sind. Nur in einem Fall gelingt dies nicht: ausgerechnet in der 19. Sure!

Wer hinterließ uns diese mathematischen Botschaften, die erst heute im Zeitalter der Computer überhaupt sichtbar werden? Immerhin berichten uns die alten Überlieferungen mehrheitlich, daß es die göttlichen Lehrmeister höchstpersönlich waren, die den Propheten ihre Texte einst Wort für Wort diktiert haben sollen.

Es gibt übrigens Forscher, die in diesem Zusammenhang noch weiter gehen und die Vermutung in den Raum stellen, daß eine hochentwickelte, fremde Zivilisation einst eine persönliche Botschaft auf diesem Planeten deponiert haben könnte, die an uns – die Raumfahrtgeneration – gerichtet wurde. Sie müßte an einem Ort untergebracht worden sein, an dem wir sie aufgrund unseres technischen Wissens erst heute vermuten könnten. Einem Ort also, der die Zeiten überdauert.

3 Rätsel um Oak Island

Vor der Ostküste Neuschottlands, 70 Kilometer entfernt von der Hauptstadt Halifax, liegt eine kleine unscheinbare Insel, die möglicherweise eines der größten Geheimnisse der Menschheit birgt. »Oak Island« nennt sich dieser geheimnisvolle Fleck, über den seit vielen Jahrhunderten gerätselt wird und dessen Zweck bis heute niemandem bekannt ist. Sicher ist nur: Irgend jemand hat dort einst irgend etwas in großen Tiefen versteckt, und dieser Jemand muß über gewaltige Mittel verfügt haben.

Tatsächlich, Oak Island ist ein technisch perfekt gesichertes Tunnel- und Höhlensystem, so perfekt, daß es noch heute im Zeitalter der Raumfahrt nicht geknackt worden ist. Über 60 Meter ist man inzwischen mit modernen Bohranlagen in die Erde eingedrungen, und immer wieder scheiterte man kurz vor dem Ziel: Ein geniales Flutsystem verhindert bis heute die Bergung der Gegenstände, die dort einst deponiert worden sind.

Gehen wir der Reihe nach. 1795 wurde der mit Erde aufgefüllte Hauptschacht – die sogenannte »Money pit« – entdeckt. Jeweils nach drei Metern war eine massive Holzplatte eingelassen. Schon 1805 aber scheiterten die damals noch recht amateurhaften Ausgrabungen in etwa 30 Metern Tiefe. Die Anlage stand plötzlich unter Wasser. Im Laufe der Jahre stieß man dann immer tiefer in die Erde vor. Heute geht man von der Existenz mindestens zweier Flutschächte aus.

Verschiedene Funde wurden bisher ans Tageslicht gebracht: Messingteile, Porzellanteile, Holzkohle, Zement, Kokosfasern, ein kleines Stück Pergament mit der Aufschrift »ui«, »vi« oder »wi« und schließlich eine Sandsteinplatte mit unbekannten Schriftzeichen. (Letzterer Fund – wohl einer der interessantesten – ging leider bereits um die Jahrhundertwende wieder verloren.) Ganz offensichtlich waren hier Menschen tätig gewesen, die unter immensem Aufwand etwas sehr Wichtiges oder Kostbares versteckten.

Die Vermutungen über den Erbauer der Anlage sind weit gestreut. Einige glauben, daß Oak Island von Sir Francis Drake angelegt wurde, der dort seine gehamsterten Reichtümer verstecken wollte, andere glauben an einen Piratenschatz, wieder andere gehen aufgrund diverser Überlegungen davon aus, daß Oak Island Aufbewahrungsort der angeblichen Shakespeare-Manuskripte Francis Bacons sei, und wieder andere denken an den geheimen Aufbewah-

rungsort des sagenumwobenen Schatzes von Tumbez (Peru), der zur Zeit der spanischen Eroberer plötzlich verschwunden war.
Zumindest die Piratenschatz-Hypothese kann aber getrost zu den Akten gelegt werden. Piraten hätten wohl einfachere Methoden gewählt, um ihre Reichtümer in Sicherheit zu bringen, zumal sie sicher daran dachten, diese später wieder zu heben. Der Erbauer von Oak Island hingegen mußte Monate mit der Errichtung und Konstruktion der Anlage verbracht haben, und er war sich dabei sehr wohl bewußt, daß sein »Schatz« so bald von niemandem mehr gehoben werden könnte. Nicht einmal von ihm selbst. Warum dann also die ganze Mühe? Weshalb und wofür suchte er sich einen derart sicheren Aufbewahrungsort aus?
Die Bohraktivitäten sind derzeit in vollem Gange, und der verantwortliche Unternehmer – die private Gesellschaft »Triton Alliance Ltd« – kündigt für die neunziger Jahre die endgültige Lösung des Oak-Island-Rätsels an. Dann nämlich sollen neue, noch gewaltigere Bohrungen endgültige Antworten auf die uralten Fragen bringen, sofern nicht schon wieder ein neues, noch genialeres Flutsystem die Bergung verhindert.
Inzwischen haben einige Autoren all den phantasievollen Theorien übrigens noch eine weitere hinzugefügt. Ist es vielleicht möglich, so fragen sie kühn, daß Oak Island Aufbewahrungsort eines extraterrestrischen Artefaktes wäre, das dort von Menschen im Auftrag der Götter sicher verwahrt wurde? Adressiert an eine Menschheit, die erst heute, wo sie zaghaft die ersten Schritte ins All wagt, technisch gesehen überhaupt über die benötigten Ressourcen verfügt, die für eine Bergung erforderlich sind? Eine provokante Idee, wir geben es gerne zu, auch wenn wir sie nicht

unbedingt befürworten. Aber sie ist wohl kaum phantastischer oder utopischer als all die anderen Spekulationen, die bis heute über Oak Island angestellt worden sind. Irgend etwas liegt auf alle Fälle dort unten. Und was das ist, wissen zur Zeit nur die Götter.
Uns schwebt in diesem Zusammenhang so oder so ein ganz anderer Ort vor, der für die Suche nach Relikten oder Botschaften aus jener fernen Epoche, als die »Götter« den Überlieferungen nach einst vom Himmel herniederstiegen, vielleicht noch weitaus interessanter sein könnte. Ein Ort, vor dem selbst die Zeit sich fürchtet.

4 Welches Geheimnis birgt die Cheopspyramide?

Stolze 137 Meter mißt sie heute, einst waren es sogar rund 149. Die Rede ist von der monumentalen Cheopspyramide in Ägypten, um die sich bis heute noch so manches ungelöste Rätsel rankt.
Experten fanden erstaunlicherweise eine ganze Reihe von mathematischen Beziehungen in den Maßen der Pyramide, von denen man bis heute nicht so recht weiß, ob sie nun den alten Ägyptern bekannt gewesen waren, oder ob sie einfach nur auf Zufall beruhen. Sinn und Zweck des monumentalen Bauwerks liegen ebenso im Dunkeln. Eine Mumie wurde nie gefunden, lediglich ein plumper Steinsarg ziert die angebliche »Grabkammer«. Inschriften, wie sie jeder Erbauer sicherlich angebracht hätte, oder umfangreiche Darstellungen über den eigentlichen Bau fehlen.
Dieser eigentliche Bau gibt denn auch bis heute Rätsel auf. Eine wissenschaftliche Theorie löst die andere ab, jeder

Autor hat wieder eine neue Erklärung und widerspricht mit erhobenem Zeigefinger den Überlegungen seines Vorgängers. Am ehrlichsten wäre es, ganz einfach zuzugeben, daß wir auch heute noch nichts Genaues wissen.
Über den Bauherrn selbst sind sich Ägyptologen recht einig: Pharao Cheops höchstpersönlich soll es gewesen sein. Eine Behauptung, die allerdings (wir geben es gerne zu) auf recht wackligen Füßen steht. Nehmen wir als Beispiel den Hinweis der Archäologie auf Herodot. Erich von Däniken schreibt dazu in seinem Bestseller »Die Augen der Sphinx«: »Herodot schrieb, Cheops habe die Pyramide errichten lassen. ›Cheops‹ ist griechisch, in Ägyptisch heißt die Figur ›Chufu‹. Bei Diodor von Sizilien wird der Bauherr ›Chemmis‹ genannt, und Cajus Plinius Secundus, der ausdrücklich die Namen der Historiker auflistet, die schon vor ihm über die Pyramide berichteten, vermerkt trocken: ›Keiner von ihnen weiß aber die eigentlichen Erbauer anzugeben.‹ In diesem einen Fall stützt sich die Archäologie voll auf Herodot – ansonsten wünscht man ihn zum Teufel!«
Auch mit der angeblichen Inschrift in der sogenannten »Entlastungskammer« hat es eine besondere Bewandtnis. Als man 1837 in einer der Kammern auf einige Inschriften stieß, insbesondere auf den mit roter Farbe hingepinselten Namen »Chufu«, jubelten die Gelehrten. Endlich hatte man ein konkretes Indiz. Nur: Dies ist der einzige schriftliche Hinweis in der ganzen Pyramide auf den ägyptischen Pharao. In der allgemeinen Hektik und Freude wurden damals außerdem zwei Dinge übersehen, die heute jeder Experte einfach nachprüfen kann: Erstens waren die dort aufgepinselten Schriften in Zeichen geschrieben, die es zur Zeit von Cheops noch gar nicht gab, und zweitens befindet sich im Namen selbst ein Schreibfehler, der auf einen Irr-

tum zurückgeht, der seinerseits wiederum nur in einem 1828 gebräuchlichen Standardwerk über Hieroglyphen auftaucht, was bedeutet, daß der Fälscher während der Arbeit an »seiner« Inschrift dieses Werk wohl benutzt haben muß. (Der amerikanische Autor Zecharia Sitchin wies in einer sorgfältigen Studie nach, daß die »Chufu«-Inschrift wohl vom Entdeckerteam Howard Vyse und J. R. Hill selbst hingepinselt worden ist. Seine Arbeit wurde veröffentlicht und übersetzt, was die Ägyptologen aber nicht daran hindert, weiterhin Cheops als Bauherrn zu propagieren.)
Gegen die Grabmal-Lehrmeinung sprechen im weiteren die durchdacht angelegten Luftschächte im Innern der Cheopspyramide. Mumien brauchen wohl kaum frische Luft zum Atmen! Renommierte Ägyptologen umgehen diesen Widerspruch neuerdings elegant. Die Schächte hätten wohl lediglich »kultische« Bedeutung gehabt, behaupten sie. Seltsam nur, daß das Lüftungssystem perfekt funktioniert, das bestätigte sich erst kürzlich wieder, als die Schächte von einem qualifizierten Expertenteam im offiziellen Auftrag der ägyptischen Behörden von Jahrtausende altem Dreck und Unrat gesäubert wurden. Die frische Zugluft braust seitdem nur noch so durch die verwinkelten Gänge.

1987 orteten japanische Wissenschaftler neue Hohlräume im Pyramideninnern, die bis dahin unbekannt waren. Hans-Werner Sachmann aus Dortmund faßte den wissenschaftlichen Untersuchungsbericht 1990 in einem Artikel für die Schweizer UFO-Zeitschrift »SIGN« zusammen, wo er ausführlich auf die genauen Meßergebnisse einging. Da der »Waseda-Bericht« (benannt nach der mit der Erforschung beauftragten Universität) auch heute nur sehr we-

nigen Institutionen vorliegt und inzwischen beinahe wie ein »Geheimpapier« gehandelt wird, lohnt es sich, die Fakten einmal genauer zu betrachten.
Tätig wurde in dieser Angelegenheit ein französisch-japanisches Wissenschaftler-Team (Physiker, Ingenieure, Geologen und Archäologen). Ermittelt wurde mit Hilfe folgender Messungen und Geräte:
– Gravimetrie (Schwerkraftüberprüfungen),
– Echoskopie (Laufzeitmessungen mit Radarwellen),
– Electromagnetic scanning (»Bodenradar«: Dieses Gerät kann mit Hilfe von elektromagnetischen Impulsen tief im Untergrund – oder hinter dicken Mauern – verborgene Objekte orten, Grenzflächen sichtbar machen, und die Konturen von Gegenständen erkennbar werden lassen.)
Die Ergebnisse der Untersuchungen: Außerhalb der Pyramide, und zwar unterhalb der Sphinx, liegen verschiedene unterirdische Kammern, ebenso in der Umgebung der Königinnen-Grabkammer innerhalb der Pyramide. Auch in der Nähe der »Druckentlastungskammern« (oberhalb des als »Königsgrab« bezeichneten Raumes) wurden Hinweise auf Verbindungen zu bislang unbekannten Räumen gefunden. Da die Spalten in Ost-West-Richtung verlaufen, kann man vermuten, daß sich östlich von der Kammer höchstwahrscheinlich ein weiterer leerer Raum befindet. Hinter der Wand des Königinnen-Ganges gibt es außerdem weitere Hohlräume, deren Größe sich bisher nicht feststellen ließ. Aber es ist sicher, daß sich dort ein mit Sand gefüllter Raum befindet, der mehrere unbekannte Gegenstände enthalten könnte und sich nach unten in der Pyramide fortsetzt.
Kurz zum Sand, den man durch präzise Bohrungen entnahm: Nach Angaben der Waseda-Wissenschaftler stammt er aus dem Oligozän-Erdzeitalter und weist einen hohen

Schwermetall-Gehalt auf. Man findet ihn merkwürdigerweise nicht in unmittelbarer Umgebung, sondern erst sechs Kilometer südlich der Pyramide. Auch der Kalkstein, der für die Auskleidung dieser Hohlräume verwendet wurde, findet sich ansonsten nirgends innerhalb, sondern lediglich außen an der Pyramide. Einige der neu entdeckten Räumlichkeiten sind übrigens so groß, daß man bisher noch nicht sagen kann, wie tief deren Boden liegt. Auch ein Zusammenhang der Kammern untereinander ist noch nicht erkennbar.

Seit 1991 liegt uns ein weiterer Hinweis vor, der zur endgültigen Öffnung der Kammern führen könnte. Das Geheimnis ihrer Lage ist nämlich möglicherweise auch in den Bauplan der Burg »Castel del Monte« eingearbeitet, der Burg des Staufer-Kaisers Friedrich II.. Dies vermuten auf alle Fälle drei Wissenschaftler aus Bari und warten schon seit einiger Zeit auf die Genehmigung Kairos, ihre Hypothesen an der Cheopspyramide zu überprüfen. Ihre Theorie: Zwischen der um 1250 entstandenen Hohenstauferburg und dem weitaus älteren ägyptischen Bauwerk bestehen mathematische Zusammenhänge, die Friedrich II. bewußt einarbeiten ließ.
Die drei Wissenschaftler, Professor Nedim R. Vlora (Geograph), Gaetano Mongelli (Kunsthistoriker) und Maria Simonette Resta (Astronomin), hatten das in Apulien liegende Castel del Monte genau vermessen. »Die Theorie, die sie aus ihren Zahlenreihen entwickelten, könnte Umberto Eco vor Neid erbleichen lassen«, meinte der »Spiegel« damals. Friedrich II. soll nämlich in geometrischer Formelsprache diverse Hinweise auf ihm wichtige Orte und Bauwerke versteckt haben, so unter anderem auf die Kathedrale Notre Dame und die Cheopspyramide. Ebenso soll er

dabei verschlüsselte Hinweise auf die exakte Lage der geheimen Kammern gegeben haben.
Der Grundriß der Burg ist ein achteckiger Stern. Die Schatten der Mauern projizieren nun je nach Sonnenlage auf dem Umkreis des Achtersterns präzise Markierungen und Darstellungen. So stellten die drei italienischen Wissenschaftler astronomische Zusammenhänge fest, die dem damaligen Stauferkaiser eigentlich unmöglich bekannt sein konnten. Nicht nur das: Auch das Abbild der Cheopspyramide entsteht in einer ganz bestimmten Schattenposition. Des weiteren entspricht der Umfang von Castel del Monte mit 232,92 Metern ziemlich genau der Seitenlänge der Cheopspyramide.
Bekannt ist auf alle Fälle, daß Friedrich II. weltweite Kontakte zu den Wissenschaftlern seiner Zeit unterhielt. Gut möglich, daß er auf diese Weise an Informationen gelangte, die nicht unbedingt jedermann zugänglich und bekannt waren. Aus all den Formeln, die in den Bauplan von Castel del Monte eingearbeitet wurden, wollen die italienischen Forscher die Lage der geheimen Cheopspyramidenkammern jedenfalls exakt rekonstruiert haben, und Nedim R. Vlora strahlt dementsprechend viel Selbstsicherheit aus: »Wir sind ganz dicht vor dem Ziel. Die Tür zur Kammer haben wir sogar schon entdeckt – bei unserer ersten Expedition!«

Geheime Kammern in der Cheopspyramide? Die Ägyptologen wischen solche Behauptungen ärgerlich beiseite. Die gängige Grabmallehrmeinung sei »belegt und abgesichert«, da haben derartige Entdeckungen keinen Platz. Der bekannte deutsche Ägyptologe Professor Rainer Stadelmann vom Deutschen Archäologischen Institut in Kairo kritisiert nicht nur grenzwissenschaftliche Autoren, die seit

Jahrhunderten immer wieder auf die mögliche Existenz dieser Kammern aufmerksam machen. Nein, er übt sogar an seinen eigenen Kollegen harsche Kritik: Den japanischen Professor Sakuji Yoshimura beispielsweise, der das Forschungsprojekt der Waseda-Universität zur Lokalisierung der Kammern geleitet hatte, bezeichnet er in seinem Buch »Die ägyptischen Pyramiden« abschätzig als »überheblich«. Die entdeckten Hohlräume sind seiner Meinung nach simple Karstlöcher aus dem oberen Eozän. Die restlichen Ergebnisse führt er auf Meßfehler zurück.

April 1993. Dem Schweizer Forscher Erich von Däniken wird ein sensationelles, bisher geheimgehaltenes Videoband zugespielt. Die Kassette enthält Filmaufnahmen, die ein ferngesteuerter Roboter in einem bisher als »Luftschacht« bezeichneten Gang innerhalb der Cheopspyramide machte.
Der geheimnisvolle Gang ist äußerst schmal, mißt in Höhe und Breite jeweils gerade einmal knappe 20 Zentimeter. Nach 65 Metern birgt er die erste Sensation: Am Boden erfaßt die Minikamera ein abgebrochenes Stück Metall. Nie hatte man im Innern der Pyramide bisher Metallgegenstände gefunden! Einige Meter später die zweite Überraschung: Der »Luftschacht« endet abrupt vor einer geheimnisvollen Falltür, an der — man höre und staune — zwei Metallbeschläge angebracht sind! Welchem Zweck dienten sie? Welche Funktion erfüllt die Türe? Verbirgt sich dahinter etwa eine weitere bislang unentdeckte Geheimkammer? Zumindest nicht, wenn es nach Meinung von Stadelmann und Konsorten geht. Die schwiegen nach der Entdeckung nämlich erst mal drei Wochen. Erst als Projektleiter Rudolf Gantenbrink und Erich von Däniken die Sache an die Öffentlichkeit trugen, herrschte im Deutschen Archäologi-

schen Institut in Kairo plötzlich hektisches Treiben. Man dementierte die Meldung dann natürlich umgehend als »vollkommenen Quatsch« (O.-Ton), es sei ja allgemein bekannt, daß die große Pyramide gar keine neuen Kammern mehr enthalten könne, außerdem sei der Roboter nur dazu eingesetzt worden, um die Feuchtigkeit innerhalb der Gemäuer zu messen. Erich von Däniken dazu: »Man fühlt sich durch dieses Dementi nicht nur auf den Arm genommen, man wird sogar auf den Arm genommen! Der Roboter hatte bei seinem Marsch durch den Pyramidenstollen nämlich überhaupt kein derartiges Meßgerät an Bord!«

Es verwundert denn auch kaum, wenn wir in einem ägyptologischen Standardwerk Stadelmanns lesen, daß alle Spekulationen über etwaige Geheimkammern sowieso nur auf »alten naiven Vorstellungen« beruhen, die sich bis in die heutige Zeit halten konnten. Geradezu hirnrissig naiv seien außerdem Zweifel an der offiziellen Lehrmeinung, die der Pyramide immerhin ein ungefähres Alter von insgesamt 4500 Jahren zubilligt. Tatsächlich dürfte die Pyramide aber vermutlich viel älteren Ursprungs sein. Die Hinweise dafür wurden sauber recherchiert und publiziert, aber niemand interessiert sich dafür. Ein Weltbild steht wieder einmal auf dem Spiel.

Daß mit den ägyptologischen Datierungen etwas nicht stimmen kann, bestätigten vor einigen Jahren vor allem Untersuchungen, die an Bauten aus der damaligen Zeit vorgenommen worden waren und im November 1986 während eines internationalen Symposiums in Lyon erstmals einer breiteren Öffentlichkeit vorgestellt wurden. Der spezifische Projektbericht wurde ein Jahr später publiziert.

Lanciert worden war das neue Datierungs-Projekt bereits 1984, als sich unter anderem das American Research Cen-

ter in Ägypten und die Eidgenössische Technische Hochschule (ETH) in Zürich zusammentaten, um mit Hilfe einer neuen Methode gemeinsam Untersuchungen an Proben aus der Zeit der großen Pyramide durchzuführen. Erstmals gestattete es nämlich ein von Wissenschaftlern der ETH konstruiertes Gerät, selbst kleinste Materialproben mit Hilfe der sogenannten C-14-Methode zu datieren, einer Methode, bei der anhand der Zerfallsrate des radioaktiven Kohlenstoffs auf das ungefähre Alter einer Probe geschlossen werden kann. Dieses neuartige Verfahren ist inzwischen unter der Bezeichnung »AMS« (»Accelerator Mass Spectroscopy«) bekannt geworden.
Sechs Wissenschaftler leiteten das Projekt: Mark Lehner und Robert Wenke waren für die Auswahl und die Entnahme der Proben verantwortlich, Willy Wölfli und Georg Bonani waren für die neuartige Datierung der kleineren Proben zuständig, und Herbert Haas und James Devine führten herkömmliche Untersuchungen an den größeren Proben durch.
Die Proben wurden im Februar 1984 entnommen, 76 davon wurden den Forschern zwei Monate später zur endgültigen Datierung übergeben. 34 ließen aufgrund ihrer Größe eine Datierung im herkömmlichen Stil zu. Um möglichen Diskrepanzen zwischen den verschiedenen Datierungsmethoden gerecht zu werden, wurden davon in acht Fällen noch einmal kleinste Mengen entnommen, die in Zürich mit Hilfe der neuen Methode untersucht werden sollten. Dazu kamen 30 Proben, die aufgrund ihrer kleinen Größe ebenfalls nach Zürich wanderten.
Insgesamt 64 verschiedene Proben wurden nach einer weiteren Spezifizierung schlußendlich zur Datierung vorbereitet. Die meisten darunter stammten von den Pyramiden selbst, der Rest des Materials von Bauten und Gebäuden

aus der näheren Umgebung. Umfangreiche Schemata wurden erstellt, Proben nach Art und Herkunft ihrer Substanz klassifiziert, mögliche Fehlerquellen ausgeschaltet oder eingeschränkt und die potentielle Bauzeit der Gebäude in die Überlegungen miteinbezogen.

Die Resultate der Untersuchungen waren höchst bemerkenswert. Kurz gesagt: Zwischen den Datierungen, die sich aus der Untersuchung der Proben ergaben, und den traditionellen Datierungen, die die Ägyptologen aus dem vorliegenden historischen Quellenmaterial der damaligen Zeit erstellt hatten, lagen jeweils ziemlich genau satte 400 Jahre. Oder anders ausgedrückt: Beinahe alle untersuchten Komplexe — inklusive der Cheopspyramide — sind augenscheinlich mindestens 400 Jahre älter, als die archäologische Lehrmeinung besagt. Eine Schlußfolgerung, die die Mauern des archäologischen Gebäudes wieder einmal erzittern ließ. Um so mehr, als auch eine andere Untersuchung, die kürzlich von einem Institut in Hannover vorgenommen wurde, diese Aussage zu unterstützen scheint. Die Lehrbücher werden wohl wieder einmal umgeschrieben werden müssen.

1991 publizierte eine andere Wissenschaftlergruppe ihre Ergebnisse. Sie hatte unterhalb der heutigen Bodenfläche Risse am Körper der Sphinx entdeckt, die nur unter relativ feuchten Klimabedingungen entstanden sein konnten. Da die letzte irdische Feuchtperiode aber bereits viele Jahrtausende vor Cheops zu Ende gegangen war, stellten die Experten gewagte Mutmaßungen über ein weitaus älteres Entstehungsdatum an, als es heute propagiert wird – in wissenschaftlichen Kreisen wirklich beinahe schon eine ketzerische Vermutung. So meint denn auch Dr. Dreyer vom Deutschen Archäologischen Institut in Kairo, ein Kollege Stadelmanns, es sei ganz einfach »unmöglich«, daß

die Sphinx älter als die Pyramiden sei, da sie aus »demselben Steinbuckel« geschlagen worden ist, aus dem die Pyramiden gebaut wurden. »Das Entstehungsdatum der Pyramiden steht fest«, meint er barsch. Allerdings existieren durchaus Überlieferungen, die auf ein viel älteres Entstehungsalter der Pyramiden hindeuten könnten. Im »Hitat« beispielsweise, einer alten arabischen Chronik, die um 1400 entstand, trug der Verfasser Al-Makrizi innerhalb eines speziellen Kapitels alle Informationen, Quellen und Überlieferungen über die Pyramiden zusammen, die er damals in den alten Bibliotheken seiner Epoche noch finden konnte. Immer wieder stieß er dabei auf Erzählungen über einen gewissen König Saurid, der die Pyramiden »300 Jahre vor der legendären Sintflut« erbauen ließ.
Dieser Saurid hatte einst einen seltsamen Traum: »Die Erde kehrte sich mit ihren Bewohnern um, die Menschen flüchteten in blinder Hast, und die Sterne fielen herab. Ein Stern stieß gegen den anderen unter grauenhaftem Krachen!«
Der ägyptische Herrscher war verstört und sinnierte lange über seinen Traum. Wenige Tage später träumte er erneut: Die Sterne wurden dunkel, stiegen hernieder und schleuderten die Menschen in Gestalt weißer Vögel zwischen zwei großen Bergen hin und her, die immer größer und bedrohlicher wurden. Schweißgebadet wachte Saurid auf, trommelte am kommenden Morgen all seine Wahrsager zusammen und erzählte ihnen seine Ahnungen. Einer dieser Weisen hatte ebenfalls von einer bevorstehenden Weltkatastrophe geträumt. Männer mit eisernen Keulen seien da vom Himmel gestiegen und vernichteten die Erdenbewohner. Als er sie fragte, ob es denn keine Rettung gebe, antworteten sie ihm Seltsames: »Wenn einer gerettet werden will, so möge er sich an den Herrn des Schiffes halten!

Saurid nahm dies alles schweigend zur Kenntnis und fragte seine Wahrsager nun nach dem Sinn all dieser Visionen. Sie fiel erschütternd aus: Eine Sintflut und ein Feuer vom Sternbild des Löwen werde kommen und Ägypten dem Erdboden gleichmachen, verkündeten die Weisen. Da befahl Saurid, die Pyramiden errichten zu lassen, in denen all das Wissen seiner Epoche verwahrt werden sollte: »... auch füllte er sie an mit Talismanen, Wundern, Schätzen, Götzenbildern und mit den Leichnamen ihrer Könige, und nach seinem Befehl an die Wahrsager verzeichneten diese darauf alles, was die Weisen gesagt hatten. Es wurden an den Pyramiden und an ihren Decken, Wänden und Säulen alle Geheimwissenschaften, die die Ägypter für sich in Anspruch nehmen, aufgezeichnet und die Bilder aller Gestirne darangemalt, auch wurden die Namen der Heilmittel verzeichnet, sowie deren Nutzen und Schaden, dazu die Wissenschaft der Talismane, die der Arithmetik und der Geometrie und überhaupt ihre sämtlichen Wissenschaften, deutbar für den, der ihre Schrift und Sprache kennt.«

Saurid befahl seinen Untertanen, gewaltige Steinblöcke aus den Steinbrüchen zu holen, die anscheinend mit geheimnisvollen Zauberkräften bewegt wurden. Im »Hitat« lesen wir dazu:

»Sie hatten beschriebene Blätter, und wenn der Stein herausgehauen und seine sachgemäße Bearbeitung erledigt war, so legten sie jene Blätter darauf, gaben ihm einen Stoß, und bewegten ihn durch diesen Stoß um 600 Ellen fort. Dann wiederholten sie dies, bis der Stein zu den Pyramiden gelangte.«

Saurid ließ diverse unterirdische Eingänge anfertigen. Als der Pyramidenbau beendet war, veranstaltete er ein großes Fest, an dem alle Bewohner teilnahmen.

»Darauf ließ er in der westlichen Pyramide 30 Schatzkammern aus farbigem Granit anlegen. Die wurden angefüllt mit reichen Schätzen, mit Geräten und Bildsäulen aus kostbaren Edelsteinen, mit Geräten aus vortrefflichem Eisen, wie Waffen, die nicht rosten, mit Glas, das sich zusammenfalten läßt, ohne zu zerbrechen, mit seltsamen Talismanen, mit den verschiedenen Arten der einfachen und der zusammengesetzten Heilmittel und mit tödlichen Giften. In der östlichen Pyramide ließ er die verschiedenen Himmelsgewölbe und die Planeten darstellen sowie an Bildern anfertigen, was seine Vorfahren hatten schaffen lassen. Dazu kam Weihrauch, den man den Sternen opferte, und Bücher über diese. Auch findet man dort die Fixsterne und das, was sich in ihren Perioden von Zeit zu Zeit begibt, und die im Hinblick auf sie eingeführten Epochen darstellt, sowie die Ereignisse der Vergangenheit, die Zeiten, zu denen man die zukünftigen Geschehnisse erwartet und alle Herrscher Ägyptens bis ans Ende der Zeiten. Außerdem ließ er dort Gefäße aufstellen, in denen sich Arzneigetränke und Ähnliches befand.«

»Eisen, das nicht rostete« und »faltbares Glas«? Wer war dieser Saurid? Was verstaute er in den Pyramiden? Tatsache ist auf alle Fälle, daß uns alte Chroniken berichten, einst hätten »Götter« unter den Menschen gewohnt. Diese Götter hätten Städte gegründet, hätten Menschen in allen möglichen Künsten unterwiesen, sie erst »entwöhnten den Menschen vom Tier«. Wenn es stimmt, daß die Cheopspyramide vor der Sintflut errichtet wurde, dann geschah dies also möglicherweise zu jener Zeit, »als die Götter noch auf Erden weilten«. Berichtet das altägyptische Geheimwissen, das vielleicht noch irgendwo in der Cheopspyramide verborgen liegt, tatsächlich Genaueres über diese »Götter«?

Oder hatten die Götter gar selbst etwas mit dem Pyramidenbau zu tun? Dies vermutet jedenfalls Dr. H. A. Nieper aus Hannover. Er publizierte seine gewagten Überlegungen 1992 in einer Fachzeitschrift für Naturstein.

Nieper glaubt, daß die Pyramidensteine unter Zuhilfenahme modernster Strahlengeräte regelrecht aus dem Fels »geschnitten« wurden. Mit den »primitiven« Mitteln, die unseren Vorfahren zur Verfügung standen (nach offizieller Schulwissenschaft gab es zur Zeit des Pyramidenbaus noch keine Stahlwerkzeuge), sei dies ganz einfach ein Ding der Unmöglichkeit gewesen sein, ist er sich sicher.
Die konventionelle Lehrmeinung geht davon aus, daß die Steinblöcke zum Bau der Pyramiden (die Schwersten unter ihnen wiegen bis zu 30 Tonnen pro Stück) in den Steinbrüchen der Mokattam-Berge gewonnen wurden und dann mit Booten durch das heute noch erhaltene Kanalsystem von Gizeh transportiert wurden, um von dort über eine monumentale Steinrampe bis in den Spitzenbereich geschoben zu werden. Nieper weist explizit auf die Schwächen dieser Erklärung hin: Eine solche Schüttgutrampe dürfte nämlich einen Neigungswinkel von rund zehn Prozent nicht überschreiten, da die gewaltigen Brocken sonst gar nicht mehr bewegt werden könnten. Zieht man nun die Höhe der Cheopspyramide in diese Überlegungen mit ein, kommt man auf eine Rampenlänge von sagenhaften zweieinhalb Kilometern! Abgesehen vom immensen bautechnischen Aufwand, den eine solche Rampe selbst verursacht hätte, finden sich in der mittleren Umgebung der Pyramiden keinerlei Geländestrukturen, die aus beseitigtem Geröll der Rampe bestehen würden. Auch Transport und Bearbeitung der Steine sind umstritten. Nieper: »Dramatisch werden Überlegungen, wie diese Blöcke gewonnen wurden. Dies

zu einer Zeit, da Schlagsteine und Steinmesser vorherrschende Werkzeuge waren.«
Der Hannoveraner bringt in der Folge die sogenannte »Seike-Technik« in seine Überlegungen ein, mit der es heute möglich sein soll, unter Anwendung von Vakuumfeld-Energietechnik Gesteine regelrecht zu »verdampfen«. Er reiste nach Ägypten, um die Pyramidensteine nach etwaigen typischen Mustern, wie sie bei derartigen Anwendungen entstünden, abzusuchen. Insbesondere bei der Chephren-Pyramide wurde er tatsächlich fündig: »Beim Betrachten der glatten Schnittwände fallen Strukturen auf, die am ehesten den Wellen eines Schmelzvorganges entsprechen. Demnach hätten die Bauarbeiter Trennschneider zur Verfügung gehabt, die sektoriell etwa 80 Zentimeter einschnitten, und zwar jeweils von links oben sektoriell nach rechts unten. Alle einigermaßen überprüfbaren Blöcke der gesamten Chephren-Pyramide und der anderen Pyramiden sowie die Blöcke der diversen Vorbauten weisen dieselben Schnittmuster auf.« Nieper stellte sogar Schmelzmuster fest, die sich über verschiedene Blöcke hinwegzogen, was ihn zur Vermutung veranlaßte, die Blöcke seien nachträglich möglicherweise noch einmal bearbeitet worden.
Der Deutsche machte bei seinen Untersuchungen eine weitere Entdeckung: »Eine hochinteressante Untersuchungsstelle findet sich vor der höchsten Seite der Exkavationswand hinter der Chephren-Pyramide. Dort befinden sich etwa 100 quadratische Stümpfe von gut drei mal drei Metern mit schnurgeraden Einschnitten von gleichbleibend 50 Zentimetern Breite auf allen Seiten der Blöcke. Die überall zu vermutenden Sinterkrusten, sowohl auf der glatten Oberfläche der Stümpfe als auch entlang der Einschnitte, sind hier etwa fünf bis sieben Zentimeter stark. Wurde hier mit wesentlich stärkeren Trennschneidern gearbeitet? Wur-

den 50 Zentimeter breite Furchen ausgedampft und dann der Block mit einem großen horizontalen Trennschneider ›abgeerntet‹? Baustoffgewinnung vor Ort?«
Nieper will nichtirdische Einflüsse denn auch nicht ausschließen, wenngleich er auch den spekulativen Charakter seiner Überlegungen betont und sagt, daß wohl erst die Untersuchung von Bohrkernen aus den mutmaßlichen Sinterkrusten letzte Sicherheit über diese Vermutung bringen würden. Aber eben: »Die Mischung von Supertechnik und Primitivzeitalter läßt durchaus vermuten, daß die an der Grenze zwischen Steinzeit und Metallzeit lebende einheimische Bevölkerung von einer möglicherweise geringen Zahl von Individuen aus einer Supertechnik ›from outer space‹ überlagert war.«
Provokante Gedanken, wir geben es gerne zu. Aber es ist höchste Zeit, sie offen auszusprechen, wenngleich sie in etablierten Kreisen wohl nur auf wenig Gegenliebe stoßen werden. Das bekam auch der japanische Professor Sakuji Yoshimura von der Waseda-Universität zu spüren. Als er erklärte, daß die Pyramiden wohl viel älter seien als bisher angenommen, kassierte er dafür von seinem Kollegen, dem Ägyptologen Rainer Stadelmann, prompt wieder harsche Kritik. Und so lassen all diese Hinweise die Archäologen erst recht kalt. (Selbst dem renommierten Archäologischen Institut in Basel unter der Leitung von Professor Erich Hornung waren die Ergebnisse der japanischen Waseda-Universität grundsätzlich unbekannt, wie man dem Autor 1992 in einem kurzen Schreiben mitteilte, und man zeigt dort auch gar kein näheres Interesse am Untersuchungsbericht.)

Die große Streitfrage bei der Cheopspyramide ist hauptsächlich der Punkt, wie die großen Blöcke hochgehievt

wurden. Blöcke, wie man sie zum Bau der Cheopspyramide verwendete, könnten nämlich durchaus noch auf Schlitten fortbewegt worden sein, wenngleich uns dazu aus jener frühen Zeit auch keine diesbezüglichen Darstellungen überliefert sind. Kritisch wird es aber bei Monolithen im Stil eines 500 Tonnen schweren Steins, wie wir ihn beispielsweise im Chephren-Taltempel finden. Jean-Philippe Lauer weist in seinem Buch »Das Geheimnis der Pyramiden« auf diese Problematik hin: »Derartige Blöcke konnten natürlich nicht auf Schlitten geladen werden. In der unmittelbaren Umgebung gebrochen, müssen sie mit Hilfe von Hebeln bewegt und auf kräftigen Rundhölzern, die als Rollen unterlegt wurden, auf einem Untergrund aus angefeuchtetem Flußschlamm fortbewegt worden sein.« (Natürlich sind uns aus späterer Zeit einige Darstellungen überliefert, auf denen große Steinbrocken mit Schlitten gezogen werden. Aber selbst der Schlittentransport der Kolossalstatue des Djehutihotep, der uns rund 700 Jahre nach Cheops auf einer Grabszene der zwölften Dynastie entgegenprangt, löst das Rätsel kaum, war doch auch dieser Steinkoloß »nur« gerade 60 Tonnen schwer.)
Und so spaltet der Streit über den Pyramiden-Bau bis heute die Fachwelt. Interessanterweise hält sogar Stadelmann selbst die Theorie einer einzigen Rampe für unhaltbar, kritisiert ebenso eine andere Überlegung, die von einer spiralig umlaufenden Rampe spricht, stellt aber gleich selbst wieder eine eigene, neue Hypothese in den Raum. Er glaubt, daß bei Baubeginn eine Anzahl kleiner Rampen um den Pyramidenfuß herum errichtet wurden, über die die Blöcke auf eine Höhe von 25 oder 30 Metern gehoben werden konnten. In Folge sei dann eine größere Seiten-Rampe an die Pyramide angelehnt worden. Aber auch Stadelmanns Hypothese gründet in bezug auf den Steintrans-

port letztendlich eben nur auf Vermutungen (»Es ist anzunehmen, daß die Ägypter das Prinzip des Flaschenzuges gekannt haben, auch wenn dieser nicht dargestellt ist ...«). Auch sie läßt sich also nicht endgültig beweisen, um so mehr als – abgesehen von einigen niedrigen Rampen an der kleinen Stufenpyramide von Sinki – seltsamerweise nirgendwo ein solches Hilfsbauwerk erhalten geblieben ist. Nicht einmal das Rampenmaterial wurde in den Nekropolen entdeckt. Das ist um so unverständlicher, als nicht wenige der pyramidenartigen Bauwerke Ägyptens unvollendet geblieben sind.

Andere Gelehrte stellten wieder andere Hypothesen auf.

– Professor Oskar Riedl, Ägyptologe aus Wien, glaubt, die monumentalen Brocken seien nicht auf, sondern unter Lastkähnen über den Nil transportiert worden, wo sie dann auf Schlitten verladen wurden, die ihrerseits wieder von Seilwinden auf dem Pyramidenplateau weitergereicht wurden.

– Der französische Autor Manuel Minguez meint, daß die Blöcke über ein speziell angelegtes Schleusen- und Kanalsystem direkt bis zur Pyramide bewegt wurden.

– Professor Dieter Arnold, Ägyptologe aus Wien, meint, die Steinquader seien mit Hilfe von Wippen regelrecht »hochgeschaukelt worden«.

– Choisy entwickelte ein Gerät, das später mehrheitlich als »Kippschlitten« bezeichnet wurde, mit dem kleinere Blöcke in die Höhe bewegt worden sein könnten.

– Somers Clarke und Engelbach übernahmen die Idee des »Kippschlittens«, meinten aber, daß ein solcher nur »zum Aneinanderpassen der Blöcke« verwendet worden sei.

– Der deutsche Ingenieur Louis Croon hält seinerseits nichts von den Kippschlitten, sondern bringt ein Gerät in die Diskussion ein, das – ähnlich einer altägyptischen Was-

serschöpfvorrichtung – die Steine in die Höhe gehievt haben soll.
– Hermann Strub-Roeßler dagegen veröffentlichte in der »Technischen Wochenschau« vom 17. und 24. Oktober bereits 1952 eine Studie, in der er erklärt, die Steinquader seien mit speziellen »Schwenkkranen« angehoben worden.
– Professor Joseph Davidovits von der Barry-Universität in Miami beruft sich wiederum auf antike Texte und eigene Untersuchungen und glaubt, die Steinbrocken seien aus Beton hergestellt worden, demnach künstlichen Ursprungs.
Neuerdings gibt es sogar Gelehrte wie Dr. Kurt Mendelssohn, die den Pyramidenbau ernsthaft als »staatlich gefördertes Arbeitsbeschaffungsprogramm« (!) bezeichnen. Und so liefern sich die Akademiker seit Jahrzehnten ein intellektuelles Kräftemessen. Ein Experte widerspricht dem anderen, eine Theorie löst die andere ab.
Immerhin weist denn auch Stadelmann selbst, Leiter des Deutschen Archäologischen Instituts in Kairo, explizit darauf hin, daß alle »Erklärungsversuche«, wie die Pyramiden nun wirklich gebaut worden sein sollen, letztendlich eben nur auf Vermutungen beruhen: »Ungeachtet der nicht wenigen Untersuchungen und Veröffentlichungen zum Pyramidenbau, müssen wir uns ehrlich eingestehen, daß wir über die Technik und Methoden des Baus praktisch nichts Sicheres wissen und ausschließlich auf Annahmen und Beobachtungen angewiesen sind, die davon ausgehen, wie wir Heutigen uns die Bewältigung einer derartigen Aufgabe mit den damals vorhandenen Hilfsmitteln vorstellen.«
Und so durchziehen wieder einmal altbekannte Worte wie »wenn«, »vielleicht«, »könnte« und »möglicherweise« die Fachliteratur, wo es manchmal ehrlicher wäre, zuzugeben, daß auch heute noch keine stichhaltige Erklärung vorliegt.

Aber das tut man bekanntlich nicht so gern, und da verwundert es kaum, daß die Möglichkeit der Existenz noch unentdeckter Kammern ganz einfach vom Tisch gewischt wird. Was nicht sein kann, das darf eben auch nicht sein. Und so mögen wir fast schon Wetten darauf abschließen, daß auch die spektakuläre Pyramiden-Neudatierung, die Professor Willy Wölfli 1986 gelang, in absehbarer Zeit in keiner universitären Lehrveranstaltung berücksichtigt werden wird. Um so mehr, als ja sonst wohl alle Lehrbücher kurzerhand umgeschrieben werden müßten. Wahrhaft ein gräßlicher Gedanke!

Einer, der seit Jahren mehr Ehrlichkeit von den heutigen Gelehrten fordert, ist der Kanadier Arthur Bray: »Wenn sie mit uns ehrlich sind und auch eingestehen, was sie nicht wissen, so werden sie wesentlich mehr Vertrauen in der Öffentlichkeit gewinnen.
Wir haben bereits gesehen, daß die Wissenschaft noch weit davon entfernt ist, alle Antworten zu haben. Wissenschaft braucht öffentliche Unterstützung, weil sie ohne diese gar nicht überleben kann. Letzten Endes ist es die Öffentlichkeit, welche die Wissenschaft finanziell und anderweitig unterstützt. Wenn daher Wissenschaftler einen Mangel an Sympathie für ihre Sache zu spüren bekommen, so ist es ihre eigene Schuld. Eine radikale Änderung ihrer Einstellung der Öffentlichkeit gegenüber ist erforderlich. Es ist an der Zeit, daß die Wissenschaftler bescheiden werden – an der Zeit, daß sie uns auch sagen, was sie nicht wissen, anstatt uns immer einreden zu wollen, was sie alles wissen (oder zu wissen glauben). Wenn diese Sinnesänderung eintreten wird, dann braucht die ›orthodoxe Barriere‹ nicht durchbrochen zu werden. Sie wird in sich selbst zusammenfallen.«

5 Die Zukunft hat längst begonnen

Die Tatsache, daß irgend jemand dort draußen auf uns wartet und gespannt unsere Entwicklung verfolgt, hat etwas Faszinierendes für sich. Tatsächlich sind die ETs längst schon von der philosophischen zur physikalischen Größe avanciert, wie der Wissenschaftsjournalist Ulrich Dopatka einst treffend festhielt.

Verstehen wir das Ganze als Herausforderung, und nehmen wir sie an. Denn, ob wir es wollen oder nicht, die Götterspuren sind vorhanden, und auch die Existenz des UFO-Phänomens läßt sich nicht mehr länger bestreiten, selbst wenn man uns immer wieder nett erklärt, daß es sich bei all diesen Berichten selbstverständlich nur um Flugzeuge, Ballone, Sterne, Reflexionen, Luftspiegelungen und Vögel handelt. Aber jeder Schüler weiß eben, daß diese Dinge keine rechten Winkel vollführen, nicht auf annähernde Lichtgeschwindigkeit beschleunigen und schon gar nicht von einer Sekunde auf die andere verschwinden oder erscheinen können.

Das Festhalten an starren Postulaten, die grundsätzlich nicht in Frage gestellt werden dürfen, kennzeichnet den Dogmatismus. Treten wir dem entgegen, dann werden wir schon sehr bald neue, revolutionäre Entdeckungen machen. Denn wir leben in einer aufregenden Zeit. Einer Zeit, in der Wissenschaftler am Europäischen Teilchenforschungszentrum CERN bei Genf bereits munter mit sogenannten Antiteilchen experimentieren. Noch im letzten Jahrhundert hätte jeder Physiker darüber nur laut gelacht. (Die Teilchenphysiker am CERN sind übrigens zuversichtlich, in den nächsten Jahren im Labor bereits ein komplettes Wasserstoffatom aus Antimaterie zusammenbauen zu können. Verrückte Aussichten, wenn man bedenkt, daß schon eine Kraftstoffmenge Antimaterie in der Größe eines einzigen Würfelzuckers theoretisch dazu im Stande wäre, die 100 Tonnen schwere US-Raumfähre Columbia ins All zu katapultieren!)

Wie viel könnten wir wohl noch lernen, wenn uns die finanziellen Mittel zur Verfügung ständen, die seit jeher in Kriege und Aufrüstung gesteckt werden. »Es ist nicht der technische Fortschritt, der mir Sorgen bereitet, sondern der menschliche Stillstand«, sagte einst ein kluger Kopf, und so unrecht hatte er damit wohl nicht.

Auch der berühmte österreichische Philosoph Sir Karl Popper machte sich ähnliche Gedanken: »Jede Erfindung, jede wirklich neue technische Erfindung falsifiziert eine bis dahin verifizierte Theorie, nämlich die Theorie, daß es so etwas nicht gibt, nicht geben kann. Daß man nicht in die Ferne sprechen, daß es also kein Telephon geben kann, ist bis zur Erfindung des Telephons dauernd verifiziert worden. Ebenso, daß Menschen nicht fliegen können. Das heißt also, jede Theorie, die darauf aufgebaut war, daß es so etwas nicht gibt, wurde bis dahin dauernd bestätigt.«

Tatsächlich schwamm im Tränenfluß der Akademiker schon so manche »Tatsache« davon, an der zuvor noch eifrig festgehalten worden war. Andererseits findet sich unter den heutigen Gelehrten aber auch so mancher gescheite Kopf, und so zweifeln wir nicht daran, daß sich der eine oder andere aufgeschlossene Vertreter der Wissenschafts-Zunft in naher Zukunft auf seine Meinungsfreiheit berufen wird und sich ein eigenes Bild über die seltsamen Phänomene macht, von denen dieses Buch berichtet.

Tragen wir den akademischen Katechismus zu Grabe und verflechten wir das Reale mit dem Möglichen. Ein neues Jahrtausend erwartet uns!

Eine Bitte des Autors:

Haben Sie selbst schon einmal ein UFO gesehen? Oder beschäftigen auch Sie sich mit all den ungelösten Rätseln und Geheimnissen dieser Welt? Dann schreiben Sie mir:

Luc Bürgin
c/o Herbig Verlag
Thomas-Wimmer-Ring 11
D-80539 München

Literaturverzeichnis und Quellennachweis

I Ein Weltbild im Kreuzfeuer

Bord, Janet und Colin: »Geheimnisse des 20. Jahrhunderts«, Bayreuth 1990

Bozzano, Ernesto: »Übersinnliche Erscheinungen bei Naturvölkern«, Bern 1948

Brednich, Rolf Wilhelm: »Die Maus im Jumbo-Jet«, München 1991

Broad, William, und Wade, Nicholas: »Betrug und Täuschung in der Wissenschaft«, Basel 1984

Ceram, C. W.: »Götter, Gräber und Gelehrte«, Hamburg 1949

Däniken, Erich von: »Erinnerungen an die Zukunft«, Düsseldorf 1968

Davidovits, Joseph: »Pyramid Man-Made Stone«, Florida 1987

Fiebag, Johannes und Peter: »Wissenschaftshygiene und Paläo-SETI«, in: »Ancient Skies«, Nr. 6/1991

Fölsing, Albrecht: »Der Mogelfaktor«, Hamburg 1984

Fort, Charles: »The Complete Books of Charles Fort«, Dover 1974

»Geheimnisvolle elektrostatische Felder«, in: »Basellandschaftliche Zeitung« vom 20. 10. 1992

»Geist aus der Flasche«, in: »Der Spiegel«, Nr. 52/1991

»Gesucht: Eine abstoßende Kraft«, in: »Die Zeit« vom 25. 8. 1987

Hearnshaw, Leslie: »Cyril Burt – Psychologist«, London 1979

Hecht, Majorie Mazel: »Die Wissenschaftsmafia und die kalte Fusion«, in: »Fusion«, Nr. 4/1991

Holzgreve, H., und Aumiller, J.: »Selbsttäuschung und Betrug in

der Wissenschaft«, in: »Münchener Medizinische Wochenschrift«, Nr. 37/1988
»Kalte Fusion und die Hexenjagd auf Wissenschaftler«, in: »Fusion«, Nr. 4/1991
Kobbe, Bruni: »Detektive in der Wissenschaft«, in: »Bild der Wissenschaft«, Nr. 10/1992
Kuhn, Thomas: »Die Struktur wissenschaftlicher Revolutionen«, Frankfurt 1967
»Metropole des Weihrauchs«, in: »Der Spiegel«, Nr. 8/1992
»Nichts paßt zusammen«, in: »Der Spiegel«, Nr. 17/1989
Pauwels, Louis, und Bergier, Jacques: »Aufbruch ins dritte Jahrtausend«, Bern/Stuttgart 1962
Prause, Gerhard: »Tratschkes Lexikon für Besserwisser«, München 1986
Primas, Hans: »Umdenken in der Naturwissenschaft«, in: »Vierteljahresschrift der Naturforschenden Gesellschaft Zürich«, Nr. 1/1992
Reeken, Dieter von: »Hermann Oberth und die UFO-Forschung«, Lüdenscheid 1990
Ronner, Markus M.: »Waren die Götter Kosmonauten?«, in: »Die Weltwoche« vom 15. 3. 1968
Sachmann, Hans-Werner: »Vergessen Sie dieses Buch!«, in: »Sign«, Nr. 14/1991
Salibi, Kamal: »Die Bibel kam aus dem Lande Asir«, Reinbek bei Hamburg 1985
Schneider, Herbert u. a.: »Begegnung mit John R. Searl«, in: »Raum und Zeit«, Nr. 39/1989
Schuhmacher, Jack (Hrsg.): »Das Wunder Mirin Dajo«, Zürich 1947
Sheldrake, Rupert: »Das schöpferische Universum«, München 1984
Sigma, Rho: »Forschung in Fesseln«, Wiesbaden 1972
»Solide Kerle«, in: »Der Spiegel«, Nr. 14/1989
Stöcklin, Stefan: »Ursprüngliche Pflanzen durch elektrische Felder?«, in: »Basler Zeitung« vom 9. 10. 1992
Studer, Paul: »Mirin Dajo und seine Wunder«, Zürich 1947

»Suizid nach Forschungsbetrug an der Universität«, in: »Neue Zürcher Zeitung« vom 8. 2. 1992
Tennenbaum, Jonathan: »Die kalte Fusion funktioniert!«, in: »Fusion«, Nr. 4/1991
Thürkauf, Max: »Sackgasse Wissenschaftsgläubigkeit«, Zürich 1975
Thwaites, Barnabas: »Auf der Suche nach der Antigravitation«, in: »Süddeutsche Zeitung« vom 15. 12. 1988
Ward, Donald: »The Little Man Who Wasn't There: Encounters With the Supranormal«, in: »Fabula«, Nr. 18/1977
Wilson, Robert Anton: »Die neue Inquisition«, Frankfurt 1992
»Viel Spaß«, in: »Der Spiegel«, Nr. 33/1988

II Die Besucher

Ashpole, Edward: »The Search for Extraterrestrial Intelligence«, London 1990
Auerbach, Theodor, und Ludwiger, Illobrand von: »Heim's Theory of Elementary Particle Structures«, in: »Journal of Scientific Exploration«, Nr. 3/1992
Ballester Olmos, Vicente-Juan: »Les Forces Aériennes Espagnoles ouvrent leurs archives«, in: »Phénomèna«, Nr. 14/1993
Baturin, I.: »UFO auf dem Radar in Pulkowo«, in: »Stalker-UFO«, Nr. 5/1991
Behringer, Wolfgang, und Ott-Koptschalijski, Constance: »Der Traum vom Fliegen«, Frankfurt 1991
Bounias, M.: »Stresses Elicited by Unidentified Sources«, in: »Journal of Scientific Exploration«, Nr. 4/1990
Bourret, Jean-Claude: »UFO – Spekulationen und Tatsachen«, Zug 1977
Brosses, Marie-Therese de: »F-16 Radar Tracks UFO«, in: »Mufon UFO Journal«, Nr. 268/1990
Bürgin, Luc: »Belgien weiterhin im UFO-Fieber«, in: »Sign«, Nr. 8/1990

–: »Erneut: UFOs über Deutschland gefilmt!«, in: »Sign«, Nr. 15/1991
–: »Neue Beweise aus Belgien«, in: »Sign«, Nr. 16/1991
–: »CE-III Fall gibt deutschen Forschern Rätsel auf«, in: »Sign«, Nr. 18/1992
–: »Geheimnisvolle Himmelserscheinung über Osnabrück«, in: »Sign«, Nr. 19/1992
–: »Costa-Rica im UFO-Fieber«, in: »Sign«, Nr. 20/1992
Buttlar, Johannes: »Das UFO-Phänomen«, München 1978
Carpenter, John S.: »Gerald Anderson: Truth vs. Fiction«, in: »Mufon UFO Journal«, Nr. 281/1991
Charroux, Robert: »Unbekannt, geheimnisvoll, phantastisch«, Düsseldorf 1970
Crain, T. Scott: »UFO Filmed Circling Atlas Rocket«, in: »Mufon UFO Journal«, Nr. 245/1988
David, Catherine: »Es gibt Leben auf anderen Planeten«, in: »Das Beste«, Februar/1987
»Des OVNI dans le ciel du Costa Rica«, in: »La Tribune de Genève« vom 4. 4. 1992
»Did UFOs Really Visit, Cause April 2 Blackout?«, in: »The Tico Times« vom 29. 5. 1992
Engelhardt, Matthias (Hrsg.): »UFOs – Die unmögliche Wahrheit«, Gehrden 1984
Evans, Hilary, und Spencer, John: »UFOs 1947–1987«, London 1987
Fiebag, Johannes: »Gibt es doch Leben auf dem Mars?«, in: »Hobby«, Nr. 12/1990
Frey, Hans-Ulrich: Brief an Luc Bürgin vom 16. 10. 1991
Friedman, Stanton T., und Berliner, Don: »Crash at Corona«, New York 1992
Garbe, Horst: »Militär bestätigt UFOs«, in: »Sign«, Nr. 16/1991
Garcia, Josef: »SETI – Die Suche nach extraterrestrischer Intelligenz«, in: »Journal für UFO-Forschung«, Nr. 5/1991
Gellius, Aulus: »Die attischen Nächte«, Darmstadt 1965
Good, Timothy: »Jenseits von Top-Secret«, Frankfurt 1991
Good, Timothy (Hrsg.): »The UFO Report 1991«, London 1990

Grießer, Markus: »Erlebnisse mit der ›Telefon-Astronomie‹«, in: »Orion«, Nr. 248/1992
Haines, Richard, und Vallée, Jacques: »Photoanalysis of an Aerial Disc over Costa Rica«, in: »Journal for Scientific Exploration«, Nr. 4/1990
Heim Burkhard: »Elementarstrukturen der Materie – Band 1«, Innsbruck 1989
–: »Elementarstrukturen der Materie – Band 2«, Innsbruck 1984
Heim, Burkhard, und Dröscher, Walter: »Einführung in Burkhard Heim: Elementarstrukturen der Materie, mit Begriffs- und Formelregister«, Innsbruck 1985
Hesemann, Michael: »UFOs: Die Beweise«, München 1990
–: »UFOs über Moskau«, in: »Magazin 2000«, Nr. 86–87/1991
Hynek, J. Allen: »UFO-Report«, München 1978
Jacobs, Bob: »Deliberate Deception«, in: »Mufon UFO Journal«, Nr. 249/1989
Kay, Mata: »Und sie schweben doch«, in: »Esotera«, Nr. 10/1975
Keyhoe, Donald: »Der Weltraum rückt uns näher«, Berlin 1954
Ludwiger, Illobrand von: »MUFON-CES Bericht Nr. 3«, Feldkirchen-Westerham 1977
–: »MUFON-CES Bericht Nr. 4«, Feldkirchen-Westerham 1978
–: »MUFON-CES Bericht Nr. 6«, Feldkirchen-Westerham 1979
–: »MUFON-CES Bericht Nr. 8«, Feldkirchen-Westerham 1981
–: »MUFON-CES Bericht Nr. 9«, Feldkirchen-Westerham 1983
–: »MUFON-CES Bericht Nr. 10«, Feldkirchen-Westerham 1989
–: »Der Stand der wissenschaftlichen UFO-Forschung«, in: »R.W.E. – Magazin für UFO-Forschung«, Nr. 2/1991
–: »Der Stand der UFO-Forschung«, Frankfurt 1992
MacFie, Anne: »Return to Roswell«, in: »Mufon UFO Journal«, Nr. 288/1992
Magin, Ulrich: »Von UFOs entführt«, München 1991
Mavrakis, Daniel, und Olivier, Marie-Pierre: »Les objets volants non identifiables«, Paris 1986
Meckelburg, Ernst: »Zeittunnel«, München 1991
Menningmann, Detlev: »UFOs von Greifswald immer mysteriöser«, unveröffentlichtes Manuskript

»Mond und Mars im Visier der internationalen Raumfahrt«, in: »Safir«, Nr. 1/1992
O'Brien, Mike: »New Witness to San Agustin Crash«, in: »Mufon UFO Journal«, Nr. 275/1991
Odenwald, Michael: »Bewohnbarer Mars«, in: »Sterne und Weltraum«, Nr. 4/1992
Peiniger, Hans-Werner: »UFO-Beobachtungen«, in: »Journal für UFO-Forschung«, Nr. 6/1990
–: »UFO-Beobachtungen«, in: »Journal für UFO-Forschung«, Nr. 2/1991
–: »CE-III Fall in Ronneburg«, in: »Journal für UFO-Forschung«, Nr. 6/1992
Randle, Kevin: »The UFO Casebook«, New York 1989
Randle, Kevin, und Schmitt, Donald: »UFO Crash at Roswell«, New York 1991
Reeken, Dieter von: »Hermann Oberth und die UFO-Forschung«, Lüdenscheid 1990
Sagan, Carl: »Aufbruch in den Kosmos«, München 1982
Schaffer, Jean: Brief an Luc Bürgin vom 28. 1. 1991
Schneider, Adolf: »Besucher aus dem All«, Freiburg i. Br. 1973
–: »UFO-Phänomene und die Raumzeit«, Leserbrief zu einem Bericht in der »Basler Zeitung« vom 10. 10. 1978
–: »Automatische Registrierung unbekannter Flugobjekte«, Feldkirchen-Westerham 1981
–: »Physiologische und psychosomatische Wirkungen der Strahlen unbekannter Himmelserscheinungen«, Innsbruck 1982
–: »UFO-Landung im Aargau«, in: »Jupiter Journal«, Nr. 25–26/1990
Schultz, Uwe: »Scheibe, Kugel, Schwarzes Loch«, München 1990
»Suche nach Signalen der Außerirdischen«, in: »Braunschweiger Zeitung« vom 15. 11. 1989
»Tras las huellas de los OVNI«, in: »Revista Dominical« vom 24. 5. 1992
»Über extraterrestrisches Leben«, in: »Basler Magazin«, Nr. 18/1986

»UFO-Alarm«, in: »Günaydin« vom 4. 2. 1989
»Vague d'OVNI sur la Belgique«, Brüssel 1991
Vallée, Jacques, und Poher, Claude: »Basic Patterns in UFO Observations«, in: »Flying Saucer Review«, Nr. 3–4/1975
Vidal, Patrick: »Que s'est-il passé le 29 novembre 1989?«, in: »Inforespace«, Nr. 78/1990
–: »Die belgische UFO-Welle 1989/1990«, in: »RWE – Magazin für UFO-Forschung«, Nr. 1/1991
»Wenn Sie wollen, glauben Sie an Weltraumgespenster!«, in: »Kosmoloskaja Prawda« vom 17. 10. 1989
Winogradow, Waleri: »UFOs über Gryps«, in: »Der Demokrat« vom 25. 1. 1991
Zmorski, Thaddaeus: »Sind wir allein im All?«, in: »Schweizerische Ärztezeitung«, Nr. 20/1992

III Kosmische Eingriffe

Bradley, William: »Die Götter von Eden«, Burggen 1990
Bürgin, Luc: »Zahlencodes, ›fliegende Schilde‹ und ›Erscheinungen‹ – Neues zur Mimikry-Hypothese«, in: »Ancient Skies«, Nr. 3/1992
Buttlar, Johannes von: »Adams Planet«, München 1992
Däniken, Erich von: »Beweise«, Düsseldorf 1977
–: »Prophet der Vergangenheit«, Düsseldorf 1979
–: »Der Tag, an dem die Götter kamen«, München 1984
–: »Die Augen der Sphinx«, München 1989
–: »Die Spuren der Außerirdischen«, München 1990
–: »Die Steinzeit war ganz anders«, München 1991
–: »Der Götterschock«, München 1992
Däniken, Erich von (Hrsg.): »Neue kosmische Spuren«, München 1992
Davies, Nigel: »Die Azteken«, Reinbek 1976
Dembech, Giuditta, und Mapten, Arianna: »Als die Riesen die Erde beherrschten«, in: »Esotera«, Nr. 7/1973

Dopatka, Ulrich: »Lexikon der Prä-Astronautik«, Düsseldorf 1979
»Eidgenossenschaft«, in: »Solothurner Blatt« vom 22. 8. 1855
Ertelt, Axel u. a.: »Die kosmischen Eingeweihten«, Halver 1980
Evans, Hilary: »Beweise: UFOs«, München 1988
Feder, Kenneth L.: »Frauds, Myths and Mysteries«, Mountain View 1990
Fiebag, Johannes: »Die Mimikry-Hypothese«, in: »Ancient Skies«, Nr. 4/1990
–: »Die Marienerscheinung von Guadalupe«, in: »Ancient Skies«, Nr. 6/1990
–: »Die Anderen«, München 1993
Fiebag, Johannes und Peter: »Aus den Tiefen des Alls«, Tübingen 1985
–: »Himmelszeichen«, München 1992
Furneaux, Rupert: »Die großen Rätselfragen«, Frankfurt 1977
Georg, Eugen: »Verschollene Kulturen«, Leipzig 1930
Goyon, Georges: »Die Cheopspyramide«, Herrsching 1987
»Heiliger Klotz«, in: »Der Spiegel«, Nr. 20/1993
Heinsohn, Gunnar, und Illig, Heribert: »Wann lebten die Pharaonen?«, Frankfurt 1990
Horn, Siegfried: »Entdeckungen zwischen Nil und Euphrat«, Zürich 1957
Kohlenberg, Karl F.: »Enträtselte Vorzeit«, München 1970
Krassa, Peter, und Habeck, Reinhard: »Das Licht der Pharaonen«, München 1992
Krickeberg, Walter: »Märchen der Azteken und Inkaperuaner«, Düsseldorf und Köln 1968
Langbein, Walter-Jörg: »Die großen Rätsel der letzten 2500 Jahre«, Augsburg 1992
Leon-Portilla, Miguel, und Heuer, Renate: »Rückkehr der Götter«, Köln und Opladen 1962
Leonard, Jonathan Norton: »Amerika«, Reinbek 1971
Muller, Kal: »Tanna Awaits the Coming of John Frum«, in: »National Geographic«, Mai/1974
Pehr, Franz: »Kärntner Sagen«, Klagenfurt 1913

Preuschoft, Holger: »Müssen die Anfänge der Phylogenese der Hominiden revidiert werden?«, Vortragsmanuskript, Bochum 1991
–: Brief an Luc Bürgin vom 26. 6. 1992
Rätsch, Christian, und Ma'ax, Kayum: »Ein Kosmos im Regenwald«, Diedrichs 1984
Ragette, Friedrich: »Baalbek«, London 1980
»Riesiger Steinquader unterhalb des Jerusalemer Tempels entdeckt«, in: »Ancient Skies«, Nr. 2/1992
Rosenberger, Ludwig: »Geisterseher«, München 1952
Saurat, Denis: »Atlantis und die Herrschaft der Riesen«, Stuttgart 1945
Sider, Jean: »Ces OVNI qui font peur«, Paris 1990
Sollner, Christian: »In Abusir stimmt etwas nicht!«, in: »Ancient Skies«, Nr. 1/1993
Soustelle, Jacques: »Das Leben der Azteken«, Zürich 1986
Stadelmann, Rainer: »Die Technik der Pyramidenbauer«, in: »Unesco Kurier«, Nr. 9/1988
Velikovsky, Immanuel: »Ramses II. und seine Zeit«, Frankfurt 1979
Weidenreich, Franz: »Apes, Giants and Man«, Chicago 1946
Weinert, Hans: »Die Riesenaffenmenschen und ihre stammesgeschichtliche Bedeutung«, München 1949
Wendt, Herbert: »Ich suchte Adam«, Hamm 1953
Wilkins, Harold T.: »Mysteries of Ancient South America«, London 1946

IV Götterspuren: Auf der Suche nach der Botschaft

Altendorf, Wolfgang: »Bibel nicht von Menschenhand?«, in: »Basler Zeitung« vom 26. 4. 1986
»Atome einzeln abgezählt«, in: »Horizonte«, Nr. 12/1991
Bagby, John P.: »Terrestrial Satellites: Some Direct and Indirect Evidence«, in: »Icarus«, Nr. 10/1969

Barthel, Manfred: »Glanz und Geheimnisse der Antike«, Düsseldorf 1992
Bergier, Jacques: »Vorstoß an die Grenzen des Unmöglichen«, Rüschlikon-Zürich 1972
Blakeslee, Alton: »Sind wir Menschen die ›Dummen des Universums‹?«, in: »Basler Nachrichten« vom 5. 1. 1968
Brunton, Paul: »Geheimnisvolles Ägypten«, Freiburg i. Br. 1951
Creighton, Gordon: »Unidentified Satellites«, in: »Flying Saucer Review«, Nr. 1/1961
Däniken, Erich von: »Sensation in der Cheops-Pyramide«, in: »Ancient Skies«, Nr. 3/1993
»Das große galaktische Phantom im All«, in: »National Zeitung« vom 28. 1. 1976
Drake, Frank: Brief an Erich von Däniken vom 12. 1. 1980
Fiebag, Johannes: »Was ist ›1991 VG‹?«, in: »Ancient Skies«, Nr. 3/1992
Graefe, Erich: »Das Pyramidenkapitel in Al-Makrizi's Hitat«, Leipzig 1968
Gris, Henry: »Is There a Dead Ship from Outer Space?«, in: »Daily Mail« vom 20. 8. 1979
Gürtler, Josef: »Die Zeit der Pyramiden«, Walenstadtberg, ohne Jahresangabe
Lauer, Jean Philippe: »Das Geheimnis der Pyramiden«, München 1980
Mendelssohn, Kurt: »Das Rätsel der Pyramiden«, Bergisch-Gladbach 1974
Minguez, Manuel: »Des pyramides aux obélisques«, Paris 1987
»Mysteriöser Satellit umkreist die Erde«, AFP-Meldung vom 12. 2. 1960
»Neues von den Satelliten«, in: »Kurier« vom 20. 8. 1963
Nieper, H. A.: »Pyramidenbau mit Vakuumfeldenergie?«, in: »Naturstein«, Nr. 3/1992
Paturi, Felix R.: »Die großen Rätsel unserer Welt«, Stuttgart und München 1989
Popper, Karl, und Kreuzer Franz: »Offene Gesellschaft, offenes Universum«, München 1986

»Rätsel aus Stein«, in: »Der Spiegel«, Nr. 42/1991
Sachmann, Hans-Werner: »Prä-Astronautik-Insider«, in: »Sign«, Nr. 11/1991
»Secret Chamber May Solve Pyramid Riddle«, in: »The Times« vom 17. 4. 1993
Siebenhaar, Wolfgang: »Geheimnis um Oak Island«, in: »Ancient Skies«, Nr. 5/1988
Stadelmann, Rainer: »Die ägyptischen Pyramiden«, Mainz a. R. 1991
Stöber, Harald: »Herr der Götter«, Düsseldorf 1987
Strub-Roeßler, Hermann: »Vom Kraftwesen der Pyramiden«, in: »Technische Rundschau«, Nr. 42–43/1952
»The Oak Island Exploration«, Montreal (undatiert)
»Three Unknowns May Be Martians Circling in Space«, in: »The Tribune« vom 2. 11. 1966
»Tropfen im Ozean«, in: »Der Spiegel«, Nr. 45/1992
»Two Russians Dead in Space?«, in: »Flying Saucer Review«, Nr. 3/1961
Watzlawick, Paul: »Wie wirklich ist die Wirklichkeit?«, München 1976
Webb, Walter N.: »1991 VG: Object Unknown«, in: »Mufon UFO Journal«, Nr. 288/1992
»Wie alt ist der Sphinx?«, in: »Ancient Skies«, Nr. 1/1992
Wölfli, Willy (u. a.): »Radiocarbon Chronology and the Historical Calendar in Egypt«, Lyon 1987
Yoshimura, Sakuji u. a.: »Studies in Egyptian Culture No. 6 – Waseda-University«, Tokyo 1987
Zinsstag, Lou: »A Voice from Outer Space?«, in: »Flying Saucer Review«, Nr. 1/1961

Register